字幕なしで映画がわかる
英語耳の筋トレ

木下和好 著

CD2枚付き

最短10日間・聞き分けテスト880問

日興企画

はじめに

「あなたは映画の英語がわかりますか？　発音が聞き取れますか？」

日常会話の英語は何とか聞き取れるが、映画の英語はまったく聞き取ることができないと言う人が多い。多いというより、ほとんどの日本人は字幕を見ない限り映画の英語の意味を理解することができない。

ある著名な方（国連大使を務めたこともある）が、私が出席した講演会で、「日本人はたとえ英語圏に留学し学位を取得したとしても、映画の英語を聞き取ることは極めて困難である」と断言した。そうでない人もいるにはいるが、そのような人はむしろ例外的で、彼の発言は的を射ていたと思う。なぜなら、映画の中で使われている英語は、ネイティブスピーカーが日本人に対して話すときの発音とかなり違うからである。映画の英語は何の意味もない音の塊にしか響かず、使われている単語の一つ一つを聞き分けることができないと感じる日本人が多いはずだ。

私は学業と仕事のために何年か米国に住んだが、そのときに英語に苦しんでいる多くの日本人留学生やビジネスマンに出会った。彼らのほとんどは、日本にいたときは英語が得意であった。ある人たちは英会話学校に通い、ある人たちはネイティブスピーカーによる個人レッスンを受けて、かなりのレベルに達していたはずである。彼らの多くは、日本にいたときはネイティブスピーカーの英語を問題なく聞き取ることができたと口をそろえて言う。しかしアメリカに来たとたんに、人々の話している英語が聞き取れなくなってしまうのである。

彼らは、「本場の生の英語」が聞けるようになるのに半年ほどかかってしまう。しかし彼らは、日本でも「生の英語」を聞いていたはずである。なぜなら日本に住むアメリカ人もアメリカに住むアメリカ人も皆同じアメリカ人で、同じ英語を話すからである。アメリカ人が日本に来たとたんに人種が変わりことばが変わってしまうことなどありえない（アメリカ人に限らないが）。どこに住もうがアメリカ人の母国語は英語で、住む場所により言葉が入れ替わることはない。

しかし、「本場の英語」と「日本で話される」英語とが同じではないということも事実なのである。実は、ネイティブスピーカーが気づかない一つの歴然

とした事実が存在する。それは**話すスピードにより、英語の発音が無意識的に変化する**ことである。これは母国語であるがゆえに無意識的に起こる現象で、話している本人は、その変化に気づかないことが多い。

　日本に住むアメリカ人は英語を得意としない日本人に英語を話すことになる。英語を教える場合も、相手は英語のレベルが低い。それで日本人に向かって英語を丁寧にゆっくり話すことになる。丁寧でゆっくり話される英語は、日本人の耳にはとても聞きやすく（最初はそういう英語でもなかなか聞き取れないが）、やがてすべての英語が聞き取れるようになる。また、ネイティブスピーカーが日本人に向かって英語を話すとき、聞く側の理解の度合いに従って会話が進んでいくので、会話の主導権は聞く側の日本人が握ることになり、置いていかれてしまう危険性が低くなる。

　ところがアメリカの本場では、状況が一変する。複数のネイティブスピーカーの中に1人の日本人が置かれる状態なる。すなわちネイティブスピーカーに囲まれることになる。そのような状況下では、ネイティブスピーカーが日本人の聞く能力に合わせて話すということはなくなり、ネイティブ同士の話し方になる。

　ネイティブ同士の会話とは、普通のスピードの英語で話すことを意味する。それは日本人向けにコントロールされた英語よりかなり速く、発音もかなり違ってくる。たとえば "What is the matter?（どうしたの）" という英語は、ネイティブ同士では "ts the madder?" のような発音になる。日本人の耳には「ツザマダ」に聞こえるだろう。でもネイティブ同士ではちゃんと "What is the matter?" に聞こえるから不思議である。英語圏本土では、好むと好まざるとにかかわらず、ノーマルスピードの英語が使われる。**ノーマルスピードの英語はゆっくり英語と発音が大きく異なるので**、ノーマルスピードの英語の発音に慣れていない日本人は、大いに悩むこととなる。日本で持っていた自信が、跡形もなくなってしまうのだ。

　私がBostonで出会ったある日本人女性（アメリカ人男性と国際結婚した）は、私に次のような悩みを打ち明けた。「私ね、主人の英語は全部わかるのに、主人の家族が話す英語がまったくわからないの。家族が尋ねてくると、まったく会話についていけなくて、ひとりだけのけ者になってしまうの」と。彼女の主人が彼女に話す英語を聞いたときにその理由がわかった。彼はかなりゆっくりまた丁寧に奥様に話しかけていた。1個1個の単語が明瞭に発音されてい

た。聞き取れて当然である。おそらく彼の家族は、自然体で英語を話し、彼女のためにスピードを調節しなかったであろう。ご主人の英語に慣れている彼女に、聞き取れなかったとしても無理からぬことであった。

　映画のシナリオの場合、せりふに無駄がないため、話すスピードがさらに上がり、発音の変化もより大きくなる。また、映画では見る側（すなわち聞く側）が理解したかどうかの確認のないまま、登場人物同士の話が進む。しかも映画のシナリオは聞き直すことができない英語なのである。それで、聞いた瞬間にそのせりふの意味を100％理解できなければ、そこが空白状態になる。すなわちそのセリフがなかったのと同じことになる。セリフが欠如すれば、早送りの映画を見ているのと同じで、意味もわからないし、面白さもなくなってしまう。

　日本人が日本という環境の中で英語を学ぶのは、たとえ先生がネイティブスピーカーであっても、自動車教習所の中だけで運転の練習をしているのに似ている。教習所の中でうまく運転できたからと言って、いきなり高速道路での運転を命じられたら、パニックに陥ってしまう。だが英語の学びでは、そういうことが頻繁に起こる。

　この本は、ネイティブ同士が話すノーマルスピードの英語が聞けるようになり、また映画の英語を聞き取ることができるようなるために、話すスピードにより英語の発音がどのように変化するかを解説するために書かれた。また、理論だけでなく、多くの聞き取り練習も用意されている。本書の学習により読者諸氏が英語のレベルを引き上げられ、映画の英語が自然に聞き取ることができるようになることを期待している。

2008年11月

木下和好

目　　次

はじめに　　　　　　　　　　　　　　　　　　　　　　　　　　　*3*
本書の構成と利用法　　　　　　　　　　　　　　　　　　　　　　*10*

DAY 1　聞き取りやすい英語と聞き取りにくい英語　　　　　*11*

- 話し方は状況により変わり、発音も異なることが多い　　　　　*12*
- 聞き取りやすい英語には順番があり、
  実は映画の英語が最も聞き取りにくい　　　　　　　　　　　　*12*
- ネイティブ同士の英語が聞き取りにくい理由　　　　　　　　　*16*

DAY 2　英語の発音とカタカナ式発音の食い違い　　　　　　*29*

1. 英語の母音　　　　　　　　　　　　　　　　　　　　　　　*30*
2. 英語の子音　　　　　　　　　　　　　　　　　　　　　　　*43*

DAY 3　英語固有の音の聞き取り練習　　　　　　　　　　　*49*

■映画の英語が聞けるようになる　聞き取りテクニック①　　*51*
第1回　苦手な [ɑ] と [æ] などに強くなる

1. 日本語にない母音の聞き取り練習　　　　　　　　　　　　　*51*

Hearing トレーニング 1～4　　　　　　　　　　　　　　　　*51*

(1) [ɑ] と [æ] の違い　　　　　　　　　　　　　　　　　　　*54*
(2) [æ] と [ʌ] の違い　　　　　　　　　　　　　　　　　　　*56*
(3) [ə:r] と [ɑ:r] の違い　　　　　　　　　　　　　　　　　*58*
(4) [ə:r] と [æ] の違い　　　　　　　　　　　　　　　　　　*60*
(5) [ou] と [ɔ:] の違い　　　　　　　　　　　　　　　　　　*62*
(6) [ou] と [o:r] の違い　　　　　　　　　　　　　　　　　　*64*
(7) [i:] と [i] と [e] の違い　　　　　　　　　　　　　　　　*66*

2. 日本語にない子音の聞き取り練習　　　　　　　　　　　　　*68*

(1) [l] と [r] の発音の仕方（単語始めの [l] と [r]）　　　　*68*
(2) [l] と [r] の違い（単語中の [l] と [r]）　　　　　　　　*71*
(3) [l] と [r] の違い（語尾の [l] と [r]）　　　　　　　　　*72*
(4) [f] と [h] の違い　　　　　　　　　　　　　　　　　　　*74*
(5) [b] と [v] の違い　　　　　　　　　　　　　　　　　　　*76*
(6) [s] と [θ] の違い　　　　　　　　　　　　　　　　　　　*77*
(7) [z] と [ð] の違い　　　　　　　　　　　　　　　　　　　*79*
(8) [si] と [ʃi] の違い　　　　　　　　　　　　　　　　　　*80*

3. 日本語にない子音群（Consonant Clusters）の聞き取り練習　*81*
(1) [l] を含む子音群と [r] を含む子音群の違い　*81*
(2) [l] を含む子音群と [r] で終わる単語の違い　*83*

DAY 4　母音の省エネ発音　85

英語の「省エネ発音」の原理　*88*
■**映画の英語が聞けるようになる　聞き取りテクニック②**　*90*
　第2回　弱音節の母音省エネ発音聞き分け練習
(1) [æ] の省エネ発音　*90*
(2) [ɑ] の省エネ発音　*92*
(3) [e] の省エネ発音　*93*
(4) [ei] の省エネ発音　*95*
(5) [ɑ:r] の省エネ発音　*97*
(6) [o:r] の省エネ発音　*98*

DAY 5　語尾子音の省エネ発音　101

英語を聞き取りにくくしている「子音」の特徴を理解しておこう　*102*
英語の聞き取りは音節の末尾に来る子音が聞き取れる
　ようになれば上達する　*104*
■**映画の英語が聞けるようになる　聞き取りテクニック③**　*108*
　第3回　閉子音の聞き分け練習
① 閉子音 [d] の聞き分けテスト　*108*
② 閉子音 [f] の聞き分けテスト　*109*
③ 閉子音 [k] の聞き分けテスト　*109*
④ 閉子音 [l] の聞き分けテスト　*110*
⑤ 閉子音 [m] の聞き分けテスト　*111*
⑥ 閉子音 [n] の聞き分けテスト　*112*
⑦ 閉子音 [p] の聞き分けテスト　*113*
⑧ 閉子音 [s] の聞き分けテスト　*114*
⑨ 閉子音 [t] の聞き分けテスト　*114*
⑩ 閉子音 [θ] の聞き分けテスト　*115*
⑪ 閉子音 [v] の聞き分けテスト　*116*
⑫ その他の閉子音の聞き分けテスト　*117*
⑬ 動詞の過去形と類似発音単語の聞き分けテスト　*118*

⑭ 3つの異なる閉子音の聞き分けテスト　　　　　　　　　　*120*
実践練習　　　　　　　　　　　　　　　　　　　　　　　　　*123*

DAY 6　子音群の省エネ発音　　　　　　　　　　　　　　*129*

■映画の英語が聞けるようになる　聞き取りテクニック④　*130*
第4回　苦手な [l] と [r] に強くなる

① 音節始めの [r] を含む2重子音省エネ発音聞き分けテスト　　　*130*
② 音節始めの [l] を含む2重子音省エネ発音聞き分けテスト　　　*131*
③ その他の音節始めの2重子音省エネ発音聞き分けテスト　　　　*133*
④ 音節始めの3重子音省エネ発音聞き分けテスト　　　　　　　　*134*
⑤ 音節尾が2重子音で終わる省エネ発音聞き分けテスト　　　　　*135*
⑥ [l] を含む音節尾の2重子音省エネ発音聞き分けテスト　　　　*136*
⑦ その他の音節尾の2重子音省エネ発音聞き分けテスト　　　　　*137*

DAY 7　母音の変化と消滅　　　　　　　　　　　　　　　*141*

■映画の英語が聞けるようになる　聞き取りテクニック⑤　*147*
第5回　苦手な母音の省エネ発音に強くなる

① [æ] の省エネ発音聞き分けテスト　　　　　　　　　　　　　*147*
② [i] の省エネ発音聞き分けテスト　　　　　　　　　　　　　 *148*
③ [ɑ] [ʌ] [u] [u:] の省エネ発音聞き分けテスト　　　　　　　　*149*
④ [ɛər] [ɔ:r] [ɑ:r] [auər] [uər] の省エネ発音聞き分けテスト　　*151*

DAY 8　子音の変化と消滅　　　　　　　　　　　　　　　*153*

■映画の英語が聞けるようになる　聞き取りテクニック⑥　*155*
第6回　苦手な [t] の発音変化に強くなる

① 子音 [t] の省エネ発音聞き分けテスト（[d] への変化）　　　　*155*
② [n + t] の省エネ発音聞き分けテスト（[t] の消滅）　　　　　　*156*
③ [t + l] の省エネ発音聞き分けテスト（[t] の消滅）　　　　　　*158*
④ [t +母音+ n] の省エネ発音聞き分けテスト（音の消滅）　　　　*160*
⑤ [d +母音+ n] の省エネ発音聞き分けテスト（音の消滅）　　　　*161*
⑥ [p +母音+ n] の省エネ発音聞き分けテスト（音の消滅）　　　　*162*
⑦ 音節尾 [t] の省エネ発音聞き分けテスト（音節尾の消滅）　　　*163*
⑧ 音節尾 [d] の省エネ発音聞き分けテスト（音節尾の消滅）　　　*164*
⑨ 音節尾 [ŋ] [f] [v] [θ] の省エネ発音聞き分けテスト

目　次

　　（音節尾 -ing の [ŋ] [f] [v] [θ] の消滅）　　　　　　　　　　　　*165*
　⑩ 同じ子音が続くときの省エネ発音聞き分けテスト
　　（一方の子音の消滅）　　　　　　　　　　　　　　　　　　　　*166*
　⑪ 音節始めの [h] の省エネ発音聞き分けテスト（音の消滅）　　　　*168*
　⑫ have / has / had の [h] の省エネ発音聞き分けテスト
　　（音の消滅）　　　　　　　　　　　　　　　　　　　　　　　　*169*
　⑬ will / would の [w] と母音の省エネ発音聞き分けテスト
　　（[w] ＋母音の消滅）　　　　　　　　　　　　　　　　　　　　*171*
　⑭ 不定詞の to の省エネ発音聞き分けテスト（[t] の消滅）　　　　　*172*
　⑮ 接続詞の省エネ発音聞き分けテスト（語尾の子音の消滅）　　　　*173*
　⑯ [助動詞＋ have] の [h] と [v] の省エネ発音聞き分けテスト
　　（[h] と [v] の消滅）　　　　　　　　　　　　　　　　　　　　*173*

DAY 9　聞こえない音が聞こえる理由　　　　　　　　　　　　*175*

■映画の英語が聞けるようになる　聞き取りテクニック⑦　　　*183*
　第7回　苦手な肯定・否定の聞き分けに強くなる
1. 肯定・否定の聞き分け方　　　　　　　　　　　　　　　　　　*183*
　① 単語・文脈で判断可能な「肯定・否定」聞き分けテスト　　　　*183*
　② [d] vs [t]、[z] vs [d]、[s] vs [t] の聞き分けテスト　　　　　　*186*
2. イントネーションによる省エネ発音の聞き分け方　　　　　　　*188*
■映画の英語が聞けるようになる　聞き取りテクニック⑧　　　*190*
　第8回　苦手なイントネーションによる「肯定・否定」の
　　　　　聞き分けに強くなる
　① イントネーションによる「肯定・否定」の聞き分けテスト　　　*190*
　② want to と won't の聞き分けテスト　　　　　　　　　　　　　*194*

DAY 10　映画のセリフの聞き取り練習　　　　　　　　　　　*195*

■映画の英語が聞けるようになる　聞き取りテクニック⑨　　　*199*
　第9回　得意な「省エネ発音」の聞き分けを確認する
「映画の英語が聞ける！」省エネ発音聞き分けテスト　　　　　　　*199*

あとがき
　役者に期待されるしゃべり方　―映画と舞台劇の違い　　　　　*219*
■「聞き分けテスト」の正解　　　　　　　　　　　　　　　　　*222*

本書の構成と利用法

● 本書の特色 ●

　本書は米国市民権を持ち、滞米生活が長かった著者の木下和好博士が、「なぜ、日本人はゆっくり話されたアナウンサーが話すような英語なら聞き取ることができるのに、ネイティブ同士の会話や、映画の英語になるとまったく歯が立たないのか」に明快に答えた書物です。

　本書では、ネイティブ同士の英語が聞けない理由の一番の原因を、「日本人が英語の音をカタカナ式英語の音で覚えているからだ」と解き明かし、続いて、「カタカナ式の英語と英語本来の音との大きな違い」を明らかにし、最後にネイティブ同士の英語の聞き取りを困難にしている最大の要因である「ネイティブ同士が話す際には [t] 音が [d] 音に変化したり、音が消滅したりする独特な『省エネ発音』が現れる」ことをわかりやすく、明快に解説した書物です。

　本書を最後までお読みになれば、必ずや映画の英語が楽に聞けるようになりますので、本書付録の CD を利用して大特訓してみてください。

● 本書の構成 ●

　映画の英語が聞けるようになるには、徹底した英語の聞き取り訓練をする以外に効果的な方法はありません。英語本来の音とは、言い換えれば日本語にはない音ですから、その音を実際に聞いて確認することから始めなければ英語の聞き取りは不可能です。

　そのために本書では、映画の英語の聞き取りを困難にしている英語固有の母音と子音の聞き取り練習から始めて、映画の英語の聞き取りを邪魔する最大の要因である『英語の省エネ発音』を、豊富に用意した聞き取りテストを通してトレーニングしていきます。このテストに使用されている文は、木下博士が「英語省エネ発音」聞き分けトレーニング用に独自に作成したもので、リスニング力が飛躍的に高まる工夫がされています。

　聞き取りテストの問題の種類は、音が似通った単語同士の聞き分けテストと、1 文中に話された単語を 2 者択一で答える問題を用意しました。皆さんは本書の巻末にある解答用紙を切り取って、「聞き分けテスト」に挑戦し、完璧に音がとらえられるようになるまで繰り返し何度もトレーニングしてください。

DAY 1

聞き取りやすい英語と聞き取りにくい英語

- 話し方は状況により変わり、
  発音も異なることが多い ……………12

- 聞き取りやすい英語には順番があり、
  実は映画の英語が最も聞き取りにくい …12

- ネイティブ同士の英語が
  聞き取りにくい理由 ……………16

DAY 1　今日のテーマ　聞き取りやすい英語と聞き取りにくい英語

■ 話し方は状況により変わり、発音も異なることが多い

　英語のみならず世界のどの言葉でも、状況により話し方が変わる。そしてほとんどの場合、話す人はその変化に気づかない。

　日本語でも同じである。目を閉じて、耳に入ってくる日本語をよく聞くと、どんな状況下で話されているのかすぐに予測がつく。たとえば会話している双方がそこに実在しているのか、あるいは電話で誰かと話しているのかはすぐわかる。親しい者同士の会話なのかあるいは見知らぬ人との会話なのかの区別も簡単につく。また、どんなに自然体の日本語でも、それが実世界の日常会話なのか、それともテレビドラマの会話なのかもすぐわかる。ニュースはニュースであることがわかり、スポーツ実況もそうとすぐにわかる。選挙演説は選挙演説として聞こえ、口論は口論として聞こえる。また、会話が同年齢同士のものなのかそれとも先輩・後輩の会話なのかも明白である。なぜなら、**人が言葉を発するとき、置かれた状況に合うように無意識的に話し方が変わるからである。**

　時々テレビニュースの中で、アナウンサーとレポーターが会話を交わす場面があるが、多くの場合アナウンサーが自然な会話調で話すのに対し、レポーターは読み調子で話すので、会話が成り立っていない印象を受けることがある。レポーターは内容を正確に伝えようとするので、どうしても原稿を読むような調子になってしまうからだ。また、日本のアナウンサーと北朝鮮のアナウンサーの話し方が著しく異なるのは、話すときの心境がまったく違うからである。

　状況により話し方が変わるとき、ことばの使い方の変化もあるが、**声の抑揚、強弱、長短などが明らかに変化する**。それに加え、発音そのものが変化することも多々ある。特に英語の場合、その変化が著しい。

■ 聞き取りやすい英語には順番があり、実は映画の英語が最も聞き取りにくい

　同じネイティブスピーカーが使う英語でも、誰が誰に向かってどのような状況で話すかにより、日本人の耳にはその聞きやすさに違いが出てくる。英語の聞きやすさは、話すときの状況だけでなく、話者の発音能力によっても異な

る。もたもた話す人もいれば、舌の動きが鋭く切れるような口調で話す人もいる。親子で米国大統領になったブッシュ氏の場合、父親の英語は明瞭で歯切れがよくとても聞きやすいが、息子のほうは舌の動きが緩慢なので、話し方に鋭さを感じない。庶民的な感じはするが、父親の英語ほど聞きやすくはない。

ではどのような英語が聞きやすいかの順位をつけてみよう。個人個人の話し方の明瞭度合や発音能力の個人差もあるが、おおまかに言って次のような順序になる。

●聞き取りやすい英語ランキング

第1位	小さな子どもに語りかける英語
第2位	外国人に語りかける英語
第3位	子どもが使う英語
第4位	朗読の英語
第5位	ニュースの英語
第6位	ネイティブ同士で気楽に話す英語
第7位	映画の英語

それでは、それぞれについて具体的に説明することにしよう。

1. 小さな子どもに語りかける英語

親が小さな子どもに語りかけるときの英語が聞きやすいのは、難しい単語を使わないこともあるが、ゆっくり明瞭な発音で語りかけるからだ。子どもが1〜2歳のときは、すべての単語に2倍の時間をかけて話すのが普通だ。そのような英語には発音の変化（後に述べる省エネ発音）がほとんど起こらない。すなわち英語辞典の発音記号通りの発音で、とても聞きやすい。

Bedtime Story を読んで聞かせるときも同じで、親は1語1語かみしめるように発音する。余談になるが、私が高校生のとき、アメリカ人宣教師の3歳の子どもに英語のストーリーを読んで聞かせたことが何度かあった。今考えると、何か申し訳ない気持ちがする。なぜなら私はその子どもの年齢を無視して普通のスピードで読んでしまったからだ。でも私を信用してくれたその子の両

親に対し感謝の気持ちでいっぱいである。

2. 外国人に語りかける英語

　どの言語でも同じことが言えるが、英語がよくわからない外国人に対しては、英語のネイティブスピーカーは、ゆっくりわかりやすく話そうとする。もちろん難しそうな単語や表現も避ける。ゆっくり話すと発音の変化が少なくなり、外国人には聞きやすい英語となる。日本に来て英会話を教えているネイティブスピーカーたちは、学生に対しては意識的にあるいは無意識的にスピードをコントロールした話し方になる。それでもネイティブの自然な発音で、日本人には大切な学びとなる。でもそのような英語を聞き取ることができるようになっても、先生同士が話す英語は聞き取れないケースが多い。ネイティブ同士では話すスピードをコントロールすることはないからだ。自然なスピードの英語（日本人にとってはとても速い英語）は、発音の変化を伴うことが多いので、**レッスン中に使われる英語とネイティブ同士が話すときの英語の発音は、同じではない。**「ネイティブスピーカー」→「日本人」という方向で話される英語は、教習所の中の運転と似ていて、学びの1ステップにすぎない。

3. 子どもが使う英語

　大人の英語より子どもの英語のほうが聞きやすい。なぜなら子どもはゆっくり話す傾向があり、話すスピードが上がっても大人ほど発音を変化させないからだ。また、子どもの声は響きの純度が高く、発音がより明瞭になる。おそらく大半の日本人はネイティブスピーカーの大人と話すよりは、子どもと話すときのほうがわかりやすく、ストレスも溜まりにくいだろう。だから、子ども相手に英会話を磨くのも1つの手である。

4. 朗読の英語

　大人の英語でも、自然体で話すときと朗読するときとでは発音の明瞭さに違いが出てくる。朗読の場合、1語1語を大切にするという意識が働くので、スピードもある程度コントロールされ、発音の変化も起こりにくくなる。同じ政

治家の演説でも、原稿を読んでいる場合と、そのとき思い浮かぶことを自由に話すときの英語とでは、聞きやすさが格段に違う。もちろん準備された英語のほうが聞きやすい。

5. ニュースの英語

アナウンサーはニュースを伝えるとき、かなりのスピードで話す。でもアナウンサーの英語が聞きやすいのは、速く話しても発音が不明瞭にならないからだ。プロのアナウンサーは速く話しても、その発音はあまり変化しない。省エネ発音現象が極力抑えられるからである。

アナウンサーの使命は、ニュース内容をより正確に視聴者に伝えることである。そのためには話すスピードによる発音の著しい変化は許されない。アナウンサーの能力はまさにそこにある。著名なアナウンサーになると、聞き取ることのできない音（母音や子音）がほとんどない。でも面白いことに、ニュース終了直後、アナウンサー同士で雑談が始まると、そのときの英語はニュースを読むときの英語とは質が変わる。それはニュースを伝える使命から解放され、日常の生活に戻るから、すなわち発音の変化を伴う英語となるからである。

6. ネイティブ同士で気楽に話す英語

ネイティブ同士で気楽に会話するとき、話すスピードはかなり速くなる。特に親しい人たちと共通の話題について語り合うとき、あるいは興奮して話すとき、普通の日本人にはついていけないようなテンポになる。本当はそういう話し方も自然な英語であり、自然なスピードであるのだが。話が波に乗れば乗るほど、スピードが上がり、それに応じて発音変化が起こってくる。

たとえば "What have you got?"（君は何をもらったの）という英語は、スピードが上がると日本人の耳には「ワタブガ」に聞こえるだろう。でもそのように発音された英語もれっきとした正しい英語で、ネイティブ同士では100%意味が通じる。日本人にとってネイティブ同士で話す英語は聞き取りにくい英語ということになるが、それでも、もう一度言い直してもらうことは可能なので、救いの道はある。

7. 映画の英語

　一番聞き取りにくいのが映画のセリフである。映画では多くの slang（俗語）や idiom（慣用語句）が使われる。放送禁句のような表現もよく出てくる。また、映画は観衆の日常生活とは異なる世界を扱うので、内容の予測もつきにくい。見る人と演じる人が別の次元に存在するので、観客は映画の世界の中に入り込むことはできず、「今何て言った？」と質問することもできない。わからない英語はわからないままになり、聞き取れない言葉は聞き取れないまま話が進んでしまう。

　それに加え、映画のセリフはたいていの場合、かなりのスピードで話される。**この語りの速さが、聞き取りにくさの最大の要因となる**。俳優たちは吟味された語数の文章をすばやく語るので、相当量の発音の変化（省エネ発音現象で、後ほどじっくり触れる）が生じ、そのような発音変化に慣れていない日本人の耳は、発せられたことばをキャッチできない。この本を書く決心をしたのは、まさにこの問題の解決のためである。

■ ネイティブ同士の英語が聞き取りにくい理由

　映画の英語はもちろんのこと、ネイティブ同士が話す英語は日本人の耳には聞き取りにくいという話をしたが、その理由をまとめてみよう。

●ネイティブ同士の英語が聞き取りにくいわけ

1. 語彙力の違い。知らない単語と知っている単語では聞こえ方が違う。
2. 文章構成力が備わっていない。
3. 英語には母音（vowel）を伴わない子音（consonant）が多い。
4. 英語では子音が２個、あるいは３個続くこともある。
5. 同じ子音が２つ続いたときは１つの子音のように発音する。
6. 日本語と英語では抑揚の位置がずれている。
7. 英語とかけ離れたカタカナ英語の読み方こそ、英語を聞き取りにくくしている最大の要因である。
8. 英語は話すスピードが上がると省エネ発音現象が起こって、音が変わったり、なくなったりすることがある。

このような理由から、日本人の耳にはネイティブ同士の英語がよく聞き取れないのだが、これからこのことをもう少し具体的に見ていくことにしよう。

1. 語彙力の違い。知らない単語と知っている単語では聞こえ方が違う

ネイティブスピーカーの英語の語彙は、普通の日本人に比べたら桁違いに多い。Kindergarten（日本で言う幼稚園の年長組）に入学して来る子どもの平均語彙数は約3,000語と言われている。5,000語知っている子どもも珍しくない。大人の場合は、語彙が少ない人でも10,000〜20,000語は知っており、教養の高い人なら100,000語くらいは使えるだろう（ことわざやイディオムも語彙の一種と見なすことができる）。それでネイティブ同士が話す場合、日本人が知らない言葉がここかしこに使われることになる。

たとえば "psychophysiology" という単語がいきなり聞こえてきたとしよう。しかもノーマルスピードの会話の中で使われたとしたら、ほんとどの日本人にはその意味がわからないだけでなく、その発音さえ聞き取ることができないだろう。物理的な音としては聞こえても、わけのわからない音の塊にすぎない。でももし "psychophysiology" が「精神生理学」を意味する単語であることを知っていれば、おそらくその発音を聞き取ることができるだろう。要するに、知らない単語と知っている単語とでは、聞こえ方が違うということである。知っている単語は聞きやすく、知らない単語は聞き取りにくいのである。

この本は語彙を増やすのが目的ではないが、語彙の問題を解決する最も良い方法は、多く聞き、多く読むことである。

2. 文章構成力が備わっていない

"Am supposed tomorrow bring what I to?" という単語の並びがかなりのスピードで語られた場合、物理的な音は聞こえたとしても、意味がまったく頭に入ってこないから、取りとめのない音の塊と化し、まったく聞き取れなかったと同じことになる。でももし "What am I supposed to bring tomorrow?" という英語が聞こえてきたら、もっと聞きやすいはずである。なぜなら "What am I supposed to bring tomorrow?" は意味が明確な文章であるからだ。その意味は「私は明日何を持っていくべきでしょうか？」である。"Am supposed tomorrow bring what I to?" のほうは、同じ単語が使われてはいるが、語順がメチャクチャで、文章としては成立していない。

　日本人が英語をうまく聞き取れない理由の1つは、文章構成力が備わっていないことである。"What am I supposed to bring tomorrow?" という英語が何を意味するのかまったくわからない人にとっては、"What am I supposed to bring tomorrow?" であろうが "Am supposed tomorrow bring what I to?" であろうが同じで、どちらも単なる音の塊となる。

　「意味が違えば言い方が違う。言い方が異なれば意味が異なる。」というのが私の口癖であるが、**英語の音（発音）を聞いたとき、その音の組み合わせによって作り出される意味を瞬時に把握できる人が、「文章構成力」を持った人である。**

　英会話の学び方には2つのタイプがある。1つは「目的型」、そしてもう1つは「全領域カバー型」である。「目的型」とは、ある特定の場面を想定し、その場面に必要な英文を言えるように練習するやり方である。この方法はとても大切で実践的であるが、その弱点は応用が利かないことである。

　たとえば買い物のときに使う "Keep the change."（おつりは結構です）という表現を覚え、自由に言えるようになったとしても、他のシチュエーションでその英語を使うことができない。"Keep the change." と言いたければ、まずおつりがくるような買い物をしなければならない。知っている英語を使うために、そのシチュエーションを作り出すのは難しいし、不自然でもある。

　「目的型」学習だけをしていた場合、刻々と内容が変化する生きた会話にはついていけない。なぜなら頭の中に蓄積されている英文の範囲を越えてしまうからだ。実際多くの英会話の学習方法は、「目的型」である。教材もそうだし、ネイティブの先生方が教えるときもそうである。「目的型」のほうが学習内容を準備しやすいし、レッスンもやりやすいからだ。しかし、そのために教わる側は応用の利かない表現をいくつも覚えさせられてしまう結果になることは否めない。

　でもどんな場面に遭遇してもその状況にあった英文を作り出す能力が備わっていれば、会話の範囲が広がる。これを目指すのが「全領域カバー型」学習で、英文を作り出すときに必要な要素を頭の中に刻み、それらを自由に組み合わせることのできる能力を養う方法である。私の分析によると、英文を作り出すために必要な要素は175個あり、それらを自由に使いこなすことができれ

ば、どんな英文でも言うことができるようになる。

そのために私が開発したものが YouCanSpeak というオンライン学習法システム（http://www.youcanspeak.net/）で、本書の姉妹書である『思ったことが瞬時に言える英会話トレーニング—バイリンガルになれる YouCanSpeak メソッド』という本にもなっていて、かなりの評価を得ている。

「目的型」学習と「全領域カバー型」学習について長々と説明したが、要するに文章構成力が身に付いている場合と身に付いていない場合とでは、まったく同じように発音された英文を聞いても、聞き取りやすさに差が出るのである。文章構成力が貧弱だと意味が頭に思い浮かばず、聞こえてくる英語はただ単なる音の塊で、つかみ所がないということになる。

3. 英語には母音（vowel）を伴わない子音（consonant）が多い

英語が聞き取りにくい理由の1つは、英単語の多くが子音で終っていたり、子音が2つあるいは3つ連なっていることである。

日本語の音節（50音）はすべて「子音（consonant）＋母音（vowel）」の組み合わせで成り立っていて、「カタカナ」でも「ひらがな」でも、「子音」と「母音」を切り離して表現することは不可能である。言い換えるなら、日本語では母音を伴わない音節（音の単位）は存在しない。そして日本人の耳は、母音を聞くことにより直前の子音が何であるかを認識するようにならされている。

逆に言うなら、**日本人の耳は母音を伴わない子音を聞くことに慣れていない**。たとえば "cat" の "t"、"map" の "p" あるいは "dog" の "g" などは母音を伴わないので、これらの子音は日本人の耳には聞き取りにくい。日本式発音すなわちカタカナ発音では子音で終わる英語の単語であっても、「キャット（catto）」、「マップ（mappu）」、「ドッグ（doggu）」のように本来英語には存在しない余分な母音が付加され、それらの発音に慣れてしまっている。それで、母音を伴わない "cat" の "t" などを聞くのに苦労する。さらに聞きづらさに拍車をかけるのが、このような母音を伴わない子音に省エネ発音現象が起こること（Day 5 で詳しく説明）である。

カタカナ式発音では、母音を伴わない英語の子音に、「オ」あるいは「ウ」を付加する習慣がある。そしてどちらが付加されるかには一定の法則があるよ

うだ。英語のtやdにはカタカナ式発音では、「オ」が付加され、b, f, g, k, l, m, p, s, sh [ʃ], th [θ], th [ð], v, あるいはzには、「ウ」が付加されるのが普通だ。以下がその一例である。

●カタカナ発音で「オ」または「ウ」が付加される音節尾子音

fight (戦う)	→ ファイト	hot (暑い)	→ ホット
bird (鳥)	→ バード	world (世界)	→ ワールド
rub (こする)	→ ラブ	half (半分)	→ ハーフ
big (大きい)	→ ビッグ	kick (蹴る)	→ キック
bell (鈴)	→ ベル	ham (ハム)	→ ハム
map (地図)	→ マップ	pass (通過する)	→ パス
finish (終える)	→ フィニッシュ	mouth (口)	→ マウス
bathe (入浴する)	→ ベーズ		
(＊brush (ブラシ)	→ ブラシは例外)		

4. 英語では子音が2個、あるいは3個続くこともある

英語には母音を伴わない子音（音節尾子音）が多いが、子音群（consonant clusters）も数多く存在する。子音群は、2つあるいは3つの子音が連なり、その間に母音が存在しない。たとえば "strength（強さ）[stréŋθ]" という英単語には3重子音が2つあり（strとngth）、そして母音はたったの1つ（e）しかない。しかしカタカナ式発音では「sutorengusu ストレングス」のように5つもの母音が付くことになる。これら5つの母音を含む発音に慣れてしまっている日本人の耳は、"strength" を聞き取るのに困難を感じる。

以下の実例では、カタカナ式発音で付加される余分な母音の数を【 】の中に示してみることにした。この数字が大きいほど英語の発音との距離が大きいことになる。
（注：ここでは、発音が正しいかどうかの要素は省いてあるので、実際の発音の差は、数字以上に大きいということになる。）

(1) 音節始めの子音群に付加される余分な発音

カタカナ発音では、2重子音の最初の子音に、そして3重子音の場合は、最初の子音と2つ目の子音に余分な発音「ウ」が付加される。しかし [t] と [d] の

場合だけは「オ」が付加される。

black (黒)	→	ブラック	【2】	clock (時計)	→	クロック	【2】
fly (飛ぶ)	→	フライ	【1】	glove (手袋)	→	グローブ	【2】
plate (皿)	→	プレート	【2】	sleep (寝る)	→	スリープ	【2】
splash (飛び散る)	→	スプラッシュ	【3】				
bread (パン)	→	ブレッド	【2】	cry (泣く)	→	クライ	【1】
dream (夢)	→	ドリーム	【2】	free (自由な)	→	フリー	【1】
great (偉大な)	→	グレート	【2】	prize (賞)	→	プライズ	【2】
shrine (神社)	→	シュライン	【1】	try (試す)	→	トライ	【1】
throw (投げる)	→	スロー	【1】	script (脚本)	→	スクリプト	【4】
spray (噴霧する)	→	スプレイ	【2】	strike (打つ)	→	ストライク	【3】
stop (止まる)	→	ストップ	【2】	question (質問)	→	クエスチョン	【2】
square (四角)	→	スクエアー	【2】	sweat (汗)	→	スエット	【2】
twin (双子の)	→	ツイン	【1】				

＊ qu は2重子音で発音的には kw と同じ。
＊カタカナ式発音では、w が欠如するケースが多い。

(2) 音節尾子音群に付加される余分な発音 ―その1―

音節尾子音群は何種類かあるが、その中でも「子音 + le」の数が非常に多いので、実例の大半は le で終わっている。
(注：語尾 le の e は silent "e" で、母音としての働きを失っている。)

table (テーブル)	→	テーブル	【2】	uncle (叔父)	→	アンクル	【2】
handle (取っ手)	→	ハンドル	【2】	rifle (ライフル)	→	ライフル	【2】
single (1つの)	→	シングル	【2】	apple (リンゴ)	→	アップル	【2】
whistle (口笛)	→	ホイッスル	【2】	battle (戦い)	→	バトル	【2】
puzzle (難問)	→	パズル	【2】	box (箱)	→	ボックス	【2】
fifth (5番目)	→	フィフス	【2】	perhaps (多分)	→	パハプス	【2】
valve (弁)	→	バルブ	【2】	last (最後の)	→	ラスト	【2】
depth (深さ)	→	デプス	【2】				
length (長さ)	→	レングス	【2】				

(3) 音節尾子音群に付加される余分な発音 ―その2―

語尾が「子音＋e＋子音」の場合も、そのeは省エネ現象により発音を失っているので、英語では「子音＋le」のときと同じ発音になる。しかしカタカナ式発音ではeに影響され、「エ」という余分な母音が付加されることが多い。

label （ラベル）	→	ラベル	【2】	model （モデル）	→	モデル	【2】
bagel （ベーグル）	→	ベーグル	【2】	snorkel （スノーケル）	→	スノーケル	【2】
camel （らくだ）	→	キャメル	【2】	tunnel （トンネル）	→	トンネル	【2】
gospel （ゴスペル）	→	ゴスペル	【3】	counsel （相談）	→	カウンセル	【2】
hostel （ホステル）	→	ホステル	【3】	level （レベル）	→	レベル	【2】

5. 同じ子音が2つ続いたときは1つの子音のように発音する

カタカナ式発音では、同じ子音が2つ続いた場合、どちらの子音も発音する習慣がある。例えば "cutter"（カッター）は「カッター」と発音し、「カター」とは言わない。また "planner"（立案者）は「プランナー」で「プラナー」にはならない。

ところが英語では同じ子音が2つ続いても、発音上は1つの子音となる。すなわち "cutter" は「カター」と聞こえ、"planner" は「プラナー」のように聞こえ、日本人の耳には異なる単語のように響く。

以下は英語では1つの子音として発音される連続子音が、カタカナ式では2つの子音扱いになる例である（太字が余分な子音）。

英単語	発音記号	日本人の耳への響き	カタカナ発音
channel （チャンネル）	[tʃǽnl]	チャノ	→ チャンネル
hammer （ハンマー）	[hǽmər]	ハマ	→ ハンマー
runner （走者）	[rʌ́nər]	ラナ	→ ランナー
thinner （薄め液）	[θínər]	シナ	→ シンナー
tunnel （トンネル）	[tʌ́nl]	タノ	→ トンネル
batter （打者）	[bǽtər]	バタ	→ バッター

　＊butter（バター）はカタカナ式でも［バッター］でなく［バター］となる。

clipper （クリッパー）	[klípər]	クリパ	→ クリッパー
cottage （小屋）	[kátidʒ]	カティジ	→ コッテージ
cotton （綿）	[kátn]	カトン	→ コットン

slipper（スリッパー）	[slípər]	スリパ	→ スリッパ
shutter（よろい戸）	[ʃʌ́tər]	シャタ	→ シャッター
upper（上の）	[ʌ́pəy]	アパ	→ アッパー

6. 日本語と英語では抑揚の位置がずれている

　英語を発音するときの大きな特徴の1つが強弱であり、日本語の場合は抑揚（音程の高低）である。しかし当然ながら英語にも抑揚があり、強い音節は自然に音程が高くなり、弱音節は音程が低くなる。ここで問題なのは、かなり多くのカタカナ式英語が、英語の高音（強母音）とは異なる部分が高音になることである。**しかも英語では子音だけが高音になることはあり得ないのに、カタカナ式英語ではそこの部分が高音になったりする。**
　McDonald（マクドナルド）を例に取ってみると、次のような違いになる。

　Mcのcは子音だけなので、そこにアクセントが付き高音になることはあり得ないが、カタカナ式英語ではkuという発音で高音になり、また英語では低音であるはずのnaの部分までが高音になってしまっている。この抑揚の差は、英語とカタカナ式英語の響きを著しく引き離し、英語を聞きづらくする要因となっている。
　日本人の耳は、ネイティブが発音する"McDonald"が「マクドナルド」であることを認識しにくい。同じように「マクドナルド」と聞かされたアメリカ人は、それが"McDonald"であることを想像することができない。
　では抑揚が異なるいくつかの単語の実例をあげてみよう（高音の部分を太字にしてある）。抑揚の位置が相当ずれていることがわかる。

英単語	発音記号	日本人の耳への響き	カタカナ式発音
advantage	[ədvǽntidʒ]	アドゥバンティッジ	→ アドバンテージ
balance	[bǽləns]	バランス	→ バランス
bottle	[bάtl]	バト	→ ボトル
bucket	[bʌ́kət]	バキット	→ バケツ
damage	[dǽmidʒ]	ダメィッジ	→ ダメージ
diamond	[dáiəmənd]	ダイアモンド	→ ダイアモンド
engineer	[endʒiníər]	エンジニア	→ エンジニア
hotel	[houtél]	ホウテル	→ ホテル
label	[léibəl]	レイボ	→ ラベル
manage	[mǽnidʒ]	マニッジ	→ マネージ
model	[mάdl]	マド	→ モデル
page	[péidʒ]	ペイジ	→ ページ
pattern	[pǽtərn]	パタン	→ パターン
pocket	[pάkit]	パキット	→ ポケット

7. 英語とかけ離れたカタカナ英語の読み方こそ、英語を聞き取りにくくしている最大の要因である

　このように、カタカナ式発音は本来の英語の発音とかなり異なるため、英語の聞き取りの妨げになる大きな要因となっている。その中でもカタカナ式発音が英語の発音と著しくずれている単語をリストアップしてみよう。なお【　】内の数字は、発音のずれの大きさを示すもので、【0】は、カタカナ式発音が英語の発音とまったく同じか非常に近いことを意味し、数字が大きくなればなるほど、発音の違いが大きいことを示す（＊後に詳しく触れる英語固有の発音との違いも含む）。

計算方法

カタカナ発音の子音と母音の数－英語として通じる子音と母音の数＋カタカナ発音には欠如している英語の子音と母音の数＋抑揚のずれ

　例えば strength ストレングスの場合は、（11 － 5）＋ 1 ＝【7】となる。

DAY 1　聞き取りやすい英語と聞き取りにくい英語

英単語	発音記号	日本人の耳に響く発音	カタカナ発音	発音の差
bill	[bíl]	ビル	ビラ	【3】
button	[bʌtn]	バトン	ボタン	【3】
cabbage	[kǽbidʒ]	キャビジ	キャベツ	【4】
camphor	[kǽmfər]	キャンファ	カンフル（剤）	【7】
dozen	[dʌ́zn]	ダズン	ダース	【5】
groggy	[grági]	グラギ	グロッキー	【6】
grounder	[gráundər]	グラウンダー	ゴロ（野球の）	【9】
jack	[dʒǽk]	ジャック	ジャッキ	【4】
jug	[dʒʌ́g]	ジャグ	ジョッキ	【5】
neon	[níːɑn]	ニーアン	ネオン	【3】
novel	[návəl]	ナボ	ノベル（小説）	【5】
olive	[áliv]	アリブ	オリーブ	【6】
Rome	[róum]	ローム	ローマ	【3】
stew	[stúː]	スツー	シチュー	【4】
vaccine	[væksíːn]	バクシーン	ワクチン	【6】
varnish	[váːrniʃ]	バーニッシュ	ニス	【5】
vinyl	[váinl]	バイノ	ビニール	【7】
wheel	[wíːl]	ウィール	ホイール	【6】

> 8. 英語は話すスピードが上がると省エネ発音現象が起こって、音が変わったり、なくなったりすることがある

　以上英語の発音が聞き取りにくい理由を述べてきたが、ネイティブが普通のスピードで話すときの英語が聞きづらい最大の理由は、なんと言っても省エネ発音現象であろう（英語の省エネ発音の詳細は Day 3 ～ Day 8 でとりあげている）。
　発音の省エネ化は、英語の話し方と密接な関係がある。まず日本語の話し方の特徴はと言うと、それは抑揚、すなわち音の高低である。日本語の場合、音程的に言って3つの高さから成り立っている。
　たとえば「桜の花が咲いた（サクラノハナガサイタ）」は以下の通りである。

日本語ではこの抑揚の違いが方言の違いの1要素となる。たとえば「ハシ」という単語の抑揚が、地域ごとに異なり、またその抑揚が意味を特定する。

英語にも抑揚はあるが、一番の特徴は何と言っても強弱であろう。もちろん強弱は高低と密接に関連しており、強音は自然に高音に、そして弱音は低音になるのが普通である。

この英語の強弱は1つの単語内でも起こり、また文章全体でも起こる。そして**弱く発音される部分は当然のことながら吐き出す息の量が減り、舌や唇の動かし方が緩慢になり、またあごの開け方も小さくなる**。それは音エネルギーの減少を意味する。日本語の場合、低音部分でも発音変化はほとんど見られないが、英語の場合、音エネルギーが減ると発音の省エネ化、すなわち発音の変化が起こる。これが省エネ発音現象である。

日本語と英語の発音の特徴を理解するために、歩幅ほどの大きさのタイルが敷き詰められた道を想像してみよう。その道を自転車に乗って進んだ場合、ゆっくり走っても、スピードを上げても、各タイルに同じ重圧がかかる。でも人がその道を歩いた場合、ゆっくり歩くときは歩幅とタイルの大きさが同じであるため、それぞれのタイルは同じ圧力を受ける。でも歩くスピードを上げると歩幅が大きくなり、踏まれないタイルが出てくる。当然踏まれたタイルは圧力を受け、踏まれないタイルは圧力を受けない。さらにスピードを上げ、全力疾走すれば、飛ばされるタイル、すなわち圧力を受けないタイルの数が増えることになる。このたとえで言うと、日本語は自転車移動、英語は歩行である。

英語の場合、話し方がゆっくりであればそれぞれの単語にアクセントが付き、省エネ発音現象が起こりにくい。でも**話すスピードが上がれば上がるほ**

DAY 1　聞き取りやすい英語と聞き取りにくい英語

ど、圧力を受けない単語、すなわちアクセントが付かない単語が増え、発音の省エネ化が進むことになる。この英語の話すスピードによってもたらされる省エネ発音現象は、母音にもまた子音にも現れる。

　例えば次の5つの文を見てみよう。ゆっくり丁寧に話し、一つ一つの単語にアクセントが付いた場合、以下のような発音になり、日本人の耳にはとても聞きやすい英語となる。

Look at him.	[lúk ǽt hím]	（彼を見てごらん）
What did you buy?	[wát díd jú: bái]	（あなたは何を買いましたか？）
Give me some water.	[gív mí: sʌ́m wɔ́:tər]	（私に水を少しください）
Ask me any question.	[ǽsk mí: éni kwéstʃən]	（どんな質問でもしてください）
What is the matter?	[wát íz ðə mǽtər]	（どうしたの？）

　ところが、ネイティブ同士で自然の速さで話すと、スピードが上がり省エネ発音がかなり進むことになる。

	ゆっくり発音	省エネ発音
Look at him.	[lúk ǽt hím]	→ [lúkətəm]
What did you buy?	[wát díd jú: bái]	→ [wədjəbái]
Give me some water.	[gív mí: sʌ́m wɔ́:tər]	→ [gímisəmwɔ́:də]
Ask me any question.	[ǽsk mí: éni kwéstʃən]	→ [ǽsmienikwéstʃən]
What is the matter?	[wát íz ðə mǽtər]	→ [tsðəmǽdə]

　上記5つの文章の省エネ発音をあえてカタカナ表記にすると以下のとおりになる（強く聞こえる部分は太字で表現）。英語の省エネ発音に慣れていない日本人は、これらのスピード英語をまったく聞き取ることができないだろう。

	省エネ発音	カタカナ表記
Look at him.	[lúkətəm]	ル**カ**タム
What did you buy?	[wədjəbái]	ワジャ**バイ**
Give me some water.	[gímisəmwɔ́:də]	**ギ**ミスム**ワ**ダ
Ask me any question.	[ǽsmienikwéstʃən]	**ア**スミエニク**エ**スチョン
What is the matter?	[tsðəmǽdə]	ツダ**マ**ダ

　映画の英語を聞くとは、上記のような省エネ発音を聞くことを意味する。ス

ピード英語の発音に慣れていない日本人が、映画の英語が聞き取れないのも当然であろう。

> 注意：
> 　この本で扱う省エネ発音現象は、スピード英語の聞き取り練習のためであり、まねして発音するためのものではない。基本の発音ができていない人が、省エネ発音すなわち崩れた発音をすると、まったく通じないメチャクチャ発音になる危険性がある。またネイティブスピーカーと同じスピードで話すことのできない日本人が、ゆっくり英語の中に省エネ発音を織り交ぜて話すと、滑稽な英語になってしまう。たどたどしい日本語しか話せない人が、自分の父親に関して「おれのおやじは」という言い方をすると違和感を覚えるのに似ている。
> 　省エネ発音の把握はあくまでもヒアリング力向上のためであり、日本人が英語を話すときは、ゆっくり明確な発音をすることを心がける必要がある。

DAY 2
英語の発音とカタカナ式発音の食い違い

1. 英語の母音 …………………………30
2. 英語の子音 …………………………43

DAY 2 今日のテーマ 英語の発音とカタカナ式発音の食い違い

> カタカナ式発音と英語の発音の違いが大きければ大きいほど、カタカナ式発音に慣れてしまった日本人にとって、英語の聞き取りが難しくなるのは当然である。ところで、カタカナ式発音と英語の発音の相違には2種類ある。1つは、日本語には存在しない英語の発音があること。もう1つは、日本人が発音しようと思えば苦労なく発音できるのに、カタカナ式ではわざわざ異なる発音にしてしまうケースである。
>
> ここでは、このことを具体的に説明していくことにしよう。カタカナ式英語の発音の仕方を詳細に調べていくことで、「英語の発音」の特徴、特に本書全体のテーマである英語の「省エネ発音」の特徴がよく理解できるようになるからだ。

1. 英語の母音

■ **英語には英語固有の母音が26個も存在する。これを聞き分けられるようにすることから「英語耳」は作られる**

ネイティブスピーカーの英語が聞き取りにくい大きな原因の1つは、英語固有の発音が数多くあることだ。たとえば日本語の母音は、ア・イ・ウ・エ・オの5つしかない。それぞれを伸ばす長母音（アー・イー・ウー・エー・オー）を含めても10個しかない。しかしアメリカ標準英語の場合、26の母音が存在する。すなわち英語のほうが母音の数がはるかに多いのである。

日本人が英語を聞き取ろうとするとき、少ない数の日本語の母音の発音を基準に聞くため、音の区別がつかず、正確に聞き取れないということになる。このように日本語の母音の数が少ないことが、英語を聞き取りにくくしている原因の1つとなっている。

cat [kǽt] と cut [kʌ́t] では「ネコ」と「切る」と意味が異なるのは誰でも知っていることだが、実は発音そのものもまったく異なっている。音が異なれば、意味が異なる。このことをよく理解しておく必要がある。

DAY 2 英語の発音とカタカナ式発音の食い違い

■ 英語では異なる発音なのに、カタカナ語では同一発音扱いにしてしまうために、英語の発音を誤って理解している人が多い

英語では異なる母音なのに、カタカナ式では同じ発音になってしまう母音に次のようなものがある（実際の母音聞き取り練習は後の Chapter で行います）。

(1)「ア」「アッ」または「アー」に分類される英語の母音

英語では 7 つの異なる母音（[á:] [æ] [ʌ] [ə́:r] [á:r] [éi] [ə]）が、カタカナ式発音ではすべて同じ「ア」になってしまっている（「アー」あるいは「アッ」もあるが、発音上は「ア」と同じ）。そして「ア」という発音が脳裏に刻まれている日本人は、これら 7 つの異なる母音を聞き分けるのに苦労することになる。

英語の母音	単語例	英語の発音	ローマ字発音	カタカナ表記
[á:]	father	[fá:ðər]	hua:za:	ファーザー
	calm	[ká:m]	ka:mu	カーム
	palm	[pá:m]	pa:mu	パーム
[æ]	hat	[hæt]	hatto	ハット
	apple	[æpl]	appuru	アップル
	map	[mæp]	mappu	マップ
[ʌ]	must	[mʌst]	masuto	マスト
	cup	[kʌp]	kappu	カップ
	love	[lʌv]	rabu	ラブ
[ə́:r]	girl	[gə́:rl]	ga:ru	ガール
	hurt	[hə́:rt]	ha:to	ハート
	learn	[lə́:rn]	ra:n	ラーン
[á:r]	car	[ká:r]	ka:	カー
	mark	[má:rk]	ma:ku	マーク
	star	[stá:r]	suta:	スター

31

[éi]	radio	[réidiou]	rajio	ラジオ
	label	[léibəl]	raberu	ラベル
[ə]	the	[ðə]	za	ザ
	advice	[ədváis]	adobaisu	アドバイス

(2)「オ」または「オー」に分類される英語の母音

英語では4つの異なる母音（[á] [ɔ́ː] [óu] [ɔ́ːr]）が、カタカナ式発音ではすべて同じ「オ」「オッ」あるいは「オー」になってしまっている。そして日本人の耳はそれら4つの発音を区別できない。

実はアメリカ英語には [o]「オ」という発音は存在しない。たとえば pot はアメリカ式発音では [pát] と発音される。［パット］に近く［ポット］ではない。だが、イギリス英語では［ポット］のように発音される。dog もアメリカ英語では [dɔ́ːg] という発音になり、イギリス英語では [dɔ́g] と発音される。「人間ドック」というときの dock もアメリカ英語では [dák] のように発音され、イギリス英語では [dɔ́k] と発音される。本書ではアメリカ式発音を優先して紹介しているので、この点誤解のないように注意しておきたい。

英語の母音	単語例	英語の発音	ローマ字発音	カタカナ表記
[á]	hot	[hát]	hotto	ホット
	pond	[pánd]	pondo	ポンド
	bottle	[bátl]	botoru	ボトル
[ɔ́ː]	fall	[fɔ́ːl]	huo:ru	フォール
	law	[lɔ́ː]	ro:	ロー
	walk	[wɔ́ːk]	uo:ku	ウォーク
[óu]	home	[hóum]	ho:mu	ホーム
	cold	[kóuld]	ko:rudo	コールド
	road	[róud]	ro:do	ロード

DAY 2 英語の発音とカタカナ式発音の食い違い

[ɔ́ːr]	door	[dɔ́ːr]	doa	ドア
	port	[pɔ́ːrt]	poːto	ポート
	four	[fɔ́ːr]	huoː	フォー

(3)「エ／エー」となる英語の母音

英語では2つのまったく異なる母音「エイ／イー」（[éi] [íː]）が、カタカナ式発音では「エ／エー」になってしまっている。特に [íː] のほうは「エ／エー」とはかけ離れた発音なので、聞き取ることが難しくなる。

英語の母音	単語例	英語の発音		ローマ字発音	カタカナ表記
[éi]	baby	[béibi]	ベイビィ	bebiː	ベビー
	lady	[léidi]	レイディ	rediː	レディー
	name	[néim]	ネイム	neːmu	ネーム
	safe	[séif]	セイフ	seːhu	セーフ
	cake	[kéik]	ケイク	keːki	ケーキ
	paper	[péipər]	ペイパー	peːpaː	ペーパー
[íː]	meter	[míːtər]	ミーター	meːta	メーター
	neon	[níːɑn]	ニーアン	neon	ネオン
	theme	[θíːm]	シィーム	teːma	テーマ
	zero	[zíːrou]	ズィーロウ	zero	ゼロ

■ **英語の母音アルファベット a, i, u, e, o には、それぞれ複数の発音が存在する**

英語固有の発音の話をする前に、英語の母音アルファベットには複数の発音が存在することをまず述べておく必要がある。

日本語の場合「ア、イ、ウ、エ、オ」という5つの母音は、いつでも「ア、イ、ウ、エ、オ」と発音され、それ以外の発音の仕方はない。そしてそれらの5つの母音は、ローマ字では a、i、u、e、o と表記され、a＝ア、i＝イ、u＝

33

ウ、e＝エ、o＝オとなる。

　英語にはアルファベット1文字だけの母音が6つあり（a, e, i / y, o, u）、そして複数文字から成り立つ母音が17種類存在する。そして1文字母音 a, e, i / y, o, u が強母音となるとき（アクセントが付くとき）、音節の構造により2つあるいは3つの異なる発音となる。

　a の場合は [éi] と [ǽ]、e の場合は [íː] と [é]、i の場合は [ái] と [í]、o の場合は [óu] と [á] と [ɔ́]、そして u の場合は [júː] と [ʌ́] と [ú] がある。y は本来子音だが、英語では母音としての働きもあり、i と同じように [ái] と [í] の2種類の発音がある。

（注：英語の r と w も本来は子音だが、母音としての機能もある。でも y のように、単独で母音となることはなく、必ず a, e, i, o, u との組み合わせにより母音化する。）

　問題は、英語がカタカナ表記されるとき、たとえば英語の1文字母音の複数の発音が無視され、a＝ア、i＝イ、u＝ウ、e＝エ、o＝オのように5つの母音として処理されてしまうことだ。その結果、カタカナ式発音は、英語とはかけ離れた発音になり、英語聞き取りの障害となってしまう。

■ 音節の構造と母音の発音との関係がわかると、英語の発音のルールが理解しやすくなる

　アルファベットの "a" "e" "i" "o" "u" が単独で使われ、それらが強母音となるとき、すなわちアクセントが付く場合、音節（切れ目のある母音を中心とした発音上の単位）の構造により、それぞれのアルファベットは2つ（あるいは3つ）の異なる発音となる。1つは [éi] [íː] [ái] [óu] [júː] であり、アルファベットの呼び名と同じ発音なので覚えやすい。もう1つは [ǽ] [é] [í] [á/ɔ́] [ʌ́/ú] である。これらの異なる母音の発音は、音節の構造と深い関係がある。

　先に英語の発音のルールをまとめておこう。

●英語の発音のルール

(1) 英語の発音を理解するには、発音上の最小単位である「音節」の理解が欠かせない。音節には、「母音」「子音＋母音」「母音＋子音」「子音＋母音＋子音」の4種類あるが、いずれも母音を中心にした音の切れ目を言う。1つの音節には1つの母音しかない。bench や board は1音節、birthday や biscuit は母音が2つあるので、2音節である。

(2) 英語の音節には、母音で終わる「開音節」と子音で終わる「閉音節」の2種類がある。日本語は鼻母音「ん」（撥音）と「っ」（促音）以外のすべての音節が母音で終わる「開音節」なので、英語のヒアリングでは、子音で終わる「閉音節」に注意する必要がある。

(3) 音と綴りの関係では、cake や take など語末の e は発音しないので、この両語とも1音節である。また、語末に e が来る場合は、その前の母音はすべて [ei] [ai] のような二重母音か、[i:] のような長母音になる。

次にそれぞれの項目について具体的に見ていくことにしよう。

(1) 音節

音節（syllable）とは、母音を中心とした音のかたまりで、**母音（vowel）と子音（consonant）から成り立っている**。日本語の50音は、「ン」以外はすべて音節である。その内ア、イ、ウ、エ、オは母音のみの音節で、それ以外は「子音＋母音」という構造の音節である。「ン」は英語の [n] とは発音が異なるが、子音の一種と見なすことができる。

しかし英語の音節には**「開音節」**と**「閉音節」**の2種類があり、母音の発音に大きな影響を与えている。

(2) 開音節（open syllable）と開母音（open vowel）

開音節とは、母音が子音で閉じられていない音節、すなわち母音で終わる音節を意味し、そのときの母音が開母音である。構造的にはVあるいはC＋Vとなる。（注：Vは母音（Vowel）を意味し、Cは子音（Consonant）を意味する。）

- **V**　I, a など母音のみで成り立っている音節。
- **CV**　me, by, go, she など「子音＋母音」で成り立っている音節。

ちなみに日本語の音節（50音）は、「ん」以外はすべて「開音節」である。

(3) 閉音節（closed syllable）と閉母音（closed vowel）

閉音節は、母音が子音で閉じられている音節、すなわち子音で終わる音節を意味し、そのときの母音が閉母音である。構造的にはV＋CあるいはC＋V＋Cとなる。

| VC | it, as, of, on など「母音＋子音」で成り立っている音節。 |
| CVC | pen, cat, hot, him, must など「子音＋母音＋子音」という構造になっている音節。 |

■ **英語の a, i, u, e, o などの1文字母音は強く発音される場合、開母音の場合と閉母音の場合では発音が異なる**

　日本語をローマ字化した場合、a, i, u, e, o の5つの母音は、どれも1つの発音しかない。「ア、イ、ウ、エ、オ」をアルファベットに置き換えたにすぎないからだ。でも**英語の1文字母音 a, e, i, o, u が強母音となるときや、開母音の場合と閉母音の場合とでは発音が異なる**。（注：英語では y にも母音としての機能があり、発音は i の場合と同じ。）カタカナ式発音が本来の英語の発音とかけ離れてしまう原因の1つがここにある。カタカナ式発音では、1文字母音に複数の発音が存在することを無視し、a, i, u, e, o をすべて「ア、イ、ウ、エ、オ」にしてしまうことに問題がある。（注：2種類の聞き取り練習はこの Chapter の後半で）

(1) 2音節以上の単語と Silent "e" の働き

　英語の1文字母音の発音は、その音節が開音節か閉音節かにより異なるが、1つの単語に2音節以上ある場合も、それぞれの音節の母音の発音は、開音節か閉音節かにより異なる。
　2音節以上の単語は、V, CV, VC, CVC の4つの音節構造のどれかが組み合わさったものだが、それぞれの音節が開音節か閉音節かを判断するためのいちばん簡単な見分け方は、次のとおりである。

● **開音節と閉音節の見分け方**

（1）1文字母音の後に2つの子音が続くか（後に述べる子音群を除く）、あるいは子音で終わっている場合（語尾の音節）は閉音節となる。
（例）butter の but、apple の ap と ple、cotton の cot と ton などが閉音節。これらの単語は but/ter、ap/ple、cot/ton のような音節の切れ方になる。
（2）1文字母音の後に「子音＋母音」または異なる母音が続く場合は、開

音節となる。(注：ここでの母音は 1 文字母音でも複数文字母音でも同じである。)
(例) meter の me、lion の li などが開音節。これらの単語は me/ter、li/on のような音節の切れ方になる。
(3) rate (率) や space (空間) など語末が e で終わる語は、その前の母音は開母音になる。ただし、pure (純粋な) や cure (治療) などのように二重母音になるものもある。

(2) 閉音節強母音発音

閉音節で使われている 1 文字母音 a、e、i / y、o、u は、そこにアクセントが付く場合、すなわち強母音となる場合、以下の例のように、それぞれが [ǽ], [é], [í], [á] / [ɔ́], [ʌ́] / [ú] という発音になる。
(これらの母音の発音の練習は、Day 3 以降で扱う)

			単語	発音	意味		単語	発音	意味
a	→	[ǽ]	at	[ǽt]	(〜で)	cap	[kǽp]	(帽子)
e	→	[é]	pen	[pén]	(ペン)	net	[nét]	(ネット)
i	→	[í]	it	[ít]	(それは)	list	[líst]	(リスト)
y	→	[í]	sys/tem	[sístəm]	(システム)			
o	→	[á]	hot	[hát]	(熱い)	Don	[dán]	(ドン=人名)
		[ɔ́:]	dog	[dɔ́:g]	(犬)	cof/fee	[kɔ́:fi]	(コーヒー)
u	→	[ʌ́]	must	[mʌ́st]	(〜しなければならない)	cut	[kʌ́t]	(切る)
		[ú]	put	[pút]	(置く)			

(注：/ は音節の切れ目を示す。)

(3) 開音節の強母音

開音節で使われている 1 文字母音 a、e、i、o、u は、そこにアクセントが付く場合、すなわち強母音となる場合、以下の例のように、それぞれ [éi] [í:] [ái] [óu] [jú:] という発音になる。これらの発音は y 以外は、a、e、i、o、u のアルファベットの呼び名と同じ発音である。

	単語	発音	意味	単語	発音	意味
a → [éi]	a/ce	[éis]	(エース)	ta/ble	[téibl]	(テーブル)
e → [íː]	ne/on	[níːɑn]	(ネオン)	me/ter	[míːtər]	(計器)
i → [ái]	bi/te	[báit]	(噛む)	ci/der	[sáidər]	(リンゴジュース)
y → [ái]	sky	[skái]	(空)	fly	[flái]	(飛ぶ)
o → [óu]	ho/me	[hóum]	(家)	to/ner	[tóunər]	(トナー)
u → [júː]	u/se	[júːz]	(使う)	mu/sic	[mjúːzik]	(音楽)

(4) Silent "e" の働き

　e で終わる英単語は、多くの場合その e は発音されず、silent "e" と呼ばれている。しかしこの silent "e" は、その前の母音の発音に大きな影響を与える。もし最後に silent "e" が付いていなければ、直前の音節が閉音節となり、その母音も閉母音の発音になる。たとえば hop（ぴょんぴょん飛ぶ）には silent "e" がないので o は閉母音となり、発音は [á] となる。ところが hope（希望）の場合には、最後に silent "e" が付いているので、o は開母音となり、[óu] という発音になる。

　英語の音節は、基本的には CV/CV/CV のように区切れていくが、子音の後に母音が続かない場合、すなわち CVC あるいは VC になる場合は、その音節は閉音節で、その母音は閉母音となる。しかし Silent "e" は母音としての機能は失っているのに（昔は発音されたようであるが）、音節の切れ目に変化をもたらす働きがある。すなわち hop が 1 音節であるのに対し、hope は本来は ho/pe のような 2 音節の単語で、ho は開音節となる。そして o は開母音となる。take、name、like なども、その前の母音はすべて開母音発音となる。

　Silent "e" で 1 つ困るのは、英語を母国語とする人たちが日本語を発音する場合、silent "e" ではない e を silent "e" と思い込み、まったく異なる発音にしてしまうことである。ローマ字で書かれた日本語の最後に e がついている場合がそうである。彼らはその e を発音しないだけでなく、その前の母音を開母音発音にしてしまうので、本来の日本語とはかけ離れた発音になってしまう。以下のような日本語がその例である。

DAY 2　英語の発音とカタカナ式発音の食い違い

	日本語の発音		英語式発音	
Abe（阿部）	「アベ」	→	[éib]	「エイブ」
Date（伊達）	「ダテ」	→	[déit]	「デイト」
Fuse（布施）	「フセ」	→	[fjúːz]	「フューズ」
Hase（長谷）	「ハセ」	→	[héiz]	「ヘイズ」
Ide（井出）	「イデ」	→	[áid]	「アイド」
Ike（池）	「イケ」	→	[áik]	「アイク」
Kobe（神戸）	「コーベ」	→	[kóub]	「コウブ」
Take（武）	「タケ」	→	[téik]	「テイク」

注：Kobeの場合は、最後のeをsilent "e" ではなく開母音のeとしてとらえ、[kóubiː]「コウビー」と発音する人も多い。

ではsilent "e" の有無により発音が異なる英単語の実例を列記してみよう。

〈閉母音の発音〉			〈開母音の発音〉		
bath	[bǽθ]	（風呂）	ba/the	[béið]	（入浴する）
cut	[kʌ́t]	（切る）	cu/te	[kjúːt]	（可愛い）
doss	[dáːs]	（短い眠り）	do/se	[dóus]	（薬の一服）
duck	[dʌ́k]	（あひる）	du/ke	[djúːk]	（君主）
eV	[év]	（電子ボルト）	E/ve	[íːv]	（エバ＝人名）
fin	[fín]	（魚のひれ）	fi/ne	[fáin]	（立派な）
fuss	[fʌ́s]	（無用な騒ぎ）	fu/se	[fjúːz]	（ヒューズ）
hat	[hǽt]	（帽子）	ha/te	[héit]	（憎む）
lack	[lǽk]	（不足する）	la/ke	[léik]	（湖）
lick	[lík]	（なめる）	li/ke	[láik]	（好き）
mat	[mǽt]	（マット）	ma/te	[méit]	（仲間）
pip	[píp]	（種^{たね}）	pi/pe	[páip]	（パイプ）
pock	[pák]	（あばた）	po/ke	[póuk]	（棒で突く）
us	[ʌ́s]	（私たちを）	u/se	[júːz]	（使う）

(5) 1文字母音＋「子音＋母音＋子音」の発音

1文字母音の後に「子音＋母音」が続く場合、開母音（[éi] [íː] [ái] [óu]）になる話をしたが、「子音＋母音＋子音」が続く場合、すなわち閉音節が続く場合は、1文字母音は開母音（[éi] [íː] [ái] [óu]）になったり閉母音（[æ] [é] [í] [á] [ʌ́]）になったりする。

ta/ken	[téikən]	（取られた）	vs	ta/blet	[tǽblit]	（錠剤）
re/cent	[ríːsnt]	（最近の）	vs	me/lon	[mélən]	（メロン）
bi/son	[báisn]	（バイソン）	vs	ti/mid	[tímid]	（臆病な）
ro/bot	[róubət]	（ロボット）	vs	ro/bin	[rábin]	（コマドリ）

(6) 1文字母音＋複数音節

1文字母音の後に音節が1つだけ続く場合は開母音（[éi] [íː] [ái] [óu] [júː]）になっても、**音節が2つ続くと閉母音**（[æ] [é] [í] [á] [ʌ́]）になる。

na/ture [néitʃər] （自然） → na/tu/ral [nǽtʃərəl] （自然な）
na/tion [néiʃən] （国家） → na/tio/nal [nǽʃənl] （国家の）

■ ar や our などの複数文字母音の発音も、覚えておくとヒアリングの助けになる

英語には、複数文字で1つの母音となるケースが非常に多いが、それらは短母音（short vowel）になったり、長母音（long vowel＝音が変化しないで長くなる）になったり、あるいは2重母音（diphthong＝途中で別の音に変化する）になったりする。また同じ文字列に複数の発音があり、そして同じ発音に複数の文字列が存在する。それで複数文字の母音の発音は、個々に覚えてしまう必要がある。（実際の発音練習は同 Chapter の後半で）

（* が付いている文字列の発音は例外的）

発音	Alphabets	単語	単語の発音	
[áːr]	① ar	dark	[dáːrk]	（暗い）
	② are *	are	[áːr]	（be 動詞）
	③ ear *	heart	[háːrt]	（心臓）

DAY 2 英語の発音とカタカナ式発音の食い違い

[ə́:r]	① er	term	[tə́:rm]	（期間）
	② ir	bird	[bə́:rd]	（鳥）
	③ ur	burden	[bə́:rdn]	（重荷）
	④ ear *	heard	[hə́:rd]	（聞いた）
	⑤ our *	journal	[dʒə́:rnl]	（ジャーナル）
[ɔ́:r]	① or	dorm	[dɔ́:rm]	（寮）
	② oor	floor	[flɔ́:r]	（床）
	③ ore	core	[kɔ́:r]	（核心）
	④ oar	roar	[rɔ́:r]	（野獣がほえる）
	⑤ our	court	[kɔ́:rt]	（法廷）
[áu]	① ow	town	[táun]	（町）
	② ou	about	[əbáut]	（約）
[óu]	① ow	blow	[blóu]	（吹く）
	② oa	goal	[góul]	（ゴール）
[ɔ́i]	① oi	point	[pɔ́int]	（ポイント）
	② oy	toy	[tɔ́i]	（おもちゃ）
[í:]	① ea	meal	[mí:l]	（食事）
	② ee	heel	[hí:l]	（かかと）
	③ ie	believe	[bilí:v]	（信じる）
	④ ei	receipt	[risí:t]	（領収書）
	⑤ ey *	key	[kí:]	（鍵）
[éi]	① ai	pain	[péin]	（痛み）
	② ay	bay	[béi]	（湾）
	③ ey	convey	[kənvéi]	（運搬する）
	④ ei	neighbor	[néibər]	（隣人）
	⑤ ea *	great	[gréit]	（偉大な）
[ɔ́:]	① aw	raw	[rɔ́:]	（生の）
	② au	August	[ɔ́:gəst]	（8月）
	③ al	mall	[mɔ́:l]	（モール）

	④ augh	daughter	[dɔ́:tər]	(娘)
	⑤ ough	bought	[bɔ́:t]	(買った)
[ú]	① oul	should	[ʃúd]	(〜すべき)
	② oo	cook	[kúk]	(料理する)
[ú:]	① oo	tool	[tú:l]	(道具)
	② ui	fruit	[frú:t]	(果物)
[íər]	① ere	mere	[míər]	(単なる)
	② ear	near	[níər]	(近い)
[úər]	① ure	sure	[ʃúər]	(確かな)
	② our *	tour	[túər]	(旅)
	③ oor *	poor	[púər]	(貧しい)
	④ our *	your	[júər]	(あなたの)
[ɛ́ər]	① air	fair	[fɛ́ər]	(公平な)
	② are	care	[kɛ́ər]	(配慮)
	③ ear	pear	[pɛ́ər]	(梨)
	④ eir	heir	[ɛ́ər]	(相続人)
	⑤ ere *	there	[ðɛ́ər]	(そこに)
[áuər]	① ower	power	[páuər]	(力)
	② our	flour	[fláuər]	(粉)
[áiər]	ire	fire	[fáiər]	(火)
[á:]	① al	calm	[ká:m]	(穏やかな)

42

2. 英語の子音

■ 英語の子音は24個あるが、そのうちの16個は日本語の子音とよく似ているので、聞き取りやすい

　英語には [b] [d] [f] [g] [h] [dʒ] [k] [l] [m] [n] [ŋ] [p] [r] [s] [ʃ] [t] [θ] [ð] [tʃ] [v] [w] [j] [z] [ʒ] の24個の子音がある。そのうちの16個、すなわち [b] [d] [g] [h] [k] [m] [n] [ŋ] [p] [s] [ʃ] [t] [tʃ] [j] [z] [ʒ] は日本語の発音とまったく同じかあるいは似ているので、聞きやすく、また発音しやすい。

●日本語の子音と似ているので聞き取りやすい英語の子音

[b]	boy	や	cub	の	[b]
[d]	dog	や	had	の	[d]
[g]	go	や	hug	の	[g]
[h]	ham	や	horse	の	[h]
[k]	cat	や	book	の	[k]
[m]	mop	や	him	の	[m]
[n]	nice	や	pin	の	[n]
[ŋ]	song	や	king	の	[ŋ]
[p]	pet	や	cap	の	[p]
[s]	sell	や	bus	の	[s]
[ʃ]	she	や	wash	の	[ʃ]
[t]	tea	や	hot	の	[t]
[tʃ]	cheese	や	catch	の	[tʃ]
[j]	year	や	yes	の	[j]
[z]	has	や	zoo	の	[z]
[ʒ]	measure	や	pleasure	の	[ʒ]

■ 24個ある英語の子音のうちの8個は日本語にはない子音なので、聞き取りにくい

　[f] [dʒ] [l] [r] [θ] [ð] [v] [w] の8個の子音は日本語にはない発音で、日本人の耳には聞き取りにくく、別の子音との混同が起こりやすい（英語固有の子音の

43

聞き取り練習は Day 3 以降で扱う)。

●日本語にはない子音なので聞き取りにくい英語の子音

[l]	like	や	hill	の	[l]
[r]	rice	や	rock	の	[r]
[f]	face	や	if	の	[f]
[v]	voice	や	have	の	[v]
[θ]	think	や	bath	の	[θ]
[ð]	this	や	breathe	の	[ð]
[w]	wool	や	woman	の	[w]
[dʒ]	judge	や	major	の	[dʒ]

　これら8つの子音の中で、最初の6つは日本人の耳には特に聞き取りにくい。なぜなら、これらの発音は日本語に存在しないだけでなく、それぞれに類似した別の子音が存在するからだ。日本人の耳は、以下に示す2つの子音を聞き分けるのに苦労する。

●日本人がよく間違えるよく似た子音

[l] vs [r]	lice	[láis]	(しらみ)	vs	rice	[ráis]	(米)
[f] vs [h]	fall	[fɔ́:l]	(落ちる)	vs	hall	[hɔ́:l]	(ホール)
[v] vs [b]	very	[véri]	(とても)	vs	berry	[béri]	(小果実)
[θ] vs [s]	thin	[θín]	(薄い)	vs	sin	[sín]	(罪)
[ð] vs [z]	breathe	[brí:ð]	(息をする)	vs	breeze	[brí:z]	(そよ風)

　[w] と [dʒ] は日本語にはない子音で、正確に発音するにはそれなりの練習が必要だが、たとえ自ら正しく発音できなくても、ネイティブスピーカーが発音したときにそれを聞き取るのはさほど難しくはない。

　では英語固有の子音を含む単語の具体例をリストアップしてみよう (実際の母音聞き取り練習は後の Chapter で扱う)。

(1) カタカナ式発音では「ラ、リ、ル、レ、ロ」となる英語の子音

　英語の [l] と [r] は日本語にない発音だが、カタカナ式発音、すなわちローマ

字表記ではどちらも「r」にする習慣がある。だが、日本語の「ラ、リ、ル、レ、ロ」すなわち「ra, ri, ru, re, ro」の「r」は、英語の [r] でもなければもちろん [l] でもない。日本語の「r」は「d + r」であると説明する人がいるが、実際 [d] と [r] が同時に発音されるような音である。

(2) カタカナ式発音では「ファ、フィ、フ、フェ、フォ」となる英語の子音

英語の [f] も日本語に存在しない発音で、カタカナ式ではそれを [h] の発音にしてしまう。しかし英語の発音に近づけるためか、実際のカタカナ発音は h に u を加えて「hu + 母音」になる。(あとで詳しく説明するが、[f] は下唇と上の前歯を接触させながら息を漏らす発音である。)

[f] で始まる単語	英語の発音	ローマ字発音	カタカナ表記
fair　(公平な)	[féər]	huea:	フェアー
fall　(落ちる／秋)	[fɔ́:l]	huo:ru	フォール
fat　(脂肪)	[fǽt]	huatto	ファット
feet　(足の複数形)	[fí:t]	hui:to	フィート
fail　(失敗する)	[féil]	hueiru	フェイル
fear　(恐れる)	[fíər]	huia:	フィアー
feel　(感じる)	[fí:l]	hui:ru	フィール
foam　(泡)	[fóum]	huo:mu	フォーム
fold　(折りたたむ)	[fóuld]	huo:rudo	フォールド

(3) カタカナ式発音では「バ、ビ、ブ、ベ、ボ」となる英語の子音

英語 [v] の発音の仕方は [f] と同じだが、[f] が無声音であるのに対して [v] は有声音となる。[v] も日本語にはない発音なので、カタカナ式ではすべて [b] となってしまう。その結果 [v] と [b] の発音の混同が起こり、正確な意味が聞き取れなくなってしまう。

[v] を含む単語	英語の発音	ローマ字発音	カタカナ表記
vote　(投票する)	[vóut]	bo:to	ボート
veil　(ベール)	[véil]	be:ru	ベール
van　(箱型の車)	[vǽn]	ban	バン
curve　(曲線)	[kə́:rv]	ka:bu	カーブ

vain （空虚な）	[véin]	be:n	ベーン
vase （花瓶）	[véis]	be:su	ベース
vend （販売する）	[vénd]	bendo	ベンド
vowel （母音）	[váuəl]	baoru	バオル

(4) カタカナ式発音では「サ、シ、ス、セ、ソ」となる英語の子音

英語の th [θ] は、舌の先端と上の前歯を接触させたまま息を漏らすときの音だが、これも日本語にはない発音なので、カタカナ式では [s] で代行されてしまう。その結果、日本人の耳は、その [θ] と [s] の区別がつかない。さらに複雑なのは、[θ] の後に [i] が続くと、カタカナ式ではその [θ] は [s] ではなく [ʃ] になってしまうことだ。

[θ] を含む単語	英語の発音	ローマ字発音	カタカナ表記
thank （感謝する）	[θǽŋk]	sanku	サンク
thumb （親指）	[θʌm]	samu	サム
faith （信仰）	[féiθ]	hue:su	フェース
fourth （4番目の）	[fó:rθ]	huo:su	フォース
math （数学）	[mǽθ]	masu	マス
thinner （薄め液）	[θínər]	shinna: [ʃ]	シンナー
bath （風呂）	[bǽθ]	basu	バス
mouth （口）	[máuθ]	mausu	マウス
thick （厚い）	[θík]	shikku [ʃ]	シック
think （考える）	[θíŋk]	shinku [ʃ]	シンク

(5) カタカナ式発音では「ザ、ジ、ズ、ゼ、ゾ」となる英語の子音

英語の th には [ð] という発音もあるが、これは [θ] と同様、舌の先端と上の前歯を接触させたまま息を漏らすときの音だ。ただし [θ] が無声音であるのに対し、[ð] は有声音になる。この [ð] も日本語にはない発音なので、カタカナ式では [z] で代行されてしまう。その結果、日本人の耳は、その [ð] と [z] の区別がつかない。また、さらにやっかいなことに、[ð] の後に [i] が続くと、その [ð] は [z] ではなく [ʒ]「ジ」になってしまう。

DAY 2 英語の発音とカタカナ式発音の食い違い

[ð] を含む単語	英語の発音	ローマ字発音	カタカナ表記
bathe （入浴する）	[béið]	beizu	ベイズ
clothe （着せる）	[klóuð]	kuro:zu	クローズ
breathe （息をする）	[bríːð]	buri:zu	ブリーズ
this （これ）	[ðís]	jisu [ʒ]	ジス
that （あれ）	[ðǽt]	zatto	ザット
they （彼らは）	[ðéi]	zei	ゼイ
them （彼らを）	[ðém]	zemu	ゼム
those （あれら）	[ðóuz]	zo:zu	ゾーズ
though （〜だけど）	[ðóu]	zo:	ゾー
although （〜だけど）	[ɔːlðóu]	o:ruzo:	オールゾー

(6) カタカナ式発音では「ウ」となる英語の子音

　たとえば日本語の「私」は、ローマ字では watashi と書くので、日本語にも英語と同じ [w] の発音が存在すると思っている人もいるが、そうではない。日本語の [w] は実際は [u] と同じで、watashi は uatashi と発音される。英語の [w] は両唇を前に突き出し、小さく絞り込み、声を出すときに一気に唇を引っ込めるときの音で、その音エネルギーはかなり大きい。それは明らかに [u] すなわち「ウ」の発音とは異なる。だが、その発音が日本語に存在しないので、カタカナ式では [w] を「ウ」にしてしまう。英語の [w] を聞き取るのはそんなに難しくはないが、発音するときに、それを「ウ」にしてしまうと、ほとんど意味は通じない。たとえば「ウッド」と発音した場合、それが wood であると理解するネイティブスピーカーはまれだろう。

[w] で始まる単語	英語の発音	ローマ字発音	カタカナ表記
wood （木材）	[wúd]	uddo	ウッド
woman （女）	[wúmən]	u:man	ウーマン
wolf （狼）	[wúlf]	urufu	ウルフ
wool （羊毛）	[wúl]	u:ru	ウール
wound （傷）	[wúːnd]	u:ndo	ウーンド
would （will の過去形）	[wúd]	uddo	ウッド

(7) 変則50音による発音の食い違い ― [si] vs [ʃi] ―

　日本語の50音で、変則的な子音が4つある。それらは「シ」「チ」「ツ」そして「ニ」である。「サ」「シ」「ス」「セ」「ソ」を英語の発音記号で表すと [sɑ] [ʃi] [su] [se] [so] となり、「シ」だけが [si] ではなく [ʃi] となる。そして日本人は [si] の発音を不得意とする。しかしやっかいなことに、英語では [si] と [ʃi] のどちらの単語も存在するので、日本人がそれらを発音したり聞き取るときに、マイナス要因として働くことが多い。以下は [si] が日本語式発音では、[ʃi] になるケースである。

[si] で始まる英語	発音	ローマ字発音	カタカナ表記	
see （見る）	[síː]	shi:	シー	she（彼女）と混同
sip （すする）	[síp]	shippu	シップ	ship（船）と混同
seat （座席）	[síːt]	shi:to	シート	sheet（シーツ）と混同
sift （ふるいにかける）	[síft]	shihuto	シフト	shift（移す）と混同

(8) 変則50音による発音の食い違い ― [tu] vs [tsu] ―

　同じように「タ」「チ」「ツ」「テ」「ト」を英語の発音記号で表すと [tɑ] [tʃi] [tsu] [te] [to] となり、「チ」が [ti] ではなく [tʃi] となり、「ツ」は [tu] ではなく [tsu] となる。この中で特に英語では [tu] と発音されるのに、カタカナ式では [tsu]（ツ）となってしまったり [tʃu]（チュ）になってしまう単語があり、それらを発音したり聞き取るときの妨げとなる。

[tu] で始まる単語	英語の発音	ローマ字発音	カタカナ表記
tour （旅）	[túɚr]	tsua:	ツアー
tourist （旅行者）	[túɚrist]	tsu:risuto	ツーリスト
two （2）	[túː]	tsu:	ツー
tuna （まぐろ）	[túːnə]/[tjúːnə]	tsuna	ツナ
tool （道具）	[túːl]	tsu:ru	ツール
tulip （チューリップ）	[túːlip]/[tjúːlip]	chu:rippu	チューリップ
tube （管）	[túːb]/[tjúːb]	chu:bu	チューブ

DAY 3

英語固有の音の聞き取り練習

映画の英語が聞けるようになる
聞き取りテクニック① ……………51

【第1回】
苦手な[ɑ]と[æ]などに強くなる

1. 日本語にない母音の聞き取り練習 …………51
2. 日本語にない子音の聞き取り練習 …………68
3. 日本語にない子音群(Consonant Clusters)
   の聞き取り練習 …………81

DAY 3 今日のテーマ 英語固有の音の聞き取り練習

> 本書のテーマである、「英語の省エネ発音」に入る前にどうしても知っておかなければならないことがある。それは、日本語の50音表記と本来の英語の発音がどのように異なるのか、という基本的な事柄である。少し話がこまごましたことに立ち入るが、がまんして読み進めていってほしい。

■ 聞き取りの訓練が必要な英語固有の強母音は7個しかない

英語強母音の中で、日本語には存在しない（すなわちカタカナで表記することが難しい）発音は [æ] [ʌ] [ɔː] [í] [áːr] [ə́ːr] [ɔ́ːr] [iər] [áuər] [éiər] [ɛər] [úər] [júər] の13個で、その中でも日本人にとって特に聞き取り練習が必要なのが、[æ] [ʌ] [ɔː] [í] [áːr] [ə́ːr] [ɔ́ːr] の7個である。

■ 誤った強母音の発音

ローマ字はカタカナをアルファベットで表記するもので、まったくの日本語であるが、そのローマ字が英語の発音に大きな影響を与えてしまう。日本語の母音「ア、イ、ウ、エ、オ」はローマ字では「a、i、u、e、o」となり、それらの発音はあくまでも「ア、イ、ウ、エ、オ」である。ところが英語の母音 "a, e, i, o, u" には2つあるいはそれ以上の発音が存在し、そのほとんどが日本語の「ア、エ、イ、オ、ウ」とはかけ離れた発音である（Day 2 参照）。

ところがカタカナ式発音では、ローマ字表記の母音発音に影響され、英語の母音をローマ字式のまったく異なる発音に変えてしまう。それらのローマ字式発音にならされてしまっている日本人は、英語の本来の発音を聞いたとき、知っているはずの単語でもその単語として認識できず、聞き取れないのと同じになってしまう。このことは前章でも説明したとおりなのだが、ここからは英語本来の音を実際にCDで確認していくことにしよう。

> **それでは、これよりヒアリング力上達のためのトレーニングを開始します。**

DAY 3 英語固有の音の聞き取り練習

映画の英語が聞けるようになる　聞き取りテクニック①

第1回　苦手な [ɑ] と [æ] などに強くなる

[æ]　[ʌ]　[ɔ́ː]　[í]　[ɑ́ːr]　[ɚ́ːr]　[ɔ́ːr] を習得するには、聞き間違えやすい２つの発音を聞き比べる練習が最も効果的であるので、このセクションでは、二者択一のクイズ形式で学習を進めていくことにする。

1. 日本語にない母音の聞き取り練習

(1) 強母音 [ɑ] が「オ」になってしまっている英単語のヒアリング・トレーニング

　以下の英単語の強母音 o はすべてアメリカ英語では [ɑ] と発音される（[ɑ] は口を大きく開いて「ア」と言えばよい）。ところがカタカナ式発音では、o を「オ」としてしまうので、まったく異なる発音となってしまう。以下がその例である。「修正カタカナ発音」は、あくまでもカタカナ発音であるが、より英語に近づいた発音となる。それではネイティブスピーカーの [ɑ] の発音に注意しながら CD を聞き、本来の英語の発音がカタカナ発音とどう違うかを確認してみよう。

Hearing 1　　　　CD1-1

英単語	意味	英語の発音	カタカナ発音	修正カタカナ発音
bottle	（瓶）	[bɑ́tl]	ボトル	→ バトル
clock	（時計）	[klɑ́k]	クロック	→ クラック
comet	（彗星）	[kɑ́mit]	コメット	→ カメット
copy	（コピー）	[kɑ́pi]	コピー	→ カピー
dollar	（ドル）	[dɑ́lər]	ドル	→ ダラー
model	（モデル）	[mɑ́dl]	モデル	→ マデル
novel	（小説）	[nɑ́vəl]	ノベル	→ ナベル
omelet	（オムレツ）	[ɑ́məlit]	オムレツ	→ アムレット
project	（企画）	[prɑ́dʒəkt]	プロジェクト	→ プラジェクト
Robert	（ロバート）	[rɑ́bərt]	ロバート	→ ラバート

51

(2) 強母音 [ou] が「オ」または「オー」になってしまっている英単語のヒアリング・トレーニング

　以下の英単語の強母音 o はすべて [ou] と発音される。[ou] は「オー」というような長母音ではなく、「オ」から「ウ」に変化する音である。カタカナ式発音では「オ」から「ウ」に変化させないので、英語の本来の発音とは異なってしまう。それではネイティブスピーカーの [ou] の発音を CD を聞きながらまねして繰り返し、本来の英語の発音とカタカナ表記の違いを確認しよう。

Hearing 2　　　　　　　　　　　　　　　　　　　　CD1-2

英単語	意味	英語の発音	カタカナ発音	修正カタカナ発音
cold	(寒い)	[kóuld]	コールド	→コウルド
host	(主催者)	[hóust]	ホスト	→ホウスト
post	(柱)	[póust]	ポスト	→ポウスト
hope	(望み)	[hóup]	ホープ	→ホウプ
mode	(方式)	[móud]	モード	→モウド
motor	(モーター)	[móutər]	モーター	→モウター
nose	(鼻)	[nóuz]	ノーズ	→ノウズ
soda	(ソーダ)	[sóudə]	ソーダ	→ソウダ
stone	(石)	[stóun]	ストーン	→ストウン
show	(見せる)	[ʃóu]	ショー	→ショウ

(3) 強母音 [ei] が「ア」になってしまっている英単語のヒアリング・トレーニング

　以下の英単語の強母音 a はすべて [ei] である。[ei] は長母音ではなく、「エ」から「イ」に変化する音である。しかしカタカナ式発音では「ア」となるので、英語の発音とは著しく異なる。それではネイティブスピーカーの [ei] の発音を CD を聞きながらまねして繰り返し、本来の英語の発音とカタカナ表記の違いを確認しよう。

Hearing 3　　　　　　　　　　　　　　　　　CD1-3

英単語	意味	英語の発音	カタカナ発音	修正カタカナ発音
label	（ラベル）	[léibəl]	ラベル	→レイブル
patron	（ひいき客）	[péitrən]	パトロン	→ペイトロン
radio	（ラジオ）	[réidiou]	ラジオ	→レイディオー
Satan	（悪魔）	[séitn]	サタン	→セイタン

(4) 強母音 [i:] が「エ」になってしまっている英単語のヒアリング・トレーニング

以下の英単語の強母音 e はすべて [i:] であるのに、カタカナ式発音では「エ」または「エー」になってしまい、英語の発音とはかなり違う。それではネイティブスピーカーの [i:] の発音を CD を聞きながらまねして繰り返し、本来の英語の発音とカタカナ表記の違いを確認しよう。

Hearing 4　　　　　　　　　　　　　　　　　CD1-4

英単語	意味	英語の発音	カタカナ発音	修正カタカナ発音
media	（メディア）	[míːdiə]	メディア	→ミーディア
meter	（計器）	[míːtər]	メーター	→ミーター
neon	（ネオン）	[níːɑn]	ネオン	→ニーオン
theme	（主題）	[θíːm]	テーマ	→スィーム
theory	（理論）	[θíːəri]	セオリー	→スィーオリー
zebra	（しま馬）	[zíːbrə]	ゼブラ	→ズィーブラ
zero	（零）	[zíərou]	ゼロ	→ズィーロー

(1) [ɑ] と [æ] の違い

① [ɑ́] の発音方法
[ɑ] は日本語の「ア」に近いが、あごを思いきり開けて発音される。あごの開け方が足りないと、別の母音になる可能性がある。

② [ǽ] の発音方法
[æ] は、あごを広く開けるが、舌は口の中で盛り上がっていて、上あごと舌の間が、[ɑ] より狭くなっている。笑うときのように、口を横に大きく開けると発音しやすくなる。音としては少し押しつぶされた感じがする。人に踏まれた猫が「ギャッ」と声を上げるときのイメージで発音される。

Test 3-01　[ɑ́] と [ǽ] の単語聞き分けテスト　　CD1-5

以下の各（　）内には、左側には強母音 [ɑ́] の単語が、そして右側には強母音 [ǽ] の単語が併記されています。各番号のａとｂはまったく同じ単語の組み合わせになっていますが、これからネイティブスピーカーがａ→ｂの順で（　）内のどちらか一方の単語を順不同で読み上げていきますので、発音されたほうの単語を○で囲んでください。　　　　　　　　　　　　　　　　　　　　　　（解答は222頁）
(注：このテストを含め、すべてのテストの正解はPage222〜238にあります。テスト番号により簡単に見つけられるようになっています。)

001a (㋐ adopt/ ㋑ adapt)　　001b (㋐ adopt/ ㋑ adapt)　　「養子にする / 順応する」

002a (㋐ block/ ㋑ black)　　002b (㋐ block/ ㋑ black)　　「ブロック / 黒」

003a (㋐ bond/ ㋑ band)　　003b (㋐ bond/ ㋑ band)　　「結束 / バンド」

004a (㋐ chop/ ㋑ chap)　　004b (㋐ chop/ ㋑ chap)　　「たたき切る / あかぎれ」

005a (㋐ hollow/ ㋑ hallow)　005b (㋐ hollow/ ㋑ hallow)　「空洞の / 神聖なものとしてあがめる」

006a (㋐ mosque/ ㋑ mask)　006b (㋐ mosque/ ㋑ mask)　「モスク / 仮面」

Test 3-02　文中における [ɑ́] と [ǽ] の単語聞き分けテスト　　CD1-6

以下の各英文の（　）内には２つの単語が併記されています。左側は強母音 [ɑ́] の単語、そして右側は強母音 [ǽ] の単語ですが、実際の英文には（　）内のどちらか一方の単語だけが使われています。ネイティブスピーカーの音声を聞きながら、どちらの単語が使われているかを判断し、発音されているほうの単語を○で囲んでください。　　　　　　　　　　　　　　　　　　　　　　　　　　　　（解答は222頁）

DAY 3　英語固有の音の聞き取り練習

（注：このテストを含め、すべての英文聞き取りテストは文脈で判断することも可能ですが、発音の違いに神経を集中させてください。）

011 "What happened to the (ア cop/ イ cap)?" "He lost his (ア cop/ イ cap)."
「警察官に何が起こりましたか？」「彼は帽子をなくしました」

012 Did you know that the (ア ox/ イ ax) stepped on the (ア ox/ イ ax) and got hurt?
「その雄牛が斧を踏みつけてけがをしたことを知っていましたか？」

013 Don't bring a (ア bottle/ イ battle) to the (ア bottle/ イ battle).
「戦いにはどんな酒をも持って来てはいけません」

014 She decided to send him the picture of the (ア fox/ イ fax) by (ア fox/ イ fax).
「彼女は狐の写真をファックスで彼に送ることにしました」

015 Why did she buy a (ア mop/ イ map) when her husband asked her to buy a (ア mop/ イ map) for driving?
「彼女はご主人がドライブ用に地図を買うように頼んだのに、なぜモップを買ったのですか？」

016 If you (ア odd/ イ add) an (ア odd/ イ add) number to an even number, it becomes an odd number.
「偶数に奇数を足すと、奇数になります」

017 After you (ア pocket/ イ pack it), keep it in your (ア pocket/ イ pack it).
「あなたはそれを包んだ後で、自分のポケットにしまっておきなさい」

驚きの体験談　聞き間違えるとこんなことになる
「モップをもらってきてくれ」

　アメリカ人男性と結婚したある日本人女性が、夫とドライブに出かけたとき、見知らぬ土地で道に迷ってしまった。それであるガソリンスタンドに立ち寄ったとき、ご主人が彼女に "Go and get a map."（行って地図をもらって来てくれ）とお願いした。しかし彼女はガソリンスタンドで map を見つけることができず、近くのショッピングセンターまで足を伸ばし、やっとのことで見つけて買って戻ってきた。ところが、彼女が手にしていた物は map [mæp] ではなく mop [máp]（モップ）だった。彼女が map を mop と発音してしまったのがその原因だった。

55

(2) [æ] と [ʌ] の違い

> **[ʌ] の発音方法**
>
> [ʌ] はあごが半開きの状態の「ア」であるが、普通の日本人が but とか much の [ʌ] を発音するとき、あごが開いてしまい、[ɑ] との区別がつかなくなってしまう。[ʌ] の音になれるまでは、あごを完全に閉じて練習するとよい。上の歯と下の歯をきっちりくっつけたまま、「ア」「カ」「サ」「タ」「ナ」「ハ」「マ」「ヤ」「ラ」「ワ」と発音すると、[ʌ] [kʌ] [sʌ] [tʌ] [nʌ] [hʌ] [mʌ] [jʌ] [rʌ] [wʌ] のようになり [ʌ] に近づく。あごを開けた瞬間 [ɑ] になってしまうので要注意。

Test 3-03　[æ] と [ʌ] の単語聞き分けテスト　　CD1-7

以下の各（　）内には、左側には強母音 [æ] の単語が、そして右側には強母音 [ʌ] の単語が併記されています。これからネイティブスピーカーが a → b の順で（　）内のどちらか一方の単語を順不同で読み上げていきますので、発音されたほうの単語を○で囲んでください。　　　　　　　　　　　　　　　　（解答は 222 頁）

021a (㋐ damp / ㋑ dump)　　021b (㋐ damp / ㋑ dump)　　「じめじめした / 投げ捨てる」

022a (㋐ hanger / ㋑ hunger)　022b (㋐ hanger / ㋑ hunger)　「ハンガー / 空腹」

023a (㋐ mad / ㋑ mud)　　　023b (㋐ mad / ㋑ mud)　　　「狂気の / 泥」

024a (㋐ rash / ㋑ rush)　　　024b (㋐ rash / ㋑ rush)　　　「発疹 / 急ぐ」

025a (㋐ tab / ㋑ tub)　　　　025b (㋐ tab / ㋑ tub)　　　　「つまみ / 浴槽」

Test 3-04　文中における [æ] と [ʌ] の単語聞き分けテスト　CD1-8

以下の英文の（　）内には 2 つの単語が併記されています。左側は強母音 [æ] の単語、そして右側は強母音 [ʌ] の単語ですが、実際の英文には（　）内のどちらか一方の単語だけが使われています。ネイティブスピーカーの音声をよく聞き、どちらの単語が使われているかを判断し、発音されているほうの単語を○で囲んでください。

（解答は 222 頁）

031　Does something (㋐ flash / ㋑ flush) when you (㋐ flash / ㋑ flush) the toilet?
　　「トイレの水を流すとき、何かが光りますか？」

032　This (㋐ track / ㋑ truck) is too narrow for the (㋐ track / ㋑ truck).
　　「この小道はトラックには狭すぎます」

DAY 3 英語固有の音の聞き取り練習

- 033 When did your (㋐ankle/ ㋑uncle) break his (㋐ankle/ ㋑uncle)?
「あなたのおじさまはいつ足首をくじいたのですか？」

- 034 The airplane (㋐crashed/ ㋑crushed) and (㋐crashed/ ㋑crushed) the house on the hill.
「飛行機が墜落し、丘の上の家を押しつぶしました」

- 035 I need a (㋐lamp/ ㋑lump) to find a (㋐lamp/ ㋑lump) of butter.
「1塊のバターを見つけるのにランプが必要です」

- 036 Don't call it a (㋐rag/ ㋑rug). It's an expensive (㋐rag/ ㋑rug) I bought in Asia.
「それをぼろきれと呼ばないでください。アジアで買った高価なじゅうたんなのです」

- 037 The (㋐staff/ ㋑stuff) never thought of that kind of (㋐staff/ ㋑stuff).
「その職員は、そんなことを考えてもみませんでした」

- 038 You (㋐mast/ ㋑must) check the (㋐mast/ ㋑must). There is something wrong with it.
「その帆柱をチェックしなければなりません。何かがおかしいのです」

- 039 Does this curtain (㋐match/ ㋑much) this room? —— Not so (㋐match/ ㋑much).
「このカーテンはこの部屋に合いますか？」—「あまり」

驚きの体験談 聞き間違えるとこんなことになる
「トイレを使ったら忘れずにフラッシュをたいてくれ」

ある日のこと、アメリカ人家庭にホームステイしたある日本人が、その日に限って何枚もトイレの写真を撮るのでビックリされたことがある。わけを聞くと、そこの奥様に "Don't forget to flash the toilet whenever you use it.（トイレを使うたびにフラッシュをたくのを忘れないようにしてね）" と言われたからだと言うのだが、flush [flʌʃ] the toilet（トイレの水を流す）を flash [flæʃ]（フラッシュをたく）と聞き間違えてしまったからだった。

(3) [ə:r] と [ɑ:r] の違い

① [ə́:r] の発音方法

　[ə́:r] の発音のポイントは絶対にあごを大きく開けないことである。[ə́:r] を上手に発音するためには、あごをきっちり閉じ、口の中で舌をちょっと奥に丸め、その状態のまま声を出すとよい。日本人が her [hə́:r] とか sir [sə́:r] を発音するとき、あごを開けた状態で「ハー」「サー」と言うので、[ə́:r] の音が失われてしまう。舌が奥に丸まっていても、あごが開いていると音の響きが変わり、異なる発音になってしまう。[ə́:r] の発音になれるまでは、上の奥歯と下の奥歯をきっちりつけたまま発音する練習を繰り返す必要がある。やがてその音になれてくれば、多少あごを開けても、正しい発音をキープできるようになる。

② [ɑ́:r] の発音方法

　star [stɑ́:r] や hard [hɑ́:rd] のような [ɑ́:r] は、[ə́:r] とは違い、あごを大きく開ける音である。まずできる限り大きくあごをあけ「アー」と言った後、声を出したまま舌を口の奥のほうに丸めていく。すると音は [ɑ] から [r] に変化する。これが [ɑ́:r] の発音である。

Test 3-05　[ə́:r] と [ɑ́:r] の単語聞き分けテスト　　CD1-9

　以下の各（　）内には、左側には強母音 [ə́:r] の単語が、そして右側には強母音 [ɑ́:r] の単語が併記されています。これからネイティブスピーカーが a → b の順で（　）内のどちらか一方の単語を順不同で読み上げていきますので、発音されたほうの単語を○で囲んでください。　　　　　　　　　　　（解答は 222 頁）

041a（㋐ per/ ㋑ par）　　041b（㋐ per/ ㋑ par）　　「〜につき / 等価」

042a（㋐ curve/ ㋑ carve）　042b（㋐ curve/ ㋑ carve）　「湾曲させる / 彫る」

043a（㋐ err/ ㋑ are）　　　043b（㋐ err/ ㋑ are）　　「誤る /be 動詞」

044a（㋐ firm/ ㋑ farm）　　044b（㋐ firm/ ㋑ farm）　「会社 / 農場」

045a（㋐ purse/ ㋑ parse）　045b（㋐ purse/ ㋑ parse）　「財布 / ことばの品詞を説明する」

046a（㋐ stir/ ㋑ star）　　046b（㋐ stir/ ㋑ star）　　「かき混ぜる / 星」

Test 3-06　文中における [ə́:r] と [ɑ́:r] の単語聞き分けテスト　　CD1-10

　以下の英文の（　）内には２つの単語が併記されています。左側は強母音 [ə́:r] の

単語、そして右側は強母音 [ɑ́ːr] の単語ですが、実際の英文には（　）内のどちらか一方の単語だけが使われています。ネイティブスピーカーの音声をよく聞き、どちらの単語が使われているかを判断し、発音されているほうの単語を○で囲んでください。

（解答は 222 頁）

051 Our （㋐ firm/ ㋑ farm） is in the middle of a big （㋐ firm/ ㋑ farm）.
「私たちの会社は大農場の真ん中にあります」

052 Does （㋐ curl/ ㋑ Carl） often （㋐ curl/ ㋑ Carl） his wife's hair?
「カールはしばしば奥様の髪を巻きますか？」

053 How （㋐ fur/ ㋑ far） do you have to go to buy that （㋐ fur/ ㋑ far）?
「その毛皮を買うためにどれほど遠くに行かなければなりませんか？」

054 The soldiers had to （㋐ gird/ ㋑ guard） on a sword to （㋐ gird/ ㋑ guard） the king from attacks.
「兵士たちは攻撃から王様を守るために、剣を身に付けなければなりませんでした」

055 Dr. （㋐ Kerr/ ㋑ car） may buy that luxurious （㋐ Kerr/ ㋑ car） next month.
「カー博士は、その豪華な車を来月買うかもしれません」

056 Can you believe that that long-faced （㋐ person/ ㋑ parson） over there is a （㋐ person/ ㋑ parson）?
「あそこにいる浮かぬ顔をした人物が牧師だなんて信じられますか？」

057 "What are you drawing on the （㋐ curd/ ㋑ card）?" — "Oh, I'm drawing bean （㋐ curd/ ㋑ card） on it."
「あなたはカードに何を描いているのですか？」—「豆腐の絵を描いています」

驚きの体験談　聞き間違えるとこんなことになる
「頼むからくすぐるのをやめてくれ」

　英語の「キラキラ星 "Twinkle, twinkle, little star"」の歌を歌っていた日本人がいた。彼がその歌を歌うたびに周りにいるアメリカ人がくすくす笑うので、最初はその理由がよくわからなかったが、やっきになってもっと大声で歌うと、ついに大爆笑になった。「なぜ笑うんだよ！」「だって、君が "Twinkle, twinkle, little **stir**" って歌うもんだから、なんだかくすぐったくなってきたんだよ。」彼は「キラキラと少しかき混ぜる」と、まったく違う意味の歌詞を歌っていた。彼は star [stɑ́ːr]（星）を stir [stə́ːr]（かき混ぜる/かすかな動き）と発音していたし、上に上げた両手をかき混ぜるようなしぐさをしていたから、周りのみんながくすぐられているような気分になったのだ。

(4) [ə:r] と [æ] の違い

[ə:r] と [æ] の練習はすでにしたが、今度は [ə:r] と [æ] の聞き分け練習をしてみよう。[ə:r] と [æ] では響きがかなり異なるので、聞き分けはさほど難しくはない。

Test 3-07 [ə:r] と [æ] の単語聞き分けテスト　　**CD1-11**

以下の各（ ）内には、左側には強母音 [ə:r] の単語が、そして右側には強母音 [æ] の単語が併記されています。これからネイティブスピーカーが a → b の順で（ ）内のどちらか一方の単語を順不同で読み上げていきますので、発音されたほうの単語を○で囲んでください。　　　　　　　　　　　　（解答は 222 頁）

061a（㋐ burn/ ㋑ ban）　　061b（㋐ burn/ ㋑ ban）　　「燃す / 禁止する」

062a（㋐ curt/ ㋑ cat）　　062b（㋐ curt/ ㋑ cat）　　「そっけない / 猫」

063a（㋐ heard/ ㋑ had）　　063b（㋐ heard/ ㋑ had）　　「聞いた / 持った」

064a（㋐ perk/ ㋑ pack）　　064b（㋐ perk/ ㋑ pack）　　「ぴんと立つ / 梱包する」

Test 3-08 文中における [ə:r] と [æ] の単語聞き分けテスト　　**CD1-12**

以下の英文の（ ）内には２つの単語が併記されています。左側は強母音 [ə:r] の単語、そして右側は強母音 [æ] の単語ですが、実際の英文には（ ）内のどちらか一方の単語だけが使われています。ネイティブスピーカーの音声をよく聞き、どちらの単語が使われているかを判断し、発音されているほうの単語を○で囲んでください。　　　　　　　　　　　　（解答は 222 頁）

071　The （㋐ bird/ ㋑ bad） guy has stolen the （㋐ bird/ ㋑ bad） from this cage.
「あの悪党が鳥かごからその小鳥を盗みました」

072　This is the （㋐ birth/ ㋑ bath） place of the sand （㋐ birth/ ㋑ bath）, isn't it?
「ここが砂風呂の発祥の地ですよね？」

073　The girl accidentally dropped the （㋐ burner/ ㋑ banner） onto the （㋐ burner/ ㋑ banner）.
「少女は誤ってバーナーの上に旗を落としてしまいました」

074　The （㋐ first/ ㋑ fast） thing you have to keep in mind is to walk （㋐ first/ ㋑ fast）.
「最初に念頭に入れておくべきことは、速く歩くことです」

DAY 3　英語固有の音の聞き取り練習

075 The （⑦ hurt/ ④ hat) was so tight that my head （⑦ hurt/ ④ hat) a little.
「その帽子がきつすぎて、私の頭が少し痛みました」

076 You can't （⑦ purse/ ④ pass) through this detector with your （⑦ purse/ ④ pass) in your pocket.
「あなたは財布をポケットに入れたまま、この探知機を通り抜けることはできません」

驚きの体験談　聞き間違えるとこんなことになる
「2つある『愛国者の日』」

　Americans had a holiday called Fast Day even in the late twentieth century. と聞いて「ジョギングの日」という祝日だと思った人がいた。もちろんそうではない。これは「断食をする日」という意味だ。アメリカではこの断食日は20世紀後半になるまで存在していた。今はすべての州で廃止され、その代わりに Patriot Day「愛国者の日」になった。この日を休日とするかどうかは州によって異なるのだが、多くは4月第3月曜日がこの祝日に当たる。1775年4月19日にアメリカ独立戦争がボストン郊外のレキシントンとコンコードで始まったことを記念する日なのだが、ボストンではこれを記念してボストンマラソンが行われることでも知られている。また、この「愛国者の日」を9月11日とするところもある。2001年9月11日に大型旅客機が世界貿易センタービルに体当たりして大勢の市民を巻き添えにしたことを忘れないためにと、ジョージ・ブッシュ大統領が2002年に作った記念日である。英語を聞く場合でも、こうした歴史はたとえ少しでも覚えておくとためになる。

(5) [ou] と [ɔː] の違い

① [óu] の発音方法

　長く伸ばす母音には二重母音（発音が途中で変化する）と長母音（途中で発音が変化しない）があるが、[óu] は二重母音で、[o] から [u] に変化する母音である。でも日本人はこの英語の [óu] を、長母音「オー」にしてしまうケースがほとんどである。たとえば「とうふ」という単語は「と」と「う」の2つの異なるカナが使われているにもかかわらず、実際に発音するときは「う」が消滅し、「とー」のように長くなる。この日本語の癖は、英語の発音にも大きな影響を与える。たとえばカタカナ式発音では home [hóum] は「ホーム」、go [góu] は「ゴー」のように変化を伴わない母音になってしまう。

② [ɔː] の発音方法

　日本人は英語の [ɔː] を「オー」と発音する癖がある。「オー」と [ɔː] の一番大きな違いはあごの開け方である。日本語の「オー」を発音するときはあごがかなり閉じているのに対し、[ɔː] のほうはあごが全開状態になっている。[ɔː] を正しく発音するためには、まず「アー」と発音するような気持ちであごをめいっぱい開ける。そしてあごを開けたまま「オー」と言ってみる。それが [ɔː] だ。「オー」を発音するつもりで「アー」と言い、「アー」を発音するつもりで「オー」と言う練習を重ねるうちに [ɔː] の発音ができるようになるだろう。

Test 3-09　[óu] と [ɔ́ː] の単語聞き分けテスト　CD1-13

　以下の各（　）内には、左側には強母音 [óu] の単語が、そして右側には強母音 [ɔ́ː] の単語が併記されています。これからネイティブスピーカーが a → b の順で（　）内のどちらか一方の単語を順不同で読み上げていきますので、発音されたほうの単語を○で囲んでください。　　　　　　　　　　　　　　　（解答は 223 頁）

081a (ア bold/ イ bald)	081b (ア bold/ イ bald)	「大胆な / はげた」
082a (ア bowl/ イ ball)	082b (ア bowl/ イ ball)	「おわん / 球」
083a (ア loan/ イ lawn)	083b (ア loan/ イ lawn)	「貸し付け / 芝生」
084a (ア pose/ イ pause)	084b (ア pose/ イ pause)	「ポーズを取る / ちょっと休止する」
085a (ア sow/ イ saw)	085b (ア sow/ イ saw)	「種をまく / 見た」
086a (ア toast/ イ tossed)	086b (ア toast/ イ tossed)	「トースト / 投げ上げた」

DAY 3　英語固有の音の聞き取り練習

Test 3-10　文中における [óu] と [ɔ́ː] の単語聞き分けテスト　　CD1-14

　以下の英文の（　）内には2つの単語が併記されています。左側は強母音 [óu] の単語、そして右側は強母音 [ɔ́ː] の単語ですが、実際の英文には（　）内のどちらか一方の単語だけが使われています。ネイティブスピーカーの音声をよく聞き、どちらの単語が使われているかを判断し、発音されているほうの単語を○で囲んでください。　　　　　　　　　　　　　　　　　　　　　　　　　（解答は223頁）

091　Who put the （㋐bowl/㋑ball） in this （㋐bowl/㋑ball）?
　　「このお椀の中にボールを入れたのは誰ですか？」

092　We （㋐sow/㋑saw） the farmer （㋐sow/㋑saw） seeds when driving along the farm.
　　「私たちは農場に沿って運転しているとき、農夫が種をまくのを見ました」

093　"What have you （㋐boat/㋑bought）?" "Well, I've bought this （㋐boat/㋑bought）."
　　「あなたは何を買ったのですか？」「私はこのボートを買いました」

094　How much does it （㋐coast/㋑cost） to fly to the West （㋐Coast/㋑Cost）?
　　「西海岸まで飛ぶのにいくらかかりますか？」

095　The mother （㋐cold/㋑called） the doctor when her baby caught a （㋐cold/㋑called）.
　　「母親は赤ちゃんが風邪を引いたとき、医者を呼びました」

096　What is that big （㋐hole/㋑hall） in the entrance （㋐hole/㋑hall）?
　　「玄関口にあるあの大きな穴は何ですか？」

097　The （㋐toll/㋑tall） building beside the （㋐toll/㋑tall） gate is a brand new hotel.
　　「料金所の脇にあるあの高い建物は新築のホテルです」

驚きの体験談　聞き間違えるとこんなことになる
「ご飯茶碗がおむすびに大変身！」

　日本食パーティーの準備の相談をしているとき、1人のアメリカ人婦人がそばにいた日本人に "Can you bring some rice bowls on that day?"（その日にご飯茶碗をいくつか持って来てくれない？）と頼んだ。当日その日本人が持って来たものは、いくつかの「おむすび」だった。彼女は rice bówl [ráis bóul]（ご飯茶碗）と rice ball [ráis bɔ́ːl]（おむすび）を聞き間違えたのだった。

63

(6) [ou] と [oːr] の違い

> **[óːr] の発音方法**
> [óːr] はまず「オ」をきっちり発音し、「オ」と言いながら舌を奥に丸めるときの発音である。

Test 3-11 [óu] と [óːr] の単語聞き分けテスト　　**CD1-15**

以下の各（ ）内には、左側には強母音 [óu] の単語が、そして右側には強母音 [óːr] の単語が併記されています。これからネイティブスピーカーが a → b の順で（ ）内のどちらか一方の単語を順不同で読み上げていきますので、発音されたほうの単語を○で囲んでください。　　　　　　　　　　（解答は 223 頁）

101a (㋐code/ ㋑cord)　　101b (㋐code/ ㋑cord)　　「符号／ひも」

102a (㋐cone/ ㋑corn)　　102b (㋐cone/ ㋑corn)　　「円錐／とうもろこし」

103a (㋐foe/ ㋑four)　　103b (㋐foe/ ㋑four)　　「敵／4」

104a (㋐odor/ ㋑order)　　104b (㋐odor/ ㋑order)　　「悪臭／注文」

105a (㋐mow/ ㋑more)　　105b (㋐mow/ ㋑more)　　「草を刈る／もっと多く」

106a (㋐owe/ ㋑oar)　　106b (㋐owe/ ㋑oar)　　「借りがある／オール」

107a (㋐tone/ ㋑torn)　　107b (㋐tone/ ㋑torn)　　「調子／破れた」

Test 3-12 文中における [óu] と [óːr] の単語聞き分けテスト　**CD1-16**

以下の英文の（ ）内には2つの単語が併記されています。左側は強母音 [óu] の単語、そして右側は強母音 [óːr] の単語ですが、実際の英文には（ ）内のどちらか一方の単語だけが使われています。ネイティブスピーカーの音声をよく聞き、どちらの単語が使われているかを判断し、発音されているほうの単語を○で囲んでください。　　　　　　　　　　　　　　　　　　　　　　　　　　（解答は 223 頁）

111　My (㋐folks/ ㋑forks) used these (㋐folks/ ㋑forks) on special occasions.
　　「私の両親は、特別なときにこれらのフォークを使いました」

112　Don't (㋐odor/ ㋑order) that insecticide. The (㋐odor/ ㋑order) is unbearable.
　　「その殺虫剤は注文するな。においが耐えがたいから」

113　The baby was (㋐bone/ ㋑born) with a (㋐bone/ ㋑born) cancer.
　　「その赤ちゃんは骨癌にかかって生まれました」

DAY 3　英語固有の音の聞き取り練習

114 The （㋐ foam/ ㋑ form） on the surface of the board will eventually （㋐ foam/ ㋑ form） into a thin film.

「板の表面の泡は、やがて薄い膜になるでしょう」

115 The （㋐ load/ ㋑ lord） forced the servant to bear that heavy （㋐ load/ ㋑ lord）.

「その領主は、召使いにあの重い荷を強制的に負わせました」

116 The patient was still （㋐ moaning/ ㋑ morning） on the next （㋐ moaning/ ㋑ morning）.

「その患者は翌朝もうめき声を出していました」

117 Shall I （㋐ poke / ㋑ pork） a hole in the （㋐ poke/ ㋑ pork）? It may cook faster.

「豚肉に穴を開けましょうか？　熱がもっと速く通るかもしれません」

驚きの体験談　聞き間違えるとこんなことになる
「アイスクリームの朝食？」

　私はアメリカホームステイプログラムを20年間ほど主催したことがある。あるとき朝早く日本人の学生たちといっしょに遊園地に出かけることになり、途中ファーストフードレストランに立ち寄って朝食を取ることにした。英語の練習のために学生たちは自分で注文しなければならなかったのだが、そのうちの2人がアイスクリームだけを食べていた。
　朝食にアイスクリームは不自然なので、その理由を聞くとアイスクリームなど頼んだ覚えはないと言う。彼らがほしかったのは「コーンスープ」であった。それで「コーン、プリーズ」と言ったのだが、そのカタカナ英語は "Corn [kɔ́:rn], please" ではなく "Cone [kóun], please." と響いたようだ。cone は「とんがり帽子」のことで、アイスクリームを入れる器も cone と呼ばれている。店員は「cone の注文＝アイスクリームの注文」と理解したようである。

(7) [íː] と [í] と [é] の違い

> **[íː] [í] [é] の発音方法**
> [íː] は日本語の「イ」を長く伸ばす音で「イー」となる。[é] は日本語の「エ」と同じであると思ってさしつかえない。[í] は日本語の「イ」と同じではない。「イ」と「エ」の中間の音で、日本人の耳には「エ」と響く可能性が高い。[í] の発音を習得するには、「イ」と言いながら徐々に「エ」に変化させ、次に「エ」から徐々に「イ」に変化させる練習を何度か繰り返し、ある程度上手にできたと思ったら変化させる途中で変化をストップさせるとよい。

Test 3-13　[íː] と [í] と [é] の単語聞き分けテスト　CD1-17

以下の各（　）内には、左側には強母音 [íː] の単語が、中央には強母音 [í] の単語が、そして右側には強母音 [é] の単語が併記されています。これからネイティブスピーカーが a → b → c の順で（　）内のどれか 1 つの単語を順不同で読み上げていきますので、発音された単語を○で囲んでください。　　　　（解答は 223 頁）

121a（㋐ bead / ㋑ bid / ㋒ bed）　　　121b（㋐ bead / ㋑ bid / ㋒ bed）
121c（㋐ bead / ㋑ bid / ㋒ bed）　　　「ビーズ / 命じる / ベッド」

122a（㋐ deed / ㋑ did / ㋒ dead）　　　122b（㋐ deed / ㋑ did / ㋒ dead）
122c（㋐ deed / ㋑ did / ㋒ dead）　　　「行為 / した / 死んでいる」

123a（㋐ meet / ㋑ mitt / ㋒ met）　　　123b（㋐ meet / ㋑ mitt / ㋒ met）
123c（㋐ meet / ㋑ mitt / ㋒ met）　　　「会う / ミット / 会った」

124a（㋐ seat / ㋑ sit / ㋒ set）　　　124b（㋐ seat / ㋑ sit / ㋒ set）
124c（㋐ seat / ㋑ sit / ㋒ set）　　　「座席 / 座る / セット」

125a（㋐ wheat / ㋑ wit / ㋒ wet）　　　125b（㋐ wheat / ㋑ wit / ㋒ wet）
125c（㋐ wheat / ㋑ wit / ㋒ wet）　　　「麦 / 知恵 / ぬれている」

Test 3-14　文中における [íː] と [í] と [é] の単語聞き分けテスト　CD1-18

以下の英文の（　）内には 3 つの単語が併記されています。左側は強母音 [íː]、中央は強母音 [í]、そして右側は強母音 [é] の単語ですが、実際の英文には（　）内の

DAY 3　英語固有の音の聞き取り練習

3単語のうちどれか1つだけが使われています。ネイティブスピーカーの音声をよく聞き、どの単語が使われているかを判断し、発音された単語を○で囲んでください。
　　　　　　　　　　　　　　　　　　　　　　　　　　　　　（解答は 223 頁）

131 The pain gave me （㋐heel/ ㋑hill/ ㋒hell） when I broke my （㋐heel/ ㋑hill/ ㋒hell） on the （㋐heel/ ㋑hill/ ㋒hell）.
「丘の上でかかとをくじいたとき、その痛みはひどかったです」

132 （㋐Seat/ ㋑Sit/ ㋒Set） aside that chair and （㋐seat/ ㋑sit/ ㋒set） on this （㋐seat/ ㋑sit/ ㋒set）.
「そのいすを脇によけ、この席に座ってください」

133 I （㋐beat/ ㋑bit/ ㋒bet） those field overseers （㋐beat/ ㋑bit/ ㋒bet） the laborers quite a （㋐beat/ ㋑bit/ ㋒bet）.
「あの現場監督たちは、労働者たちをかなり殴っただろうと私は見ています」

134 I didn't （㋐feel/ ㋑fill/ ㋒fell） anything when I （㋐feel/ ㋑fill/ ㋒fell） on the （㋐feel/ ㋑fill/ ㋒fell）.
「その盛り土の上で転んだとき、何も感じませんでした」

135 It's （㋐neat/ ㋑knit/ ㋒net） that you （㋐neat/ ㋑knit/ ㋒net） a （㋐neat/ ㋑knit/ ㋒net） for your husband.
「あなたがご主人のために網を編むなんてすてきです」

136 I am （㋐wheel/ ㋑will / ㋒well） aware of the danger. So I （㋐wheel/ ㋑will/ ㋒well） turn the （㋐wheel/ ㋑will/ ㋒well） carefully.
「私はその危険性を十分知っていますから、ハンドルを注意深く回します」

驚きの体験談　聞き間違えるとこんなことになる
英語にもなまりがある　—「ピンをお持ちですか？」—

　標準アメリカ英語（米国中西部で使われている英語）では、[i:] [i] [e] の3つの発音が明確に区別されている。すなわちたとえば seat、sit、set の3語はすべて異なる発音となる。しかし、ある地域では、[i] と [e] の区別がなく、どちらも [i] になる。それを知らなかった私は、あるとき困惑したことがある。知人宅を訪問中に親類の人が尋ねて来て、私が紹介された。This is my cousin Bin.（こちらはいとこの Bin です）と。Ben（Benjamin の愛称）はよくある名前だが、Bin は珍しいと思った。しばらくするとその Bin さんが私に May I use your pin?（あなたの pin を使ってもいいですか）と言った。私は pin を持っていなかったので、Sorry, I don't have any pin.（残念ながら pin は持っていないのですが）と答えると May I use this pin? と繰り返して私の pen を指差した。彼は pen を pin と発音したのだ。また彼の名前は Bin ではなく Ben だったこともわかった。

67

2. 日本語にない子音の聞き取り練習

　日本語にない子音 [l] [r] [f] [v] [θ] [ð] を習得するためにも、聞き間違えやすい２つの発音を比較しながら聞くのが最も効果的であるので、このセクションでも、二者択一のクイズ形式で学習を進めていくことにする。

(1) [l] と [r] の発音の仕方　（単語始めの [l] と [r]）

　日本人にとって、識別が一番難しいのが [l] と [r] である。しかも英語には [l] と [r] だけが異なりそれ以外は同じという単語の数が非常に多い。[l] と [r] に関しては、「言い間違ったら意味が通じない」というより「言い間違ったら意味が変わってしまう」という問題のほうが大きい。「通じるけれど意味が異なる」場合は、必然的に「誤解」が生じる。ある日本人女性が、ホームステイ先のアメリカ人男性のスタイルがよく、足が長いのに感銘して、

　"You really have wrong legs."（あなたの足は本当に〔あなたにはふさわしくない〕別人の物ですね）

と言ってしまった。言われたほうはビックリし、目を白黒させた。彼女の言いたかったのはもちろん "You really have long legs." であった。[l] と [r] の聞き間違いあるいは言い間違いによる誤解例は、数え切れないほどある。

---

① **[l] の発音方法**
　　英語の [l] は次のステップを踏むと楽に発音できる。

1. 舌の先端を上の前歯の付け根あたりにきっちり押しつける。
2. その状態で声を出す。この段階で音節尾の [l] となる。（1. と 2. は同時に行うことができる。）
3. 声が出ていることを確認しながら、舌を前歯の付け根から歯切れよく離す。この段階を踏むと音節始めの [l] となる。

　もし舌の押し付け方が不十分だったり、舌を離すときの歯切れがよくなかったりした場合、あるいは離す瞬間に声が出ていない場合は、[l] の音が不鮮明になり、聞きにくかったり、あるいは別の発音との区別がつかなくなる。

② [r] の発音方法
英語の [r] は次のステップを踏むと楽に発音できる。

1. まず舌をできる限り口の奥のほうに折り曲げる。このとき、舌の先端があごに触れてはいけない。またあごを開けすぎると、舌が奥に丸まらなくなるので、あごは閉じ加減にする。
2. その状態で声を出す。この段階で音節尾の [r] となる。これはすなわち母音化された [r] である。（1. と 2. は同時にすることができる。）
3. 声が出ていることを確認しながら、丸まった舌を元の状態に戻す。この舌が元の状態に戻る瞬間の音が、音節始めの [r] である。

舌を戻すときに、舌の先端が上あごに一切触れてはいけない。舌の丸め方が不十分だったり、戻すときに上あごに触れたり、戻す瞬間に声が出ていない場合は、[r] の音が不鮮明になり、聞きにくかったり、あるいは異なる発音との混同が起こる。舌を戻すとき、先端が上あごにつくと日本語の「ラ行」の発音になってしまう。

Test 3-15　[l] と [r] との単語聞き分けテスト（単語始めの [l] と [r]）　CD1-19

以下の各（　）内には、左側には [l] で始まる単語が、そして右側には [r] で始まる単語が併記されています。これからネイティブスピーカーが a → b の順で（　）内のどちらか一方の単語を順不同で読み上げていきますので、発音されたほうの単語を○で囲んでください。
（解答は 223 頁）

141a (ア lane/ イ rain)	141b (ア lane/ イ rain)	「車線 / 雨」
142a (ア lap/ イ wrap)	142b (ア lap/ イ wrap)	「ひざ / 包む」
143a (ア late/ イ rate)	143b (ア late/ イ rate)	「遅い / 率」
144a (ア leader/ イ reader)	144b (ア leader/ イ reader)	「指導者 / 読者」
145a (ア lice/ イ rice)	145b (ア lice/ イ rice)	「しらみの複数形 / 米」
146a (ア link/ イ rink)	146b (ア link/ イ rink)	「連結 / スケート場」
147a (ア lip/ イ rip)	147b (ア lip/ イ rip)	「唇 / 切り裂く」
148a (ア list/ イ wrist)	148b (ア list/ イ wrist)	「リスト / 手首」
149a (ア liver/ イ river)	149b (ア liver/ イ river)	「肝臓 / 川」
150a (ア lock/ イ rock)	150b (ア lock/ イ rock)	「錠 / 岩」

Test 3-16 文中における [l] と [r] との単語聞き分けテスト　**CD1-20**
　　　　　　（単語始めの [l] と [r]）

以下の英文の（　）内には [l] で始まる単語と [r] で始まる単語が併記されています。実際の英文には（　）内のどちらか一方の単語だけが使われています。ネイティブスピーカーの音声をよく聞き、どちらの単語が使われているかを判断し、発音されているほうの単語を○で囲んでください。　　　　　　　　（解答は 223 頁）

151　It's safer to drive on this （㋐ lane/ ㋑ rain） in the （㋐ lane/ ㋑ rain）.
　　「雨の中ではこちらのレーンを運転するのが安全です」

152　It's not good for your （㋐ liver/ ㋑ river） if you swim too long in this cold （㋐ liver/ ㋑ river）.
　　「この冷たい川の中で長く泳ぎすぎると、肝臓によくありません」

153　The old couple （㋐ lake/ ㋑ rake） the beach of this （㋐ lake/ ㋑ rake） every morning.
　　「その老夫婦は、毎朝湖岸（のごみ）を熊手でかき集めます」

154　It is against the （㋐ law/ ㋑ raw） to serve （㋐ law/ ㋑ raw） meat in the restaurant.
　　「レストランで生肉を出すのは法律違反です」

155　You should turn off the （㋐ light/ ㋑ right） of the hall （㋐ light/ ㋑ right） away.
　　「あなたはただちにホールの電気を消すべきです」

156　（㋐ Lobby/ ㋑ Robby） often meets his clients in this （㋐ lobby/ ㋑ Robby）.
　　「ロビーはしばしばこのロビーで顧客に会います」

157　This article is too （㋐ long/ ㋑ wrong）. Are you sure it's not the （㋐ long/ ㋑ wrong） one?
　　「この記事は長すぎます。本当に別の記事ではないのですか？」

158　Don't bend too （㋐ low/ ㋑ row） when you （㋐ low/ ㋑ row） a boat.
　　「ボートをこぐときは、あまり腰を低く折り曲げてはいけません」

(2) [l] と [r] の違い （単語中の [l] と [r]）

[l] と [r] が単語の中間に使われている場合も、発音の仕方は前記の説明と同じである。

Test 3-17　[l] と [r] の単語聞き分けテスト（単語中の l と r）　CD1-21

以下の各（　）内には、左側には中間に [l] を含む単語が、そして右側には [r] を含む単語が併記されています。これからネイティブスピーカーが a → b の順で（　）内のどちらか一方の単語を順不同で読み上げていきますので、発音されたほうの単語を○で囲んでください。　　　　　　　　　　　　　　　　　（解答は 223 頁）

161a（㋐ collect／㋑ correct）　　161b（㋐ collect／㋑ correct）　「集める／修正する」

162a（㋐ curly／㋑ curry）　　　　162b（㋐ curly／㋑ curry）　　「巻き毛状の／カレー」

163a（㋐ mandolin／㋑ mandarin）　163b（㋐ mandolin／㋑ mandarin）

　　　　　　　　　　　　　　　　　　　　　　　　　　　　　　「マンドリン／北京語」

164a（㋐ miller／㋑ mirror）　　　164b（㋐ miller／㋑ mirror）　「製粉業者／鏡」

165a（㋐ pilot／㋑ pirate）　　　　165b（㋐ pilot／㋑ pirate）　　「パイロット／海賊」

Test 3-18　文中における [l] と [r] との単語聞き分けテスト　CD1-22
　　　　（単語中の [l] と [r]）

以下の英文の（　）内には [l] を含む単語と [r] を含む単語が併記されています。実際の英文には（　）内のどちらか一方の単語だけが使われています。ネイティブスピーカーの音声をよく聞き、どちらの単語が使われているかを判断し、発音されているほうの単語を○で囲んでください。　　　　　　　　　　（解答は 224 頁）

171　The most important thing in such an adventure is to （㋐ alive／㋑ arrive） home （㋐ alive／㋑ arrive）.

「そのような冒険で一番大切なのは、生きて帰るということです」

172　What is that （㋐ curly／㋑ curry） thing in the （㋐ curly／㋑ curry）?

「カレーに中にある巻き毛状のものは何ですか？」

173　Why did the （㋐ miller／㋑ mirror） put that huge （㋐ miller／㋑ mirror） beside the machine?

「なぜその製粉業者は機械の脇にあの大きな鏡を置いたのですか？」

174　Who put the （㋐ belly／㋑ berry） on the baby's （㋐ belly／㋑ berry）?

「赤ちゃんのお腹の上にベリーを置いたのは誰ですか？」

175 You are really (㋐carefully/㋑carefree). You must do things more (㋐carefully/㋑carefree).
「あなたは本当に無責任ですね。物事はもう少し注意深くやらなければいけません」

176 She is (㋐falling/㋑foreign) in love with a prince in a (㋐falling/㋑foreign) country.
「彼女は外国で王子様と恋に落ちています」

177 She said she would (㋐tell us/㋑terrace) about it in the (㋐tell us/㋑terrace).
「彼女はそれに関してテラスで私たちに話してくれると言いました」

(3) [l] と [r] の違い（語尾の [l] と [r]）

　音節尾の [l] は、舌の先端を上の前歯の後ろにきっちりと押し付けたまま声を出したときの発音で、母音的な響きとなる。日本人の耳には「オ」に近い響きとなる。音節尾の [r] は、英語では完全に母音扱いになり、[iər] [oːr] [əːr] [aiər] のような発音になる。

Test 3-19　[l] と [r] の単語聞き分けテスト（語尾の [l] と [r]）　CD1-23

　以下の各（　）内には、左側には [l] で終わる単語が、そして右側には [r] で終わる単語が併記されています。これからネイティブスピーカーが a → b の順で（　）内のどちらか一方の単語を順不同で読み上げていきますので、発音されたほうの単語を○で囲んでください。
（解答は224頁）

181a (㋐appeal/㋑appear)　181b (㋐appeal/㋑appear)　「アピールする／現れる」
182a (㋐peel/㋑pier)　182b (㋐peel/㋑pier)　「皮をむく／埠頭」
183a (㋐cancel/㋑cancer)　183b (㋐cancel/㋑cancer)　「キャンセルする／癌」
184a (㋐coal/㋑core)　184b (㋐coal/㋑core)　「石炭／核心」
185a (㋐formal/㋑former)　185b (㋐formal/㋑former)　「正式の／以前の」
186a (㋐ill/㋑ear)　186b (㋐ill/㋑ear)　「病気の／耳」

Test 3-20　文中における [l] と [r] の単語聞き分けテスト（語尾の [l] と [r]）　CD1-24

　以下の英文の（　）内には [l] で終わる単語と [r] で終わる単語が併記されています。実際の英文には（　）内のどちらか一方の単語だけが使われています。ネイティ

DAY 3　英語固有の音の聞き取り練習

ブスピーカーの音声をよく聞き、どちらの単語が使われているかを判断し、発音されているほうの単語を○で囲んでください。　　　　　　　　　（解答は224頁）

191　The singer had to （㋐cancel/㋑cancer） her concert because she got （㋐cancel/㋑cancer）.
「その歌手は癌になったので、コンサートをキャンセルしなければなりませんでした」

192　Is this the （㋐bill/㋑beer） for the （㋐bill/㋑beer） we ordered?
「これが私たちが注文したビールのお勘定ですか？」

193　Is it really OK to throw this （㋐file/㋑fire） into the （㋐file/㋑fire）?
「本当にこのファイルを火にくべてもいいのですか？」

194　My （㋐formal/㋑former） boss never used （㋐formal/㋑former） expressions in his business letters.
「前の上司は、ビジネスレターで形式ばった表現を使ったことは一度もありませんでした」

195　I guess the （㋐mail/㋑mayor） hasn't read that important （㋐mail/㋑mayor） yet.
「市長はその重要な手紙をまだ読んでいないと、私は思います」

196　Is it （㋐real/㋑rear） that all the （㋐real/㋑rear） seats are already taken?
「後部座席はすべて埋まっているというのは本当ですか？」

197　Someone is waving a （㋐towel/㋑tower） on the top of the （㋐towel/㋑tower）.
「誰かが塔のてっぺんでタオルを振っています」

驚きの体験談　聞き間違えるとこんなことになる
食事の最後にビールが来た

　日本に住んでいたアメリカ人の友人が、あるとき家族でレストランに行った。全員が食べ終わったころ、「お勘定」を持ってきてもらおうと思ったが、その日本語が思いつかなかった。それでウェイトレスに「すみません、billをお願いします」と言った。英語のbill は「請求書」を意味する。彼はそう言った直後「もしかして…」といういやな予感がした。日本人の英語力を熟知していた彼は、billが別の単語として理解される可能性を直感したのだ。しばらくすると彼の予測どおり、ウェイトレスはビールの大瓶を持ってきた。
　bill はカタカナ式発音では「ビル」、そしてbeer のカタカナ式発音は「ビール」で「ビ」の長短以外はまったく同じ発音となる。しかしbill の [l] は舌を上の前歯の付け根に押し付ける発音で、beer の [r] は舌を口の奥に丸める発音なので、その響きはかなり違うのだが、日本人の耳にはどちらも同じ音に聞こえてしまう。

(4) [f] と [h] の違い

　ある男性が会話の中で「ヒフティ・ヒフティ」という表現を使ったのだが、最初その意味がわからなかった。日本語ではないし、英語のようにも響かなかった。けれどやがて文脈からそれが "fifty-fifty" であることがわかった。英語の [f] の発音はさほど難しくないのに、日本人は不得意のようである。カタカナ式発音では誰かをあこがれる fan は「不安」と同じになってしまう。「フアンの皆様〜」と挨拶する芸能人やスポーツ選手がいるが、私にしてみればそんな発音がまかり通っていることのほうが「不安」である。

---

① [f] の発音方法

　英語の [f] は、次のステップを踏むことにより簡単に発音できる。

1. 下唇(くちびる)のちょっと内側を上の前歯の先端に軽く押しつける。
2. そのままの状態で、下唇と前歯の先端の間から息を漏らす。
（1. と 2. は同時に行うことができる。）この段階で音節尾の [f] となる。
3. 息が漏れた直後に下唇を離しながら声を出す。この段階で音節始めの [f] となる。

② [h] の発音方法

　[h] は、日本語のハ行と同じである。ただし同じハ行でも「フ」だけは [f] と [h] の中間的発音なので、日本語には [f] がないにもかかわらず、ローマ字表記では [f] を使う。例えば「富士山」→ Fujisan、「風呂」→ furo などのように。

Test 3-21　[f] と [h] の単語聞き分けテスト　　**CD1-25**

　以下の各（　）内には、左側には [f] で始まる単語が、そして右側には [h] で始まる単語が併記されています。これからネイティブスピーカーが a → b の順で（　）内のどちらか一方の単語を順不同で読み上げていきますので、発音されたほうの単語を○で囲んでください。

（解答は 224 頁）

201a（㋐ foam / ㋑ home）　　201b（㋐ foam / ㋑ home）　　「泡 / 家庭」

202a（㋐ fail / ㋑ hail）　　202b（㋐ fail / ㋑ hail）　　「失敗する / ひょう」

203a（㋐ fat / ㋑ hat）　　203b（㋐ fat / ㋑ hat）　　「脂肪 / つばのある帽子」

204a（㋐ fear / ㋑ hear）　　204b（㋐ fear / ㋑ hear）　　「恐れる / 聞く」

205a（㋐ feet / ㋑ heat）　　205b（㋐ feet / ㋑ heat）　　「足の複数形 / 熱」

DAY 3　英語固有の音の聞き取り練習

Test 3-22　文中における [f] と [h] の単語聞き分けテスト　　**CD1-26**

　以下の英文の（　）内には [f] で始まる単語と [h] で始まる単語が併記されています。実際の英文には（　）内のどちらか一方の単語だけが使われています。ネイティブスピーカーの音声をよく聞き、どちらの単語が使われているかを判断し、発音されているほうの単語を○で囲んでください。　　　　　　　　　　　（解答は 224 頁）

211　They are going to repair the （㋐ fall/ ㋑ hall） this coming （㋐ fall/ ㋑ hall）.
「彼らはこの秋にホールを修理するつもりです」

212　The music will （㋐ feel/ ㋑ heal） the pain in your heart. And you will soon （㋐ feel/ ㋑ heal） better.
「その音楽はあなたの心の痛みを癒すでしょう。そうしたらじきに気分がもっとよくなるでしょう」

213　It's not （㋐ fair/ ㋑ hair） that some people have less （㋐ fair/ ㋑ hair） than others.
「ある人たちの髪が他の人たちより薄いというのは公平ではありません」

214　You don't have to （㋐ fear/ ㋑ hear） when you （㋐ fear/ ㋑ hear） a roar of the tiger. It is kept in the cage.
「トラのほえ声を聞いても恐れる必要はありません。おりの中に入れてありますから」

215　We moved the （㋐ five/ ㋑ hive） into the truck at （㋐ five/ ㋑ hive） o'clock.
「私たちは 5 時にミツバチの巣箱をトラックに移しました」

216　To （㋐ fold/ ㋑ hold） the umbrella by one hand is more difficult to （㋐ fold/ ㋑ hold） it in one hand.
「片手でこうもり傘を折りたたむのは、片手で持つより難しいです」

(5) [b] と [v] の違い

[b] は日本語の「バ、ビ、ブ、ベ、ボ」の [b] と同じだが、[v] のほうは [f] と同様に下唇と上の前歯を接触させながらその間から息を漏らすときの音である。[f] との違いは、[f] が無声音であるのに対し、[v] は有声音（声帯を使って声を出す）であることだ。正しく発音するためのステップも [f] のときと同じだ。

Test 3-23　[b] と [v] の単語聞き分けテスト　　CD1-27

以下の各（　）内には、左側には [b] で始まるかまたは終わる単語が、そして右側には [v] で始まるかまたは終わる単語が併記されています。これからネイティブスピーカーが a → b の順で（　）内のどちらか一方の単語を順不同で読み上げていきますので、発音されたほうの単語を○で囲んでください。　（解答は 224 頁）

221a（㋐ bail/ ㋑ veil）　221b（㋐ bail/ ㋑ veil）　「保釈金 / ベール」

222a（㋐ bane/ ㋑ vain）　222b（㋐ bane / ㋑ vain）　「災いのもと / 空虚な」

223a（㋐ banish/ ㋑ vanish）　223b（㋐ banish/ ㋑ vanish）　「追放する / 突然消える」

224a（㋐ bend/ ㋑ vend）　224b（㋐ bend/ ㋑ vend）　「曲げる / 販売する」

225a（㋐ bowel/ ㋑ vowel）　225b（㋐ bowel/ ㋑ vowel）　「腸 / 母音」

226a（㋐ curb/ ㋑ curve）　226b（㋐ curb/ ㋑ curve）　「車道と歩道の境の縁石 / 曲線」

Test 3-24　文中における [b] と [v] の単語聞き分けテスト　　CD1-28

以下の英文の（　）内には [b] が使われている単語と [v] が使われている単語が併記されています。実際の英文には（　）内のどちらか一方の単語だけが使われています。ネイティブスピーカーの音声をよく聞き、どちらの単語が使われているかを判断し、発音されているほうの単語を○で囲んでください。　（解答は 224 頁）

231　The government put a （㋐ ban/ ㋑ van） on driving a （㋐ ban/ ㋑ van） in the park.
「政府は公園の中でワゴン車を運転することを禁じました」

232　Why did the players put a （㋐ base/ ㋑ vase） on the home （㋐ base/ ㋑ vase） before the game started?
「なぜ選手たちは試合が始まる前に、ホームベースに花瓶を置いたのですか？」

233　I think this （㋐ best/ ㋑ vest） is the （㋐ best/ ㋑ vest） one sold in this store.

「このチョッキがこの店で売られている物の中で一番よいと思います」

234 We use a (㋐ bending/ ㋑ vending) machine to buy tickets, and a (㋐ bending/ ㋑ vending) machine to bend iron bars.

「私たちは切符を買うときには販売機を使い、鉄の棒を曲げるときには曲げる機械を使います」

235 Those villagers had to go to another island by (㋐ boat/ ㋑ vote) to (㋐ boat/ ㋑ vote).

「その村人たちは投票するために、船で別の島に行かなければなりませんでした」

236 Whenever we had guests, we (㋐ cupboard/ ㋑ covered) the (㋐ cupboard/ ㋑ covered) with a big cloth, because it was so dirty.

「私たちはお客様が来るたびに、食器棚を大きな布で覆わなければなりませんでした。あまりにも汚かったからです」

(6) [s] と [θ] の違い

難しい発音を「舌を噛みそうな発音」と言うことがあるが、英語には文字どおり舌を噛む発音がある。それは th [θ] である。

日本語には「サ、ス、セ、ソ」で使われているように s の発音が存在するが、[θ] はない。日本人の中には何かを考えるとき、いつも沈んでしまう人が多い。なぜならたとえば "I think so."（私はそう思います）と言うべきところを、"I sink so."（私はそのように沈みます）と発音してしまうからだ。

> **[θ] の発音方法**
>
> [θ] は、次のステップを踏むと楽に発音できる。
>
> 1. 舌の先端を上の前歯の先端に軽く押しつける。このとき舌の先端がちょっとだけ歯の前に出るようにするとよい。
> 2. そのままの状態で、舌の先端と前歯の先端の間から息を漏らす（1. と 2. は同時に行うことができる）。<u>この段階で音節尾の [θ] の発音となる。</u>
> 3. 息が漏れた直後に舌を歯から離しながら声を出す。<u>この段階で音節始めの [θ] となる。</u>

Test 3-25 [s] と [θ] の単語聞き分けテスト　　　　　CD1-29

　以下の各（ ）内には、左側には [s] が使われている単語が、そして右側には [θ] が使われている単語が併記されています。これからネイティブスピーカーが a → b の順で（ ）内のどちらか一方の単語を順不同で読み上げていきますので、発音されたほうの単語を○で囲んでください。　　　　　　　　　（解答は 224 頁）

241a（ア face/ イ faith）　　241b（ア face/ イ faith）　　「顔 / 信仰」

242a（ア sank/ イ thank）　 242b（ア sank/ イ thank）　「沈んだ / 感謝する」

243a（ア sick/ イ thick）　　243b（ア sick/ イ thick）　　「病気の / 厚い」

244a（ア sing/ イ thing）　　244b（ア sing/ イ thing）　　「歌う / 物」

245a（ア sink/ イ think）　　245b（ア sink/ イ think）　　「沈む / 考える」

246a（ア some/ イ thumb）　246b（ア some/ イ thumb）　「いくつかの / 親指」

247a（ア worse/ イ worth）　247b（ア worse/ イ worth）　「もっと悪い /〜に値する」

Test 3-26　文中における [s] と [θ] の単語聞き分けテスト　　CD1-30

　以下の英文の（ ）内には [s] が使われている単語と [θ] が使われている単語が併記されています。実際の英文には（ ）内のどちらか一方の単語だけが使われています。ネイティブスピーカーの音声をよく聞き、どちらの単語が使われているかを判断し、発音されているほうの単語を○で囲んでください。　　（解答は 224 頁）

251　You really need （ア face/ イ faith） in the （ア face/ イ faith） of adversity.
「災難に直面したときは、本当に信仰が必要です」

252　When you are （ア sick/ イ thick） in bed, you had better put a （ア sick / イ thick） blanket on you.
「病気で床に伏せるときは、厚い毛布をかけたほうがいいです」

253　The （ア sing/ イ thing） I want to do most is to （ア sing/ イ thing） in Carnegie Hall.
「私が一番したいことは、カーネギーホールで歌うことです」

254　The （ア force/ イ fourth） bridge collapsed by some unknown （ア force / イ fourth）.
「4 番目の橋は、何か未知の力により崩壊しました」

255　I wonder what the （ア mouse/ イ mouth） has in its （ア mouse/ イ mouth）.
「そのハツカネズミは口の中に何を入れているのだろうか？」

78

(7) [z] と [ð] の違い

[z] は日本語の「ザ、ズ、ゼ、ゾ」の [z] と同じだが、[ð] のほうは [θ] と同じように舌の先端と上の前歯を接触させながらその間から息を漏らすときの音である。[ð] と [θ] の違いは [θ] が無声音であるのに対し [ð] は有声音であることである。[ð] の発音ステップは [θ] のときと同じである。

Test 3-27　[z] と [ð] の単語聞き分けテスト　　CD1-31

以下の各（　）内には、左側には [z] を含む単語が、そして右側には [ð] を含む単語が併記されています。これからネイティブスピーカーが a → b の順で（　）内のどちらか一方の単語を順不同で読み上げていきますので、発音されたほうの単語を○で囲んでください。　　　　　　　　　　　　　　　　　　　（解答は 224 頁）

261a (ア closing/ イ clothing)　261b (ア closing/ イ clothing)　「結末/衣類」

262a (ア bays/ イ bathe)　262b (ア bays/ イ bathe)　「湾の複数形/入浴する」

263a (ア breeze/ イ breathe)　263b (ア breeze/ イ breathe)　「そよ風/息をする」

264a (ア wizard/ イ withered)　264b (ア wizard/ イ withered)　「名人/枯れた」

Test 3-28　文中における [z] と [ð] の単語聞き分けテスト　　CD1-32

以下の英文の（　）内には [z] が使われている単語と [ð] が使われている単語が併記されています。実際の英文には（　）内のどちらか一方の単語だけが使われています。ネイティブスピーカーの音声をよく聞き、どちらの単語が使われているかを判断し、発音されているほうの単語を○で囲んでください。　　　　　　（解答は 225 頁）

271　After you (ア close/ イ clothe) yourself in your best, be sure to (ア close/ イ clothe) the closet door.
「晴れ着を着た後、押入れのドアを必ず閉めてください」

272　(ア Zen/ イ then) came to Japan (ア Zen/ イ then).
「そのとき禅が日本に伝わってきました」

273　It is not allowed to (ア bays/ イ bathe) in these (ア bays/ イ bathe).
「これらの湾内では遊泳禁止です」

274　Why don't we (ア breeze/ イ breathe) deeply in this lovely cool (ア breeze/ イ breathe).
「このすてきな涼しいそよ風の中、深呼吸をしませんか？」

275　Her beauty (ア wizard/ イ withered) when she met the (ア wizard/ イ withered).

「彼女は魔法使いに会ったとき、その美貌が消え失せました」

(8) [si] と [ʃi] の違い

アメリカのホームステイに参加した女子高校生が、ホストファミリーといっしょに公園に散歩に行ったとき、少し疲れたのでベンチを見つけ、"Let's shit here."（ここで大便をしましょう）と言ってしまった。もちろん "Let's sit here."（ここに座りましょう）と言いたかったのはわかっていたのだが、それを聞いたファミリーは赤面してしまった。なお英語の "shit" は変な意味もあり、放送禁句となっている。

日本語 50 音の不規則的な発音により、すなわち「シ」が [si] ではなく [ʃi] になってしまっている理由で、日本人にとって [si] は発音しづらい音の 1 つになっている。[si] を楽に発音するには、「サ [sɑ]」「ス [su]」「セ [se]」「ソ [so]」「スィ [si]」と何度か繰り返し言ってみることだ。「サ [sɑ]」「ス [su]」「セ [se]」「ソ [so]」と 4 つ発音しているときに [s] の出し方を意識し、それと同じ感触で「スィ [si]」と言えば、簡単に発音できるようになる。

Test 3-29　[si] と [ʃi] の単語聞き分けテスト　　CD1-33

以下の各（　）内には、左側には [s] で始まる単語が、そして右側には [ʃ] で始まる単語が併記されています。これからネイティブスピーカーが a → b の順で（　）内のどちらか一方の単語を順不同で読み上げていきますので、発音されたほうの単語を○で囲んでください。　　　　　　　　　　　　　　（解答は 225 頁）

281a (ア see/ イ she)　　281b (ア see/ イ she)　　「見る / 彼女は」

282a (ア seat/ イ sheet)　282b (ア seat/ イ sheet)　「座席 / シーツ」

283a (ア sip/ イ ship)　　283b (ア sip/ イ ship)　　「すする / 船」

284a (ア sift/ イ shift)　　284b (ア sift/ イ shift)　　「ふるいにかける / 移す」

285a (ア single/ イ shingle)　285b (ア single/ イ shingle)　「単一の / 屋根板」

Test 3-30　文中における [si] と [ʃi] の単語聞き分けテスト　CD1-34

以下の英文の（　）内には [si] で始まる単語と [ʃi] で始まる単語が併記されています。実際の英文には（　）内のどちらか一方の単語だけが使われています。ネイティブスピーカーの音声をよく聞き、どちらの単語が使われているかを判断し、発音さ

れているほうの単語を○で囲んでください。　　　　　（解答は 225 頁）

291 The coffee we (㋐ sip/ ㋑ ship) on this gorgeous (㋐ sip/ ㋑ ship) tastes especially good.

「この豪華船ですするコーヒーは、格別においしいです」

292 Why do you cover the (㋐ seats/ ㋑ sheets) with those big (㋐ seats/ ㋑ sheets)?

「あなたはどうして座席をそれらの大きなシーツで覆うのですか？」

293 The plant manager (㋐ sifted/ ㋑ shifted) capable workers from mediocre workers and (㋐ sifted/ ㋑ shifted) them from there to the development section.

「工場長は有能な社員を並の社員からふるい分けし、彼らをそこから開発部に移動させました」

294 The (㋐ singles/ ㋑ shingles) in this country prefer wooden (㋐ singles / ㋑ shingles) especially for the summer.

「この国の独身者たちは、特に夏は木製の屋根板を好みます」

3. 日本語にない子音群（Consonant Clusters）の聞き取り練習

　日本語にない子音群「子音＋l」「子音＋r」の習得も、二者択一のクイズ形式で学習を進めていくことにする。

(1) [l] を含む子音群と [r] を含む子音群の違い

　[l] や [r] が子音群の中に使われていても、すなわち「子音＋l」「子音＋r」という構造になっていても、[l] や [r] の発音方法は単独で使われるときと同じである。[l] の場合は舌の先端を上の前歯の後ろにきっちりと押し付けたまま声を出し、歯切れよく舌を離した瞬間の音が音節始めの [l] の発音である。[r] のほうは、声を出しながら舌の先端を口の奥のほうに限界まで丸め、舌の先端が上あごに付かないように元の位置に戻すときの音である。舌を戻すとき、先端が上あごに付くと日本語の「ラ行」の発音になってしまう。

81

Test 3-31 [l] を含む子音群と [r] を含む子音群の単語 　　　CD1-35
聞き分けテスト（単語始めの [l] と [r] の子音群）

　以下の各（　）内には、左側には [l] を含む子音群で始まる単語が、そして右側には [r] を含む子音群で始まる単語が併記されています。これからネイティブスピーカーが a → b の順で（　）内のどちらか一方の単語を順不同で読み上げていきますので、発音されたほうの単語を○で囲んでください。　　　（解答は 225 頁）

301a (㋐ cloud / ㋑ crowd)　　301b (㋐ cloud / ㋑ crowd)　　「雲／群集」

302a (㋐ blanch / ㋑ branch)　302b (㋐ blanch / ㋑ branch)　「漂白する／枝」

303a (㋐ bland / ㋑ brand)　　303b (㋐ bland / ㋑ brand)　　「穏やかな／銘柄」

304a (㋐ bleed / ㋑ breed)　　304b (㋐ bleed / ㋑ breed)　　「出血する／繁殖させる」

305a (㋐ flame / ㋑ frame)　　305b (㋐ flame / ㋑ frame)　　「炎／枠」

306a (㋐ flee / ㋑ free)　　　306b (㋐ flee / ㋑ free)　　　「逃げる／自由な」

307a (㋐ flight / ㋑ fright)　　307b (㋐ flight / ㋑ fright)　　「フライト／恐怖」

308a (㋐ fly / ㋑ fry)　　　　308b (㋐ fly / ㋑ fry)　　　　「飛ぶ／揚げる」

Test 3-32 文中における [l] を含む子音群と [r] を含む子音群　CD1-36
の単語聞き分けテスト（単語始めの [l] と [r] の子音群）

　以下の英文の（　）内には [l] を含む子音群で始まる単語と [r] を含む子音群で始まる単語が併記されています。実際の英文には（　）内のどちらか一方の単語だけが使われています。ネイティブスピーカーの音声をよく聞き、どちらの単語が使われているかを判断し、発音されているほうの単語を○で囲んでください。

（解答は 225 頁）

311　The (㋐ clown / ㋑ crown) took the (㋐ clown / ㋑ crown) in the performance contest.
「その道化師は、パフォーマンス競技で栄冠を勝ち取りました」

312　My wife is good at (㋐ flying / ㋑ frying) vegetables and I am good at (㋐ flying / ㋑ frying) a kite.
「家内は野菜を揚げるのが得意で、私は凧を揚げるのが得意です」

313　It's a (㋐ climb / ㋑ crime) to (㋐ climb / ㋑ crime) the tower without a permission.
「許可なしに塔に登ることは犯罪です」

314　The (㋐ cloud / ㋑ crowd) was looking at that strange (㋐ cloud / ㋑

crowd).
「群集はその奇妙な雲を見ていました」

315 The window (⑦flames/ ④frames) were in (⑦flames/ ④frames) when the fire engine arrived.
「消防車が到着したとき、窓枠は炎に包まれていました」

316 The (⑦glass/ ④grass) didn't break because it fell on the (⑦glass/ ④grass).
「ガラスは芝生の上に落ちたので壊れませんでした」

317 The team usually (⑦play/ ④pray) before they (⑦play/ ④pray) the game.
「そのチームは、たいてい試合をする前にお祈りします」

318 The (⑦clue/ ④crew) didn't have any (⑦clue/ ④crew) to find out the cause of that sea disaster.
「乗組員たちには、その海難事故の原因を究明するための手がかりがありませんでした」

319 If you (⑦glow/ ④grow) mentally and spiritually, your face starts to (⑦glow/ ④grow).
「精神的に成長すれば、あなたの顔は輝き始め（健康的に見え）ます」

(2) [l] を含む子音群と [r] で終わる単語の違い

音節尾の子音群に [l] が含まれていても、単独の [l] と同じように舌の先端を上の前歯の後ろにきっちりと押し付けたまま声を出した音で、母音的な響きとなる。日本人の耳には「オ」に近い響きとなる。また音節尾の [r] は前述したように、完全に母音扱いになり、舌を奥に丸めた [əːr] の発音になる。

Test 3-33 [l] を含む子音群と [r] で終わる単語の聞き分けテスト　CD1-37

以下の各（ ）内には、左側には [l] を含む子音群で終わる単語が、そして右側には [r] で終わる単語が併記されています。これからネイティブスピーカーが a → b の順で（ ）内のどちらか一方の単語を順不同で読み上げていきますので、発音されたほうの単語を○で囲んでください。　　　　　　　　（解答は 225 頁）

321a (⑦angle/ ④anger)　　321b (⑦angle/ ④anger)　　「角度 / 怒り」
322a (⑦beetle/ ④beater)　　322b (⑦beetle/ ④beater)　　「かぶと虫 / 打ちたたく道具」
323a (⑦cable/ ④caber)　　323b (⑦cable/ ④caber)　　「ケーブル / 丸太棒」
324a (⑦handle/ ④-hander)　　324b (⑦handle/ ④-hander)　　「扱う /…の手を使う人」
325a (⑦rubble/ ④rubber)　　325b (⑦rubble/ ④rubber)　　「がれき / ゴム」

Test 3-34 文中における [l] を含む子音群と [r] で終わる 　　　　　　CD1-38
　　　　　　単語の聞き分けテスト

　以下の英文の（　）内には [l] を含む子音群で終わる単語と [r] で終わる単語が併記されています。実際の英文には（　）内のどちらか一方の単語だけが使われています。ネイティブスピーカーの音声をよく聞き、どちらの単語が使われているかを判断し、発音されているほうの単語を○で囲んでください。　　　　（解答は 225 頁）

331　The fisherman broke his （㋐ankle/ ㋑anchor） when the （㋐ankle/ ㋑anchor） dropped on it.
「その漁師は、錨が足首に落ちたとき、骨折しました」

332　I found the （㋐rubble/ ㋑rubber） piece I was looking for in the （㋐rubble/ ㋑rubber）.
「私は探していたゴムの部品をがらくたの山の中で見つけました」

333　The fourth （㋐battle/ ㋑batter） of that team lost his life in the （㋐battle/ ㋑batter）.
「そのチームの 4 番打者は、戦いの中で命を落としました」

334　They dug out a （㋐couple / ㋑copper） of rare （㋐couple/ ㋑copper） coins in the ruins.
「彼らは遺跡で 2 個の珍しい銅貨を掘り出しました」

335　I （㋐little/ ㋑litter） knew that those climbers dropped （㋐little/ ㋑litter） on Mt. Everest.
「それらの登山家たちがエベレスト山にゴミを捨てたことなど、ほとんど知りませんでした」

336　Did the sprinter （㋐startle/ ㋑starter） the （㋐startle/ ㋑starter） by his strange performance?
「その短距離選手は、その奇妙な行動でスタート係を驚かせましたか？」

DAY 4

母音の省エネ発音

英語の「省エネ発音」の原理 …………88

映画の英語が聞けるようになる
聞き取りテクニック② ……………90

【第2回】
弱音節の母音省エネ発音
聞き分け練習

DAY 4　今日のテーマ　母音の省エネ発音

> 　私たちは、こんなに長い間英語を勉強していながら、ネイティブ同士の英語はまったくと言っていいほどうまく聞き取れない。私たちの言語習得能力が他の国民よりも劣っているなどとは考えられない。実は、英語は話すスピードが上がると、発音されない音が増えてくるのだ。これを英語の「**省エネ発音**」と呼ぶことにしよう。この原理が今までよく理解されなかったから、英語がうまく聞こえなかった。逆を言えば、この「省エネ発音」の原理さえ理解できれば、英語はネイティブと同じ感覚で理解できるようになる、と言える。ここからは、これまでよく知られていなかった、英語の「省エネ発音」を徹底的に追究していくことにしよう。

■ 映画の英語が聞き取れないのは、英語の省エネ発音の原理を知らないからだ

　Day 1でも触れたが、日本語と英語の決定的な違いは、日本語が音の高低で成り立っているのに対し、英語は強弱が最も大切な要素である。

　音の（話す場合は声の）強弱は、音（声）エネルギーの大小で決まる。強い声を出すときは吐く息の量が多く、そして舌や唇にも力が入り、あごの開閉も大きくなる。しかし声が弱くなると、息の量も減り、舌や唇やあごを動かす力も弱まる。その結果、発音に変化が現れる。私は、**英語の声エネルギーが下がったときの発音の変化を「省エネ発音現象」と呼んでいる。**

　英語ではどんな単語でもそれを発音するとき、少なくとも1つの母音には力が入る。そしてそれが強母音発音となる。しかし1つの単語に2つ以上の母音が存在する場合、力を入れる母音と力を抜く母音に分かれる。力を抜いた母音は弱母音発音となる。強母音と弱母音とではかなり大きな発音の違いがある。

　単語に限らず、文章を発音する場合も、強調される単語と、力を抜いて言う単語に分かれる。英文の話し方の特徴により、単語が単独で発音されたときは強母音発音なのに、文中では弱母音発音になったり、消滅したりすることが頻繁に起こる。**この文中の省エネ発音現象が、映画の英語を聞きにくくしている大きな原因の1つである。**

■ 日本人は potato を「ポテト」と発音するから英語が聞けなくなる。正しくは「プテイトウ」だ

　日本人の英語が通じない理由の1つは、英語の強弱を無視し、すべての音節を同じ強さで発音し、弱母音と強母音の区別をつけないことだ。たとえば potato（ジャガイモ）を「ポ」も「テ」も「ト」も同じ強さで「ポテト」と発音してしまう。しかし、これは省エネ発音を含む英語の本来の発音とはかなり違っている。

　英語の potato は、"ta" の部分が強調され、強母音 [téi]（テイ）という発音になる。最初の "po" は弱母音で [pə] となり、決して「ポ」とは発音されない。[pə] は日本人の耳には「プ」に聞こえるかもしれない。そして最後の "to" は [tou]（トウ）となる。すなわち全体的には [pətéitou] で、日本人の耳には「プテイトウ」に響くだろう。

■ 強弱による母音の省エネ現象

　英語の辞書を見ると、発音記号の箇所に必ずアクセント記号が付いている（単音節単語の場合は付いていないのが普通）。アクセント記号の大切さは、その位置がどこかにより単語の発音を決定づけるところにある。日本の学校の英語のテストでは、アクセントの位置を問うものがあるが、もしアクセントの位置の違いによる発音の変化を理解し習得していなければ、そのテストで100点満点を取ってもほとんど意味がない。

　アクセントの位置の重要性について述べたが、英語の母音はアクセントが付く場合と付かない場合では、その発音が著しく異なる。アクセントが付く場合は強母音発音になり、付かないときは弱母音発音になる。そして**弱母音発音は省エネ発音にほかならない**。

　1つの例を挙げてみよう。famous（有名な）という単語の場合、最初の "fa" が強母音で、[féi]（フェイ）という発音になる。後半の "mous" は弱母音で [məs]（ムスに近いマス）となる。ちなみに mouse（はつかねずみ）の場合はそれ自体が強音節なので、[máus]（マウス）である。しかしながら、famous の前に "in" が付いた infamous（悪名高い）という単語の場合、最初の "in" にアクセントが付き、"fa" は弱音節になり、その発音は [fə]（フに近いファ）に変化するので、infamous は「インフェイマス」ではなく「インフマス」という発音になる。この場合の [fə] は、省エネ発音そのものである。

音節ごとの強弱がない日本語、すなわち省エネ発音現象のない日本語に影響されたカタカナ式発音は、英語の省エネ発音の存在を無視するので、本来の英語とはかけ離れた発音になってしまう。このようなカタカナ式発音に慣れてしまった日本人は、省エネ発音を含む本来の英語の発音を聞かされたとき、それが何であるかを聞き取るのに苦労する。それゆえ私たちは英語を正確に聞き取るために、強弱による母音の省エネ現象を把握しておく必要がある。まずは省エネ発音の原理から見ていくことにしよう。

英語の「省エネ発音」の原理

■「ファイノ・デボ」って、いったい何のこと？

　カタカナ式発音が本来の英語の発音と食い違ってしまう大きな要因の1つが、英語の弱母音発音（＝省エネ発音）が無視されていることだ。英語のスペリングをローマ字式にとらえ、母音アルファベット a、i、u、e、o の発音を自動的に「ア、イ、ウ、エ、オ」にしてしまうところに問題がある。英語を正確に聞き取るためには、カタカナ式発音を本来の英語の発音に戻しておく必要がある。

　以下は英語では省エネ発音になっているのに、カタカナ式発音では「ア、イ、ウ、エ、オ」になってしまっている単語の実例である。これらはすべて日本人でもよく知っているもので、また頻繁に使われる単語である（弱母音発音あるいは消滅発音はスミアミ太字で表記）。

(1) 弱母音発音あるいは消滅発音が「ア」になるケース

a を含む単語	英語の発音	日本人の耳への聞こえ	カタカナ発音
final　（最後の）	[fáinl]	ファイノ	ファイナル
animal　（動物）	[ǽnəməl]	アニモ	アニマル
pedal　（ペダル）	[pédl]	ペド	ペダル

(2) 弱母音 [ər] が「アー」になるケース

　[ər] と「アー」の違いはそれほど大きくないので、これらの単語のカタカナ式発音は英語の発音に比較的近いが、他の省エネ発音の影響もあるので（後に触れる）、実際、英語の響きはだいぶ異なる。

DAY 4　母音の省エネ発音

[ər] を含む単語		英語の発音	日本人の耳への聞こえ	カタカナ発音
butter	（バター）	[bʌ́tər]	バダ	バター
center	（中央）	[séntər]	セナ	センター

(3) 弱母音発音あるいは消滅発音が「イ」になるケース

i を含む単語		英語の発音	日本人の耳への聞こえ	カタカナ発音
pencil	（鉛筆）	[pénsəl]	ペンソ	ペンシル
devil	（悪魔）	[dévəl]	デボ	デビル

(4) 弱母音 [i] [ə] あるいはその消滅が「エ」になるケース

e を含む単語		英語の発音	日本人の耳への聞こえ	カタカナ発音
basket	（かご）	[bǽskit]	バスキット	バスケット
garden	（庭）	[gá:rdn]	ガーン	ガーデン
label	（ラベル）	[léibəl]	レイボ	ラベル

(5) 弱母音 [i] が「エー」になるケース

a を含む単語		英語の発音	日本人の耳への聞こえ	カタカナ発音
chocolate	（チョコレート）	[tʃɔ́kəlit]	チャカリット	チョコレート
delicate	（デリケート）	[délikit]	デリキット	デリケート
manage	（管理する）	[mǽnidʒ]	マニッジ	マネージ
message	（伝言）	[mésidʒ]	メスィッジ	メッセージ

(6) 弱母音 [ə] またはその消滅が「オ」になるケース

o を含む単語		英語の発音	日本人の耳への響	カタカナ発音
bacon	（ベーコン）	[béikən]	ベイクン	ベーコン
condition	（状態）	[kəndíʃən]	カンディシャン	コンディション
cotton	（綿）	[kátn]	カトゥン	コットン

映画の英語が聞けるようになる　聞き取りテクニック②

第2回　弱音節の母音省エネ発音
　　　聞き分け練習

　英語の強母音発音（強音節の母音の発音）と弱母音発音（弱音節の母音の発音）の隔たりはかなり大きいので、ここでは実例を使いながらそれらの発音の違いを確認していきたいと思う。左側には強母音発音、そして右側にはそれが弱音節化した場合の発音が示されている。

(1) [æ] の省エネ発音

> "a" の強母音 [æ] は、アクセントが除かれて弱母音となったとき [ə] に変化するか、あるいは "a" の発音そのものが消滅してしまうこともある。

Hearing 5　[ǽ] とその省エネ発音の聞き取り練習　CD1-39

　強母音 [ǽ] を含む単語と、[æ] の省エネ発音あるいは消滅（その音がまったく発音されない）を含む単語が列記されています。ネイティブがその両方を発音しますので、下線部 *** の発音の違いを確認してみよう。

強母音 [ǽ]			省エネ化		
c_alorie	[kǽləri]	(カロリー)	medic_al	[médikəl]	(医療の)
D_allas	[dǽləs]	(ダラス)	ped_al	[pédl]	(ペダル)
m_an	[mǽn]	(人・男)	hum_an	[hjú:mən]	(人間)
m_anner	[mǽnər]	(作法)	wom_an	[wúmən]	(女)
N_ancy	[nǽnsi]	(ナンシー＝人名)	sign_al	[sígnəl]	(合図)
p_anic	[pǽnik]	(パニック)	comp_any	[kʌ́mpəni]	(会社)
R_alph	[rǽlf]	(ラルフ＝人名)	mor_al	[mɔ́:rəl]	(道徳上の)
r_ally	[rǽli]	(大会)	miner_al	[mínərəl]	(ミネラル)
s_and	[sǽnd]	(砂)	thous_and	[θáuzənd]	(千)
t_antalize	[tǽntəlaiz]	(じらす)	import_ant	[impɔ́:rtənt]	(重要な)
v_an	[vǽn]	(小型トラック)	serv_ant	[sə́:rvənt]	(僕)

DAY 4　母音の省エネ発音

Test 4-01　文中における強母音 [æ] の省エネ発音の聞き分けテスト　CD1-40

以下の英文の（　）内には強母音 [æ] を含む単語（＋もう 1 単語）と、[æ] の省エネ発音を含む単語が列記されています（注：強母音が [ǽ] となっている場合もある）が、実際の英文にはどちらか一方だけが使われています。ネイティブの音声をよく聞き、どちらが使われているかを判断し、発音されているほうを○で囲んでください。

（解答は 225 頁）

341. Against his will, her (㋐ has banned/ ㋑ husband) (㋐ has banned/ ㋑ husband) those meetings.
「彼女のご主人は、自分の意志に反してそれらのミーティングを禁止しました」

342. Recently, clouds (㋐ break fast/ ㋑ breakfast) before we start eating (㋐ break fast/ ㋑ breakfast).
「最近、私たちが朝食を食べ始める前に、雲が急速に消えてしまいます」

343. How much salt did (㋐ Sal add/ ㋑ salad) to this (㋐ Sal add/ ㋑ salad)?
「サルはこのサラダにどれだけの塩を加えましたか？」

344. "Who is this (㋐ for Mal/ ㋑ formal) letter for?" — "I think it's (㋐ for Mal/ ㋑ formal)."
「この正式な手紙は誰宛ですか？」―「マル宛だと思います」

345. (㋐ Save Ralph/ ㋑ Several) people tried to (㋐ save Ralph/ ㋑ several) from drowning in the flood.
「数名の人たちが、洪水でおぼれかけているラルフを救出しようとしました」

346. The patient (㋐ has spit all/ ㋑ hospital) the food in that (㋐ has spit all/ ㋑ hospital).
「その患者はあの病院ですべての食べ物を吐き出しました」

347. I (㋐ met all/ ㋑ medal) the athletes who had won the (㋐ met all/ ㋑ medal).
「私はメダルを獲得したすべての選手に会いました」

348. "Where did you put the (㋐ by Lance/ ㋑ balance) sheet?" "Oh, it is (㋐ by Lance/ ㋑ balance)."
「あなたはその貸借対照表をどこに置きましたか？」―「それはランスのそばにありますよ」

349. And to (㋐ cap it all/ ㋑ capital), the main roads to the (㋐ cap it all/ ㋑ capital) were closed for several hours.
「あげくの果てに、首都に通じる主要道路は数時間閉鎖されました」

91

350 Young girls were waiting for the pop idol （㋐in a trance / ㋑entrance） at the （㋐in a trance/ ㋑entrance） of the TV station.
「若い女の子たちは、テレビ局の入り口で、我を忘れてそのポップアイドルを待っていました」

(2) [ɑ] の省エネ発音

"o" の強母音 [ɑ́] は、アクセントが除かれて弱母音となったときは [ə] に変化する。

Hearing 6　[ɑ́] とその省エネ発音の聞き取り練習　CD1-41

強母音 [ɑ́] を含む単語と、[ɑ́] の省エネ発音を含む単語が列記されています。ネイティブがその両方を発音しますので、下線部 *** の発音の違いを確認してみよう。

強母音 [ɑ́]			省エネ化		
b<u>o</u>nd	[bɑ́nd]	（きずな）	rib<u>bo</u>n	[ríbən]	（リボン）
c<u>o</u>ndo	[kɑ́ndou]	（分譲マンション）	sec<u>o</u>nd	[sékənd]	（秒）
m<u>o</u>nitor	[mɑ́nitər]	（モニター）	lem<u>o</u>n	[lémən]	（レモン）
R<u>o</u>n	[rɑ́n]	（ロン＝人名）	patr<u>o</u>n	[péitrən]	（ひいき客）
c<u>o</u>ncept	[kɑ́nsept]	（概念）	c<u>o</u>ndition	[kəndíʃən]	（条件）
c<u>o</u>llar	[kɑ́lər]	（えり）	c<u>o</u>llect	[kəlékt]	（集める）
s<u>o</u>lid	[sɑ́lid]	（固形の）	s<u>o</u>lution	[səlúːʃən]	（解決）

Test 4-02　文中における [ɑ́] の省エネ発音の聞き分けテスト　CD1-42

以下の英文の（　）内には強母音 [ɑ́] か [ʌ́] を含む単語（＋もう1単語）と、[ɑ́] の省エネ発音を含む単語が列記されていますが、実際の英文にはどちらか一方だけが使われています。ネイティブの音声をよく聞き、どちらが使われているかを判断し、発音されているほうを○で囲んでください。　　　　　　（解答は 225 頁）

351 "Where do you bake the （㋐bake on/ ㋑bacon）?" — "I normally （㋐bake on/ ㋑bacon） this hot plate."
「あなたはベーコンをどこで焼きますか？」—「私はたいていこのホットプレートの上で焼きます」

DAY 4　母音の省エネ発音

352 The (㋐ gal on/ ㋑ gallon) the roof needs a (㋐ gal on/ ㋑ gallon) of water right away.
「屋根の上にいる女の子は、ただちに1ガロンの水が必要です」

353 I couldn't find any (㋐ but on/ ㋑ button) in the sewing box (㋐ but on/ ㋑ button) the sewing machine.
「私は裁縫箱の中に1つのボタンも見出すことができませんでしたが、ミシンの上にはありました」

354 The (㋐ cot on/ ㋑ cotton) this floor has a (㋐ cot on/ ㋑ cotton) mattress.
「この階の折りたたみ式ベッドには、木綿のマットレスが使われています」

355 Does that (㋐ lie on/ ㋑ lion) normally (㋐ lie on/ ㋑ lion) the cement floor?
「そのライオンは普段はセメントの床の上に横たわりますか？」

356 The plank (㋐ may thud/ ㋑ method) onto the ground if you choose the wrong (㋐ may thud/ ㋑ method).
「その厚板は、やり方を間違えると地面にドスンと落ちるかもしれません」

(3) [e] の省エネ発音

> "e" の強母音 [é] は、アクセントが除かれて弱母音となったとき [i] あるいは [ə] に変化するか、または "e" の発音そのものが消滅してしまう。

Hearing 7　[é] とその省エネ発音の聞き取り練習　CD1-43

強母音 [é] を含む単語と、[é] の省エネ発音を含む単語が列記されています。ネイティブがその両方を発音しますので、下線部 *** の発音の違いを確認してみよう。

強母音 [é]			省エネ化		
bl<u>e</u>mish	[blémiʃ]	（汚点）	probl<u>e</u>m	[prábləm]	（問題）
d<u>e</u>ntist	[déntist]	（歯医者）	stud<u>e</u>nt	[stjú:dnt]	（学生）
K<u>e</u>nya	[kénjə]	（ケニア）	tick<u>e</u>t	[tíkit]	（切符）
L<u>e</u>nt	[lént]	（四旬節）	tal<u>e</u>nt	[tælənt]	（才能）
n<u>e</u>st	[nést]	（巣）	hon<u>e</u>st	[ánist]	（正直な）
r<u>e</u>levant	[réləvənt]	（関連のある）	barr<u>e</u>l	[bǽrəl]	（樽）

reptile	[réptil]	(爬虫類)	report	[ripɔ́ːrt]	(報告する)
velvet	[vélvit]	(ビロード)	level	[lévəl]	(レベル)
veg	[védʒ]	(野菜)	travel	[trǽvəl]	(旅行する)
welfare	[wélfɛər]	(福祉)	towel	[táuəl]	(タオル)

Test 4-03　文中における [é] の省エネ発音の聞き分けテスト　CD1-44

　以下の英文の（　）内には強母音 [é] を含む単語（＋もう 1 単語）と、[é] の省エネ発音を含む単語が列記されていますが、実際の英文にはどちらか一方だけが使われています。ネイティブの音声をよく聞き、どちらが使われているかを判断し、発音されているほうを○で囲んでください。　　　　　　　　　　　　（解答は 226 頁）

361　I heard the (❼ late bell/❽ label) when I was putting the (❼ late bell/❽ label) on this baggage.

「この旅行かばんにラベルを付けていたとき、深夜の鐘の音を聞きました」

362　If you don't (❼ can sell/❽ cancel) this agreement, you (❼ can sell/❽ cancel) our products anywhere in the world.

「もしあなたがこの契約をキャンセルしなければ、あなたは私たちの製品を世界中で売ることができます」

363　They had to use (❼ Mode L/❽ model) in order to complete that (❼ Mode L/❽ model).

「彼らはその型を完成させるために、Model L を使わなければなりませんでした」

364　They treated the (❼ Jew well/❽ jewel) as he had given them that expensive (❼ Jew well/❽ jewel).

「彼らはそのユダヤ人が彼らに高価な宝石をあげたので、彼を手厚く扱いました」

365　"What does it say on the (❼ call Linda/❽ calendar)?" — "It says (❼ "call Linda"/❽ calendar)."

「カレンダーには何て書いてありますか？」—「リンダを呼べと書かれています」

366　I (❼ deck layer/❽ declare) that there has been no damage to the (❼ deck layer/❽ declare).

「デッキの階段には損傷がなかったと私は断言します」

367　Why don't you keep the (❼ bath kit/❽ basket) in this (❼ bath kit/❽ basket)?

「その風呂セットをこのかごの中に入れたらどうですか？」

DAY 4 母音の省エネ発音

368 Our duty is to (⑦guard "N"/⑦garden) in this tropical (⑦guard N/⑦garden).
「私たちの任務は、この熱帯庭園で "N" を警備することです」

(4) [ei] の省エネ発音

> "a" のもう1つの強母音 [éi] は、アクセントが除かれ弱母音となったとき [i] あるいは [ə] に変化するか、または "a" の発音そのものが消滅してしまう。強母音 "ai" [éi] の場合も、弱母音の場合は [i] あるいは [ə] に変化する。

Hearing 8　[éi] とその省エネ発音の聞き取り練習　CD1-45

強母音 [éi] を含む単語と、[éi] の省エネ発音を含む単語が列記されています。ネイティブがその両方を発音しますので、下線部 *** の発音の違いを確認してみよう。

強母音 [éi]			省エネ化		
c<u>a</u>ge	[kéidʒ]	（檻）	pack<u>a</u>ge	[pǽkidʒ]	（包み）
d<u>a</u>nger	[déindʒər]	（危険）	band<u>a</u>ge	[bǽndidʒ]	（包帯）
entert<u>ai</u>n	[entərtéin]	（もてなす）	curt<u>ai</u>n	[kə́ːrtn]	（カーテン）
f<u>a</u>ce	[féis]	（顔）	surf<u>a</u>ce	[sə́ːrfis]	（表面）
g<u>a</u>ge	[géidʒ]	（担保）	bagg<u>a</u>ge	[bǽgidʒ]	（旅行カバン）
l<u>a</u>bor	[léibər]	（労働）	vill<u>a</u>ge	[vílidʒ]	（村）
f<u>a</u>mous	[féiməs]	（有名な）	inf<u>a</u>mous	[ínfəməs]	（悪名高い）
n<u>a</u>me	[néim]	（名前）	man<u>a</u>ge	[mǽnidʒ]	（管理する）
arr<u>a</u>nge	[əréindʒ]	（並べる）	or<u>a</u>nge	[ɔ́rindʒ]	（オレンジ）
r<u>a</u>te	[réit]	（率）	sep<u>a</u>rate	[sépərət]	（別個の）
s<u>a</u>ber	[séibər]	（サーベル）	pass<u>a</u>ge	[pǽsidʒ]	（一節）
t<u>a</u>ble	[téibl]	（テーブル）	advant<u>a</u>ge	[ədvǽntidʒ]	（有利なこと）
t<u>ai</u>l	[téil]	（しっぽ）	oct<u>a</u>ve	[áktiv]	（オクターブ）
t<u>ai</u>nt	[téint]	（汚す）	cert<u>ai</u>n	[sə́ːrtn]	（確かな）
t<u>a</u>ke	[téik]	（取る）	cott<u>a</u>ge	[kátidʒ]	（田舎の小さな家）
w<u>a</u>ge	[wéidʒ]	（賃金）	langu<u>a</u>ge	[lǽŋgwidʒ]	（ことば）
Y<u>a</u>le	[jéil]	（エール=大学名）	voy<u>a</u>ge	[vɔ́iidʒ]	（船旅）

95

Test 4-04 文中における [éi] の省エネ発音の聞き分けテスト　　CD1-46

以下の英文の（　）内には強母音 [éi] を含む単語（＋もう1単語）と、[éi] の省エネ発音を含む単語が列記されていますが、実際の英文にはどちらか一方だけが使われています。ネイティブの音声をよく聞き、どちらが使われているかを判断し、発音されているほうを○で囲んでください。　　　　　　　（解答は 226 頁）

371 "Which do you hear in the word "immediate", "ate" or "it" ?" — "I think it is (㋐ate/ ㋑it)."

「あなたは "immediate" という単語の中に，"ate" と "it" のどちらが聞こえますか？」—「"it" のほうだと思います」

372 "Which sound is included in the word "delicate", "kit" or "Kate" ?" — "(㋐ Kit/ ㋑ Kate) is."

「"delicate" という単語の中にはどちらの響きが含まれていますか？ "kit" ですかそれとも "Kate" ですか？」—「"kit" のほうです」

373 Isn't (Chako late) today? I think she is buying some (Chocolate) on the way.

「今日はチャコは遅れているんじゃない？　途中でチョコレートを買っているんだと思うよ」

374 "Which word rhymes with "average", "rage" or "ridge" ?" — "I think (㋐ rage/ ㋑ ridge) does."

「"average" と韻を踏むのは "rage" と "ridge" のどちらですか？」—「"ridge" のほうだと思います」

375 "Which word sounds closer to "message", "sage" or "siege" ?" — "(㋐ Sage/ ㋑ Siege) sounds closer to "message"."

「"message" により近く響くのは "sage" ですかそれとも "siege" ですか？」「"siege" のほうが "message" により近く響きます」

376 It's a dead (㋐ cert and/ ㋑ certain) no question about it. I'm (㋐ cert and/ ㋑ certain) of it.

「それは確実で、疑いの余地がありません。私はそのことを確信しています」

96

DAY 4　母音の省エネ発音

Test 4-05　文中における [i] の省エネ発音の聞き分けテスト　　CD1-47

　以下の英文の（　）内には強母音 [i] を含む単語（＋もう 1 単語）と、[i] の省エネ発音を含む単語が列記されていますが、実際の英文にはどちらか一方だけが使われています。ネイティブの音声をよく聞き、どちらの単語が使われているかを判断し、発音されているほうの単語を○で囲んでください。　　（解答は 226 頁）

381　Is（㋐ Eve ill/ ㋑ evil）? Does it have anything to do with her（㋐ Eve ill/ ㋑ evil） deeds?

　「イブは病気ですか？　それは彼女の悪しき行いと関係がありますか？」

382　"Where did you put the（㋐ pen seal/ ㋑ pencil）?" — "It's under the（㋐ pen seal/ ㋑ pencil）."

　「ペンについている印鑑はどこに置きましたか？」—「それは鉛筆の下にあります」

（5）[ɑ:r] の省エネ発音

> 強母音 "ar" [ɑ́:r] は、アクセントが除かれ弱母音となったときに、[ər] に変化する。

Hearing 9　[ɑ́:r] の省エネ発音の聞き取り練習　　CD1-48

　強母音 [ɑ́:r] を含む単語と、[ɑ́:r] の省エネ発音を含む単語が列記されています。ネイティブがその両方を発音しますので、下線部 *** の発音の違いを確認してみよう。

強母音 [ɑ́:r]			省エネ化		
d<u>ar</u>k	[dɑ́:rk]	（暗い）	calend<u>ar</u>	[kǽləndər]	（カレンダー）
l<u>ar</u>k	[lɑ́:rk]	（ひばり）	coll<u>ar</u>	[kɑ́lər]	（襟）
l<u>ar</u>ge	[lɑ́:rdʒ]	（大きい）	doll<u>ar</u>	[dɑ́lər]	（ドル）
l<u>ar</u>d	[lɑ́:rd]	（ラード）	particul<u>ar</u>	[pərtíkjulər]	（特定の）
v<u>ar</u>nish	[vɑ́:rniʃ]	（ニス）	H<u>ar</u>v<u>ar</u>d	[hɑ́:rvərd]	（ハーバード）

Test 4-06 文中における [áːr] の省エネ発音の聞き分けテスト　CD1-49

以下の英文の（　）内には強母音 [áːr] を含む単語と、[áːr] の省エネ発音を含む単語が列記されていますが、実際の英文にはどちらか一方だけが使われています。ネイティブの音声をよく聞き、どちらが使われているかを判断し、発音されているほうを○で囲んでください。　　　　　　　　　　　　　　　　　　　　　　（解答は226頁）

386　"Is there such a thing as　(❼ "shoe gar"/ ❹ "sugar")?" — "I don't know. Does it have anything to do with　(❼ "shoe gar"/ ❹ "sugar")?"

「"shoe gar" なんていう物があるのですか？」—「わかりません。それは砂糖と関係があるのですか？」

387　"Which sound is closer to "standard", the vowel of "dart" or the vowel of "dirt"?" — "The vowel of　(❼ dart/ ❹ dirt)　does."

「"standard" に発音が近いのは "dart" の母音ですか、それとも "dirt" の母音ですか？」—「"dirt" のほうの母音です」

388　"Which do you hear in "grammar", "myrrh" or "mar"?" — "I clearly hear　(❼ myrrh/ ❹ mar)　in it."

「"grammar" には "myrrh" と "mar" のどちらが聞こえますか？」—「myrrh がはっきり聞こえます」

(6) [ɔːr] の省エネ発音

> 強母音 "or"/"oar" [ɔ́ːr] は、アクセントが除かれ弱母音となったとき、[ər] に変化する。

Hearing 10　[ɔ́ːr] の省エネ発音の聞き取り練習　CD1-50

強母音 [ɔ́ːr] を含む単語と、[ɔ́ːr] の省エネ発音を含む単語が列記されています。ネイティブがその両方を発音しますので、下線部 *** の発音の違いを確認してみよう。

強母音 [ɔ́ːr]			省エネ化		
f<u>ort</u>	[fɔ́ːrt]	(とりで)	comf<u>ort</u>	[kʌ́mfərt]	(慰め)
f<u>orm</u>	[fɔ́ːrm]	(形)	f<u>or</u>get	[fərgét]	(忘れる)
rec<u>ord</u>	[rikɔ́ːrd]	(記録する)	rec<u>ord</u>	[rékərd]	(記録)

98

DAY 4 母音の省エネ発音

Test 4-07 文中における [óːr] の省エネ発音の聞き分けテスト　CD1-51

　以下の英文の（　）内には強母音 [óːr] を含む単語（＋もう1単語）と、[óːr] の省エネ発音を含む単語が列記されていますが、実際の英文にはどちらか一方だけが使われています。ネイティブの音声をよく聞き、どちらが使われているかを判断し、発音されているほうを○で囲んでください。　　　　　　　　　　（解答は226頁）

391 "Which do you hear in the word "cupboard", "board" or "bird" ?" — "(㋐ Board/ ㋑ Bird), of course."

「"cupboard" という単語には "board" と "bird" のどちらが聞こえますか？」—「もちろん "bird" です」

392 "Why do they call it (㋐ "F Fort"/ ㋑ "effort")? Was it built by someone's (㋐ F Fort/ ㋑ effort)?

「彼らはなぜそれをF砦（とりで）と呼ぶのですか？　それは誰かの努力で建てられたのですか？」

393 The (㋐ dog tore/ ㋑ doctor) the white coat. What is the (㋐ dog tore/ ㋑ doctor) going to do?

「その犬が白衣を引き裂きました。医者はどうするつもりでしょうか？」

394 "Which do you hear in the word "forgive", "four" or "fur" ?" — "I think it is (㋐ "four"/ ㋑ "fur")."

「"forgive" という単語には "four" と "fur" のどちらが聞こえますか？」「"fur" だと思います」

Test 4-08 接頭語の省エネ発音の聞き分けテスト — その1　CD1-52

　以下の各（　）内には、接頭語が付いた単語とそうでない単語が列記されています。これからネイティブスピーカーが a→b の順で（　）内のどちらか一方の単語を順不同で読み上げていきますので、発音されたほうの単語を○で囲んでください。（＊2つの単語の間に何の関連もないセットも含まれています）。（解答は226頁）

401a (㋐ choir/ ㋑ acquire)　401b (㋐ choir/ ㋑ acquire)　「聖歌隊／習得する」

402a (㋐ claim/ ㋑ acclaim)　402b (㋐ claim/ ㋑ acclaim)　「主張する／賞賛」

403a (㋐ cord/ ㋑ accord)　403b (㋐ cord/ ㋑ accord)　「コード／一致」

404a (㋐ count/ ㋑ account)　404b (㋐ count/ ㋑ account)　「数える／口座」

405a (㋐ cross/ ㋑ across)　405b (㋐ cross/ ㋑ across)　「十字架／向こう側に」

406a (㋐ fair/ ㋑ affair)　406b (㋐ fair/ ㋑ affair)　「公平な／業務」

407a (㋐ head/ ㋑ ahead)　407b (㋐ head/ ㋑ ahead)　「頭／先に」

408a (㋐ live/ ㋑ alive)　408b (㋐ live/ ㋑ alive)　「生きる／生きて」

409a (⑦ loud/ ④ aloud)　409b (⑦ loud/ ④ aloud)　「大声の / 声を出して」
410a (⑦ mitt/ ④ admit)　410b (⑦ mitt/ ④ admit)　「ミット / 認める」

Test 4-09　接頭語の省エネ発音の聞き分けテスト ― その2　CD1-53

これからネイティブスピーカーが a → b の順で（　）内のどちらか一方の単語を順不同で読み上げていきますので、発音されたほうの単語を○で囲んでください。

（解答 226 頁）

411a (⑦ part/ ④ apart)　411b (⑦ part/ ④ apart)　「一部 / 離れて」
412a (⑦ peel/ ④ appeal)　412b (⑦ peel/ ④ appeal)　「皮をむく / アピールする」
413a (⑦ peer/ ④ appear)　413b (⑦ peer/ ④ appear)　「同僚 / 現れる」
414a (⑦ range/ ④ arrange)　414b (⑦ range/ ④ arrange)　「列 / 並べる」
415a (⑦ rest/ ④ arrest)　415b (⑦ rest/ ④ arrest)　「休む / 逮捕する」
416a (⑦ send/ ④ ascend)　416b (⑦ send/ ④ ascend)　「送る / 昇る」
417a (⑦ shore/ ④ ashore)　417b (⑦ shore/ ④ ashore)　「海岸 / 岸に」
418a (⑦ tend/ ④ attend)　418b (⑦ tend/ ④ attend)　「する傾向がある / 出席する」
419a (⑦ vice/ ④ advice)　419b (⑦ vice/ ④ advice)　「悪徳 / 助言」
420a (⑦ void/ ④ avoid)　420b (⑦ void/ ④ avoid)　「空虚な / 避ける」

DAY 5

語尾子音の省エネ発音

英語を聞き取りにくくしている「子音」の
特徴を理解しておこう ……………102

英語の聞き取りは音節の末尾に来る子音
が聞き取れるようになれば上達する ………104

映画の英語が聞けるようになる
聞き取りテクニック③ ……………108

【第3回】
閉子音の聞き分け練習

DAY 5 今日のテーマ 語尾子音の省エネ発音

　日本語では、すべての子音に「ア、イ、ウ、エ、オ」のどれかの母音が付くので、とても聞きやすい。なぜなら母音を伴う子音は音エネルギーが強いので、発音が明瞭になるからだ。それに比べ、英語には母音を伴わない子音、すなわち子音で終わる語が多く、はっきり発音されることもあれば、あいまいに発音されることだってあるから、時として日本人の耳にはとても聞きづらい。まったく聞き取れないあるいは物理的に聞こえない場合もある。こうした子音に慣れる唯一の方法は、その音に慣れるしかない。ここからは、子音の具体的な音の聞こえ方に的を絞りながら耳の訓練をしていくことにしよう。やや地道な作業になるが、映画の英語が字幕なしで聞き取れるだけでなく、ネイティブ感覚で英語が理解できるようになれるのだから、我慢してついてきてほしい。

■ 英語を聞き取りにくくしている「子音」の特徴を理解しておこう

　どの言語も、子音と母音の組み合わせで成り立っている。「母音」とは、声帯の振動で発生する声が（注：実際はひそひそ話のときのように、声帯を使わなくても母音を作りだすことができる）、舌の位置や形、あごの開け具合、唇の開け方や形などにより特徴づけられる響き（発音）のことであり、その音声は何によっても妨げられない。すなわち母音は息の続く限り出し続けることができる音である。それに対し、「子音」は音声の流れを、舌・喉・唇・前歯等によりいったんせき止めるときに作られる音のことである。

(1) 子音の種類

　英語の子音には、以下のような種類がある。

破裂音	摩擦音	息の流れの変化による子音
[p] [b] [t] [d] [k] [g]	[s] [z] [θ] [f] [v] [ʃ] [ʒ] [ð] など	[m] [n] [l] [r] [j]

①「破裂音」[p] [b] [t] [d] [k] [g] などの音

　破裂音とは、どこかでせき止めた息を一気に放つときに作られる音で、それを持続させることは不可能である。息をせき止めるのに、口のどの部分を使うかにより、いくつかに分類することができる。

●破裂音の種類

1. 両唇を開ける瞬間の破裂音	
[p]　pen などの [p]	[b]　big などの [b]
2. 舌の先端を上あごから離す瞬間の破裂音	
[t]　team などの [t]	[d]　desk などの [d]
[dʒ]　judge などの [dʒ]	[tʃ]　child などの [tʃ]
3. 舌の奥を喉から離す瞬間の破裂音	
[k]　kind などの [k]	[g]　goal などの [g]

②「摩擦音」[s] [z] [θ] [f] [v] [ʃ] [ʒ] [ð] など

　摩擦音は、息をせき止めるのではなく、口のどこかの部分を使って、息を圧迫しながら漏らすときの音で、持続することが可能である。摩擦音には、次のような種類がある。

●摩擦音の種類

1. 舌の先端と歯の隙間で作り出す摩擦音	
[s]　safe などの [s]	[ʃ]　shake などの [ʃ]
[z]　zoo などの [z]	[ʒ]　measure などの [ʒ]
[θ]　think などの [θ]	[ð]　this などの [ð]
2. 下唇と上前歯を使って作り出す摩擦音	
[f]　fall などの [f]	[v]　vacation などの [v]
3. 息を通過させるときに作り出す摩擦音	
[h]　history などの [h]	

③「息の流れの変化による子音」[m] [n] [l] [r] [j] など

　息をせき止めるのでもなく、口のどこかを使って息の流れを変えるときの音で、このような子音には、次のような種類がある。これらの子音は、連続して出すことが可能である。

● 「息の流れの変化による子音」の種類

1. 唇を閉じ鼻に息を流したときの音
   [m] melon などの [m]
2. 舌の先端を上あごに付け鼻に息を流したときの音
   [n] neck などの [n]
3. 舌の先端を上前歯の根元に押し付け息を舌の両側に流すときの音
   [l] lake などの [l]
4. 舌の先端と上あご前方を使い息を圧迫するときの音
   [j] year などの [j]
5. 舌の先端を上あごにつけないように奥に丸め息を圧迫するときの音
   [r] race などの [r]

■ **英語の聞き取りは音節の末尾に来る子音が聞き取れるようになれば上達する**

　日本語の 50 音のように、「子音＋母音」という構造になっているとき、音節始めの子音は、響きが明瞭で聞きやすい。問題は、音節尾に使われている子音、すなわち閉子音である。子音に母音が付かないだけでも日本人の耳には聞きづらくなるが、**音節尾の子音には省エネ発音現象が頻繁に起こり、聞き取りがさらに困難になる**。それでこの Chapter では、それらの閉子音の聞き取り練習をしていきたいと思う。

(1) 子音の「コインの両面」的要素

　コインには必ず両面がある。たとえば日本の百円硬貨の場合、「花の絵柄」のついた表面と「100」と書かれた裏面とがある。この硬貨を日常的に使っている人であるなら、「花の絵柄」の表面を見ても、あるいは「100」と書かれた裏面を見てもそれが百円硬貨であることを瞬時に認識することができる。両面を見てからでないとそれが百円硬貨であることがわからないなどという人はいない。それは「花の絵柄」の表面も「100」の裏面も、百円硬貨である確率が 100％であるからだ。

　実は子音にも硬貨の両面に似た要素がある。子音は口のどこかの部分を動かして息の流れに変化をもたせるときの音であるが、すべての動きに始めと終わりがあるように、子音の発音にも始めと終わりがある。そして**子音を作る動き**

の始めと終わりとではその響きが多少異なる。もちろん、どちらの響きも子音としては正しい。

　ネイティブスピーカーの場合、始めに来る子音を聞いても、最後に来る子音を聞いても、それがどの子音であるかを容易に認識できる。だが、英語の閉子音に慣れていない日本人は、子音の発音プロセスのすべてを聞かないと、その子音をなかなか認識できない。だが、**1つの子音に微妙に異なる、言ってみれば硬貨の両面のような違いがある**ことを頭に入れておくと、少しは理解しやすくなるかもしれない。

　子音を作り出す動作の始めも子音だし、その動作の完了時も同じ子音であるのだが、**ネイティブスピーカーは、子音を作り出す動作を途中でやめてしまうことが多い**。例えば、This train is bound for Osaka.「この列車は大阪行きです」は [ディス・トゥレイン・イズ・バウンドゥ・フォ・オーサカ] のように発音されることはまれで、[ディス・トゥレイ・ニズ・バウンフォー・サカ] のように発音され、**子音の [s] や [n] や [d] は最後まで明瞭に発音されない**。これがすなわち「**子音の省エネ発音**」である。

　子音をどこまで発音するかは、話すスピード、話し手、話す環境などにより異なるが、ネイティブスピーカーの日常会話では、子音の省エネ発音が頻繁に起こる。実際まったく発音されないほどに、子音の省エネが進むことも多い。テープレコーダーを用意し、後から閉子音を確認しようとしても、音として残っていないことに驚くだろう。特に映画のせりふなどでは、このような子音省エネ発音が顕著である。

(2) 2通りある閉子音の発音

　子音には硬貨の両面的な要素があるという話をしたが、以下に説明する「明確な子音」のほうが、子音発音プロセスが完了したときの音で、日本人の耳には聞きやすい。「省エネ子音」のほうは、子音発音プロセスの最初だけで終わらせている音なので、聞き取りにくい。

[p] [b] の場合
明確な子音　　両唇を開ける瞬間の破裂音
省エネ子音　　両唇を閉じたままの音

[t] [d] [dʒ] [tʃ] の場合

明確な子音	舌の先端を上あごから離す瞬間の破裂音
省エネ子音	舌の先端を上あごにつけたままの音

[l] の場合

明確な子音	舌の先端を上前歯の根元から離す瞬間の音
省エネ子音	舌の先端を上前歯の根元につけたままの音

* 音節尾がlの場合、省エネ化によりほとんど母音的な響きとなり、日本人の耳には「オ」に聞こえる。たとえば apple は「アポ」に、table は「テイボ」に、milk は「ミオク」そして hill は「ヒオ」のように響く。

[k] [g] の場合

明確な子音	舌の奥を喉から離す瞬間の破裂音
省エネ子音	舌の奥を喉につけたままの音

[s] [ʃ] [z] [θ] [ð] の場合

明確な子音	舌の先端と歯の隙間で作り出す摩擦音
省エネ子音	舌の先端と歯の隙間で摩擦音を作り出す直前の音

[f] [v] の場合

明確な子音	下唇と上前歯を使って作り出す摩擦音
省エネ子音	下唇と上前歯で摩擦音を作り出す直前の音

[m] の場合

明確な子音	唇を閉じ鼻に流した息を口に戻すときの音
省エネ子音	唇を閉じ息を鼻に流したときの音

[n] の場合

明確な子音	舌の先端を上あごに付け鼻に流した息を口に戻すときの音
省エネ子音	舌の先端を上あごに付け息を鼻に流したときの音

■ 文末の閉子音の省エネ発音

閉子音には母音が伴わないので、日本人の耳には聞きづらい音となり、そこに省エネ化が起こると益々聞きにくくなる話をしたが、文末の閉子音の場合、省エネ化はさらに進み、物理的に音が消えてしまう可能性が高い。

文末に省エネ化がより顕著になるのは、英語のイントネーションの特徴に密

接な関係がある。日本語を話す場合は、抑揚が大切な要素となり、強弱をあまりつけない。すなわち音エネルギーとしては、平面的になる。それとは対照的に、英語では文中のどこかに必ず力を入れることになる。英文のどの音節が強調されるかは、どのことばを強調したいかとか、その他の要因で異なるが、いずれにせよ**強音節に来るまでは中くらいの音程で、強音節で一気に音程が上がり、その直後急激に音程が下がる**（普通の疑問文以外は）。すなわち英語では「中―高（アクセント）―低」という抑揚になる。

　文末で音程が下がるということは、音エネルギーも下がることを意味し、音エネルギーが下がれば、発音の省エネ化も進む。つまり、**文末に来る子音はほとんど聞こえないか、発音されないこともある。**

　たとえば Chuck（人名）という人物に呼びかけるときの "Chuck!" と "Call me Chuck."（私をチャックと呼んでくれ）と言うときの "Chuck" では、最後の ck の聞こえ方が違う。なぜなら "Call me Chuck." の "ck" は、文末で音エネルギーが極端に弱まった状態での "ck" なので、その省エネ度合いは大きくなり、ほとんど聞こえない。同じように "I didn't know that."（私はそのことを知らなかった）の最後の [t]、や "That's sounds good."（それは良さそうだ）の最後の [d] などもまったく聞こえないだろう。

映画の英語が聞けるようになる　聞き取りテクニック③

第3回　閉子音の聞き分け練習

閉子音は省エネ化されやすく、文末の閉子音の省エネ化はさらに大きくなる。そして話すスピードが上がれば、省エネ化がもっと進むことになる。単語あるいは英文の末端の子音が聞き取れないと、その明確な意味を把握するのが困難になる。その問題を克服するために、これから閉子音の聞き分け練習をしていきたいと思う。

Test 5-01　単語間における閉子音 [d] の聞き分けテスト　CD1-54

（　）内に閉子音 [d] を含む単語と、そうでない単語の2つが列記されています。これからネイティブスピーカーが a → b の順で2つの単語のどちらかを順不同で読み上げていきますので、発音されたほうの単語を○で囲んでください。

（解答は226頁）

421a (ア board/イ bore)	421b (ア board/イ bore)	「板 / 産んだ」
422a (ア cord/イ core)	422b (ア cord/イ core)	「コード / 核心」
423a (ア hide/イ high)	423b (ア hide/イ high)	「隠れる / 高い」
424a (ア mode/イ mow)	424b (ア mode/イ mow)	「モード / 草を刈る」
425a (ア load/イ low)	425b (ア load/イ low)	「荷 / 低い」
426a (ア road/イ row)	426b (ア road/イ row)	「道路 / 漕ぐ」
427a (ア tide/イ tie)	427b (ア tide/イ tie)	「潮 / ネクタイ」

Test 5-02　文中における閉子音 [d] の聞き分けテスト　CD1-55

以下の英文の（　）内には、語尾に [d] が付くか付かないかだけが異なる2つの単語が列記されていますが、実際の英文にはどちらか1方だけが使われています。これからネイティブスピーカーが各英文を読み上げていきますので、（　）内のどちらの単語が使われているかを判断し、発音されたほうの単語を○で囲んでください。

（解答は226頁）

431 Don't （ア aloud/イ allow） the students to read the problems （ア aloud/イ allow）.
「学生たちに問題を声に出して読むことを許してはいけません」

432 The （ア guide/イ guy） over there was our tour （ア guide/イ guy）.

108

DAY 5 語尾子音の省エネ発音

「あそこにいる男が私たちのツアーガイドです」

433 We hired the (㋐ maid/㋑ May) last (㋐ maid/㋑ May).

「私たちは去年の5月にそのメイドを雇いました」

434 What I (㋐ need/㋑ knee) is a (㋐ need/㋑ knee) pad.

「私に必要なのはひざ当てです」

435 Do you know (㋐ wide/㋑ why) the gate is so (㋐ wide/㋑ why)?

「なぜその門がそんなに広いのか知っていますか？」

Test 5-03 文中における閉子音 [f] の聞き分けテスト　CD1-56

以下の英文の（ ）内には、語尾に [f] が付くか付かないかだけが異なる2つの単語が列記されていますが、実際の英文にはどちらか1方だけが使われています。これからネイティブスピーカーが各英文を読み上げていきますので、（ ）内のどちらの単語が使われているかを判断し、発音されたほうの単語を○で囲んでください。

（解答は227頁）

441 The worst thing you could do in your (㋐ life/㋑ lie) is to tell a (㋐ life/㋑ lie).

「人生で一番してはいけないことは、うそをつくことです」

442 There is a (㋐ loaf/㋑ low) of bread on the (㋐ loaf/㋑ low) shelf.

「低い棚の上に1斤のパンがあります」

443 They (㋐ safe/㋑ say) that the roller coaster is fairly (㋐ safe/㋑ say).

「彼らはそのジェットコースターはかなり安全だと言っています」

444 She covered the (㋐ scarf/㋑ scar) with a big (㋐ scarf/㋑ scar).

「彼女はその傷跡を大きなスカーフで覆いました」

445 (㋐ Wife/㋑ Why) didn't your (㋐ wife/㋑ why) come?

「奥様はなぜ来られなかったのですか？」

Test 5-04 単語間における閉子音 [k] の聞き分けテスト　CD1-57

（ ）内に閉子音 [k] を含む単語と、そうでない単語の2つが列記されています。これからネイティブスピーカーが a → b の順で2つの単語のどちらかを順不同で読み上げていきますので、発音されたほうの単語を○で囲んでください。

（解答は227頁）

451a (㋐ bake/㋑ bay)　451b (㋐ bake/㋑ bay)　「パンなどを焼く / 湾」

452a (㋐ bark/㋑ bar)　452b (㋐ bark/㋑ bar)　「吠える / バー」

109

453a (㋐ cork/㋑ core)　453b (㋐ cork/㋑ core)　「コルク / 核心」

454a (㋐ meek/㋑ me)　454b (㋐ meek/㋑ me)　「柔和な / 私を」

455a (㋐ park/㋑ par)　455b (㋐ park/㋑ par)　「公園 / 等価」

Test 5-05　文中における閉子音 [k] の聞き分けテスト　CD1-58

以下の英文の（ ）内には、語尾に [k] が付くか付かないかだけが異なる2つの単語が列記されていますが、実際の英文にはどちらか1方だけが使われています。これからネイティブスピーカーが各英文を読み上げていきますので、（ ）内のどちらの単語が使われているかを判断し、発音された方の単語を○で囲んでください。

（解答は227頁）

461　I was （㋐ awake/㋑ away） when he went （㋐ awake/㋑ away） at night.
「夜彼が去ったとき、私は起きていました」

462　I have never heard （㋐ joke/㋑ Joe） say a （㋐ joke/㋑ Joe）.
「私はジョーが冗談を言うのを聞いたことがありません」

463　I saw someone （㋐ lake/㋑ lay） that big machine by the （㋐ lake/㋑ lay） side.
「私は誰かがあの大きな機械を湖のほとりに横たえるのを見ました」

464　They （㋐ soak/㋑ sew） the leather in warm water before they （㋐ soak/㋑ sew） it.
「彼らは縫う前にその革をお湯に浸しました」

465　Can you （㋐ steak/㋑ stay） for dinner? We are going to have （㋐ steak/㋑ stay） tonight.
「夕食まで残れますか？今夜はステーキにするつもりです」

Test 5-06　文中における閉子音 [l] の聞き分けテスト　CD1-59

以下の英文の（ ）内には、語尾に [l] が付くか付かないかだけが異なる2つの単語が列記されていますが、実際の英文にはどちらか1方だけが使われています。これからネイティブスピーカーが各英文を読み上げていきますので、（ ）内のどちらの単語が使われているかを判断し、発音されたほうの単語を○で囲んでください。

（解答は227頁）

471　The （㋐ bowl/㋑ bow） hit the （㋐ bowl/㋑ bow） by accident.
「その弓は誤ってお碗に当たりました」

472　My （㋐ goal/㋑ go） is to （㋐ goal/㋑ go） around the world non-stop by

110

DAY 5　語尾子音の省エネ発音

a hot air balloon.
「私の目標は、熱気球で地球をノンストップで回ることです」

473　Who put this　(ア hall/イ haw)　in the entrance　(ア hall/イ haw)?
「誰がこのサンザシを玄関に置いたのですか？」

474　(ア Tool/イ Two)　of them didn't have that　(ア tool/イ two).
「彼らのうち2人はその道具を持っていませんでした」

Test 5-07　単語間における閉子音 [m] の聞き分けテスト　CD1-60

　（　）内に閉子音 [m] を含む単語と、そうでない単語の2つが列記されています。これからネイティブスピーカーが a → b の順で2つの単語のどちらかを順不同で読み上げていきますので、発音されたほうの単語を○で囲んでください。

（解答は227頁）

481a (ア bloom/イ blue)	481b (ア bloom/イ blue)	「咲く／青」
482a (ア doom/イ do)	482b (ア doom/イ do)	「運命／する」
483a (ア dorm/イ door)	483b (ア dorm/イ door)	「寮／ドア」
484a (ア firm/イ fur)	484b (ア firm/イ fur)	「会社／毛皮」
485a (ア foam/イ foe)	485b (ア foam/イ foe)	「泡／敵」
486a (ア gloom/イ glue)	486b (ア gloom/イ glue)	「薄暗がり／接着剤」
487a (ア lame/イ lay)	487b (ア lame/イ lay)	「足の不自由な／横たえる」
488a (ア zoom/イ zoo)	488b (ア zoom/イ zoo)	「ズーム／動物園」

Test 5-08　文中における閉子音 [m] の聞き分けテスト　CD1-61

　以下の英文の（　）内には、語尾に m が付くか付かないかだけが異なる2つの単語が列記されていますが、実際の英文にはどちらか1方だけが使われています。これからネイティブスピーカーが各英文を読み上げていきますので、（　）内のどちらの単語が使われているかを判断し、発音されたほうの単語を○で囲んでください。

（解答は227頁）

491　Did the mother　(ア crime/イ cry)　over the　(ア crime/イ cry)　her son had committed?
「その母親は息子が犯した犯罪を嘆きましたか？」

492　The　(ア farm/イ far)　is quite　(ア farm/イ far)　from here.
「その農場はここからかなりの距離です」

111

493 The (ア mime/イ my) is (ア mime/イ my) mother's brother.
「その物まね師は、母の弟［兄］です」

494 The (ア storm/イ store) was totally destroyed in the (ア storm/イ store).
「その店は嵐で全壊しました」

495 A (ア warm/イ war) might start in that (ア warm/イ war) area.
「あの暖かい地域でひょっとすると戦争が始まるかもしれません」

Test 5-09　単語間における閉子音 [n] の聞き分けテスト　CD1-62

（　）内に閉子音 [n] を含む単語と、そうでない単語の２つが列記されています。これからネイティブスピーカーが a → b の順で２つの単語のどちらかを順不同で読み上げていきますので、発音されたほうの単語を○で囲んでください。

（解答は 227 頁）

501a (ア earn/イ err)	501b (ア earn/イ err)	「かせぐ／間違いをする」
502a (ア dine/イ die)	502b (ア dine/イ die)	「食事をする／死ぬ」
503a (ア mine/イ my)	503b (ア mine/イ my)	「私の物／私の」
504a (ア own/イ owe)	504b (ア own/イ owe)	「所有する／借りがある」
505a (ア pain/イ pay)	505b (ア pain/イ pay)	「痛み／支払う」
506a (ア scorn/イ score)	506b (ア scorn/イ score)	「軽蔑する／得点」
507a (ア strain/イ stray)	507b (ア strain/イ stray)	「緊張／脱線する」
508a (ア warn/イ war)	508b (ア warn/イ war)	「警告する／戦争」

Test 5-10　文中における閉子音 [n] の聞き分けテスト　CD1-63

以下の英文の（　）内には、語尾に [n] が付くか付かないかだけが異なる２つの単語が列記されていますが、実際の英文にはどちらか１方だけが使われています。これからネイティブスピーカーが各英文を読み上げていきますので、（　）内のどちらの単語が使われているかを判断し、発音されたほうの単語を○で囲んでください。

（解答は 227 頁）

511 What has caused the (ア grain/イ gray) to turn (ア grain/イ gray)?
「何が原因でその穀物は灰色になったのですか？」

512 The girl cried for (ア join/イ joy) when she was allowed to (ア join/イ joy) the team.

DAY 5　語尾子音の省エネ発音

「その少女はチームへの参加が認められたときうれし泣きしました」

513　The interest rate on the　(㋐ loan/㋑ low)　was quite　(㋐ loan/㋑ low).

「そのローンの利率はかなり低かったです」

514　The children got frustrated because they couldn't　(㋐ plane/㋑ play)　on the　(㋐ plane/㋑ play).

「子どもたちは飛行機の中で遊ぶことができなかったので、欲求不満になりました」

515　(㋐ Rain/㋑ Ray)　went home walking in the　(㋐ rain/㋑ Ray).

「レイは雨の中を歩いて帰宅しました」

Test 5-11　単語間における閉子音 [p] の聞き分けテスト　CD1-64

　( ) 内に閉子音 [p] を含む単語と、そうでない単語の 2 つが列記されています。これからネイティブスピーカーが a → b の順で 2 つの単語のどちらかを順不同で読み上げていきますので、発音されたほうの単語を○で囲んでください。

（解答は 227 頁）

521a (㋐ grape/㋑ gray)　　521b (㋐ grape/㋑ gray)　　「ぶどう / 灰色」

522a (㋐ heap/㋑ he)　　522b (㋐ heap/㋑ he)　　「堆積 / 彼は」

523a (㋐ sheep/㋑ she)　　523b (㋐ sheep/㋑ she)　　「羊 / 彼女は」

524a (㋐ soap/㋑ sew)　　524b (㋐ soap/㋑ sew)　　「石けん / 縫う」

525a (㋐ wipe/㋑ why)　　525b (㋐ wipe/㋑ why)　　「拭く / なぜ」

Test 5-12　文中における閉子音 [p] の聞き分けテスト　CD1-65

　以下の英文の ( ) 内には、語尾に [p] が付くか付かないかだけが異なる 2 つの単語が列記されていますが、実際の英文にはどちらか 1 方だけが使われています。これからネイティブスピーカーが各英文を読み上げていきますので、( ) 内のどちらの単語が使われているかを判断し、発音されたほうの単語を○で囲んでください。

（解答は 227 頁）

531　We still don't know the reason why this　(㋐ grape/㋑ gray)　has turned　(㋐ grape/㋑ gray).

「私たちはこのブドウが灰色になった理由がいまだにわかりません」

532　Where do you　(㋐ keep/㋑ key)　the　(㋐ keep/㋑ key)　to the safe?

「あなたは金庫の鍵をどこに保管するのですか？」

533　(㋐ Soup/㋑ Sue)　loves this vegetable　(㋐ soup/㋑ Sue).

113

「スーはこの野菜スープが大好きです」

534 I can't (㋐ rope/㋑ row) the boat. The (㋐ rope/㋑ row) is on the way.

「ボートをこぐことができません。ロープが邪魔しています」

535 (㋐ Weep/㋑ We) think she would (㋐ weep/㋑ we) bitterly if she hears the news.

「私たちは彼女がそのニュースを聞けば、きっと泣き崩れるだろうと思います」

Test 5-13　文中における閉子音 [s] の聞き分けテスト　CD1-66

以下の英文の（　）内には、語尾に [s] が付くか付かないかだけが異なる2つの単語が列記されていますが、実際の英文にはどちらか1方だけが使われています。これからネイティブスピーカーが各英文を読み上げていきますので、（　）内のどちらの単語が使われているかを判断し、発音されたほうの単語を○で囲んでください。

（解答は 227 頁）

541 Did the shearer (㋐ fleece/㋑ flee) with the (㋐ fleece/㋑ flee) in his truck?

「その羊毛刈り込み人は、トラックに羊毛を積んで逃げましたか」

542 Where should I (㋐ lace/㋑ lay) this beautiful (㋐ lace/㋑ lay) she bought for me?

「彼女が私のために買ってくれたこの美しいレースをどこに置いたらいいのでしょうか？」

543 In this town, there is no (㋐ place/㋑ play) to (㋐ place/㋑ play) baseball.

「この町には、野球をする場所がありません」

544 There was still a (㋐ race/㋑ ray) of hope in that (㋐ race/㋑ ray).

「そのレースにはまだわずかながら望みが残っていました」

545 The commander sent a (㋐ spice/㋑ spy) to investigate the route of the (㋐ spice/㋑ spy).

「その司令官はそのスパイスの運搬ルートを探るために、スパイを送り込みました」

Test 5-14　単語間における閉子音 [t] の聞き分けテスト　CD1-67

（　）内に閉子音 [t] を含む単語と、そうでない単語の2つが列記されています。これからネイティブスピーカーが a → b の順で2つの単語のどちらかを順不同で読み上げていきますので、発音されたほうの単語を○で囲んでください。

（解答は 228 頁）

551a (ア bite/イ by)	551b (ア bite/イ by)	「かむ /～により」
552a (ア boat/イ bow)	552b (ア boat/イ bow)	「船 / 弓」
553a (ア date/イ day)	553b (ア date/イ day)	「日付 / 日」
554a (ア flight/イ fly)	554b (ア flight/イ fly)	「飛行 / 飛ぶ」
555a (ア float/イ flow)	555b (ア float/イ flow)	「浮く / 流れる」
556a (ア shoot/イ shoe)	556b (ア shoot/イ shoe)	「撃つ / 靴」
557a (ア short/イ shore)	557b (ア short/イ shore)	「短い / 海岸」

Test 5-15　文中における閉子音 [t] の聞き分けテスト　CD1-68

　以下の英文の（　）内には、語尾に [t] が付くか付かないかだけが異なる2つの単語が列記されていますが、実際の英文にはどちらか1方だけが使われています。これからネイティブスピーカーが各英文を読み上げていきますので、（　）内のどちらの単語が使われているかを判断し、発音されたほうの単語を○で囲んでください。

（解答は228頁）

561　The (ア cart/イ car) was pulling a huge (ア cart/イ car) full of watermelons.
「その車はスイカを満載した荷車を引っ張っていました」

562　The (ア court/イ core) issue is how to win in the (ア court/イ core).
「最も大切なことは、どのように裁判に勝つかです」

563　The (ア cute/イ cue) girl missed her (ア cute/イ cue) on the stage.
「その可愛い女の子は、舞台で合図を見落としてしまいました」

564　Because of the (ア flute/イ flu), he couldn't play the (ア flute/イ flu) very well.
「彼はインフルエンザで、フルートを上手に吹けませんでした」

565　I (ア hate/イ hay) to make (ア hate/イ hay) in the heat wave of the summer.
「夏の猛暑の中で干し草を作るのは大嫌いです」

Test 5-16　文中における閉子音 [θ] の聞き分けテスト　CD1-69

　以下の英文の（　）内には、語尾に [θ] が付くか付かないかだけが異なる2つの単語が列記されていますが、実際の英文にはどちらか1方だけが使われています。これからネイティブスピーカーが各英文を読み上げていきますので、（　）内のどち

らの単語が使われているかを判断し、発音されたほうの単語を○で囲んでください。

(解答は 228 頁)

571 Why did they (㋐ booth/㋑ boo) the demonstrator in that (㋐ booth/㋑ boo)?
「彼らはなぜあのブースの実演者をやじったのですか？」

572 Were (㋐ both/㋑ bow) (㋐ both/㋑ bow) windows imported from Canada?
「それらの出窓はどちらもカナダから輸入されましたか？」

573 The (㋐ cloth/㋑ claw) was torn apart by the (㋐ cloth/㋑ claw) of the eagle.
「その布はワシのつめにより引き裂かれました」

574 Do you know that this (㋐ teeth/㋑ tea) is good for your (㋐ teeth/㋑ tea)?
「このお茶は歯にいいことを知っていますか？」

575 If you have (㋐ tooth/㋑ two) or more, it's not a (㋐ tooth/㋑ two) any more.
「もし2つ以上あれば、それはもはや tooth ではありません」(teeth と複数形になる)

576 Our vacation on the (㋐ short/㋑ shore) was rather (㋐ short/㋑ shore).
「私たちの海岸での休暇はかなり短いものでした」

Test 5-17　単語間における閉子音 [v] の聞き分けテスト　CD1-70

（　）内に閉子音 [v] を含む単語と、そうでない単語の２つが列記されています。これからネイティブスピーカーが a → b の順で２つの単語のどちらかを順不同で読み上げていきますので、発音されたほうの単語を○で囲んでください。

(解答は 228 頁)

581a (㋐ cave/㋑ K)	581b (㋐ cave/㋑ K)	「洞穴 /K」
582a (㋐ carve/㋑ car)	582b (㋐ carve/㋑ car)	「彫る / 車」
583a (㋐ Dave/㋑ day)	583b (㋐ Dave/㋑ day)	「デイブ（人名）/ 日」
584a (㋐ gave/㋑ gay)	584b (㋐ gave/㋑ gay)	「与えた / 同性愛者」
585a (㋐ grove/㋑ grow)	585b (㋐ grove/㋑ grow)	「木立ち / 育つ」
586a (㋐ save/㋑ say)	586b (㋐ save/㋑ say)	「救う / 言う」

DAY 5 語尾子音の省エネ発音

587a (ア weave/イ we)　　587b (ア weave/イ we)　　「編む / 私たちは」

Test 5-18　文中における閉子音 [v] の聞き分けテスト　CD1-71

以下の英文の（　）内には、語尾に [v] が付くか付かないかだけが異なる 2 つの単語が列記されていますが、実際の英文にはどちらか 1 方だけが使われています。これからネイティブスピーカーが各英文を読み上げていきますので、（　）内のどちらの単語が使われているかを判断し、発音されたほうの単語を○で囲んでください。

（解答は 228 頁）

591 You may（ア dive/イ die）if you（ア dive/イ die）too deep.
「あまり深く潜りすぎると死ぬかもしれませんよ」

592 You should（ア drive/イ dry）when the road is（ア drive/イ dry）.
「道が乾いているときに運転すべきです」

593 The（ア grave/イ gray）haired gentleman was standing by the（ア grave/イ gray）.
「白髪の紳士が墓のそばに立っていました」

594 These plants（ア grove/イ grow）very well in this（ア grove/イ grow）.
「この林では、これらの草木はよく育ちます」

595 We found a big（ア hive/イ high）on the（ア hive/イ high）mountain.
「私たちは高い山の上で大きなミツバチの群れを見つけました」

596 This is the（ア wave/イ way）you（ア wave/イ way）your flag when the state guest arrives.
「これが国賓が到着したときの旗の振り方です」

Test 5-19　文中におけるその他の閉子音の聞き分けテスト　CD1-72

以下の英文の（　）内には、語尾の閉子音あるいは音節始めの子音だけが異なる 2 つの単語が列記されていますが、実際の英文にはどちらか 1 方だけが使われています。これからネイティブスピーカーが各英文を読み上げていきますので、（　）内のどちらの単語が使われているかを判断し、発音されたほうの単語を○で囲んでください。

（解答は 228 頁）

601 The refugees took a deep（ア bread/イ breath）when the（ア bread/イ breath）arrived.
「難民たちはパンが届いたとき、ほっとひと息つきました」

602 Avoid that（ア grin/イ grim）countenance, but rather（ア grin/イ grim）with delight.

「その厳しい表情を避けなさい。むしろ喜びを持ってにっこり笑いなさい」

603 Let's (ア raise/イ praise) our voice and (ア raise/イ praise) the Lord.

「私たちは声を上げて主をほめたたえましょう」

Test 5-20 動詞の過去形と類似発音単語の聞き分けテスト —その1　CD1-73

以下の英文の（　）内には、動詞の過去形とそれに発音が類似している別の単語が列記されていますが、実際の英文にはどちらか1方だけが使われています。これからネイティブスピーカーが各英文を読み上げていきますので、（　）内のどちらの単語が使われているかを判断し、発音されたほうの単語を○で囲んでください。

（解答は228頁）

611 Is it true that he (ア baked/イ bait) the (ア baked/イ bait) and ruined it?

「彼がえさを加熱してだいなしにしてしまったというのは本当ですか？」

612 Someone (ア kicked/イ kit) this fragile (ア kicked/イ kit) and broke it.

「誰かがこの壊れやすい用具を蹴って壊しました」

613 When I turned on the new (ア light/イ liked), they all (ア light/イ liked) it.

「私が新しい電気をつけたとき、彼らはみなそれが気に入りました」

614 The birds (ア picked/イ pit) the dead animal in the (ア picked/イ pit).

「鳥たちはくぼみの中の死んだ動物をつつきました」

615 Right after I (ア shopped/イ shot) in that mall, I heard a (ア shopped/イ shot).

「私はあのモールで買い物をした直後、銃声を聞きました」

616 She (ア wiped/イ white) out the graffiti on the (ア wiped/イ white) wall.

「彼女は白い壁の落書きを拭き取りました」

617 We (ア aimed/イ aid) to get some (ア aimed/イ aid) from the government.

「私たちは政府からいくらかの支援を得ようともくろみました」

618 The man tied to the (ア bed/イ begged) (ア bed/イ begged) his life.

「ベッドに縛りつけられた男は、命乞いをしました」

Test 5-21 動詞の過去形と類似発音単語の聞き分けテスト —その2

以下の英文の（ ）内には、動詞の過去形とそれに発音が類似している別の単語が列記されていますが、実際の英文にはどちらか1方だけが使われています。これからネイティブスピーカーが各英文を読み上げていきますので、（ ）内のどちらの単語が使われているかを判断し、発音されたほうの単語を○で囲んでください。

（解答は228頁）

621 When they (❼ robbed/❽ rod) the bank, they didn't touch the golden (❼ robbed/❽ rod).
「彼らが銀行を襲ったとき、金の延べ棒には手を触れませんでした」

622 One of the big tires of the truck came off and (❼ rolled/❽ road) down along the (❼ rolled/❽ road).
「トラックの大きなタイヤの1つが外れ、道をころげ落ちました」

623 They (❼ skipped/❽ skit) the (❼ skipped/❽ skit) because the time was running out.
「彼らは時間切れでその寸劇をはしょりました」

624 I carefully (❼ sliced/❽ slight) the meat, but there was a (❼ sliced/❽ slight) difference in thickness.
「私は注意深く肉をスライスしたのですが、厚みに多少のばらつきが出ました」

625 The coin (❼ slipped/❽ slit) into the (❼ slipped/❽ slit) and got stuck in it.
「そのコインはすき間にすべり落ち、挟まってしまいました」

626 Most of the corn (❼ popped/❽ pot) out of the (❼ popped/❽ pot) and fell to the ground.
「コーンのほとんどがポットから飛び出て地面に落ちました」

627 The player (❼ risked/❽ wrist) his (❼ risked/❽ wrist) when he tried to catch the ball.
「その選手はボールをキャッチしようとしたとき、手首を危険にさらしました」

628 She didn't (❼ sipped/❽ sit) when she (❼ sipped/❽ sit) her coffee.
「彼女はコーヒーをすすったとき、座りませんでした」

■ 3つの異なる閉子音の聞き分け練習

ここからは、閉音節の最後の子音だけが異なる3つの単語を聞き分ける練習をしていこう。聞き分ける数が1つ増えるだけだが、これがうまく聞き分けられるようになると、どんな子音がきてもほとんど聞き分けられるようになる。これがこの練習の効用である。なお最後の子音に集中できるよう、音節始めの子音と母音の2要素は同一の単語を選んである。

Test 5-22　3つの異なる閉子音の聞き分けテスト　―その1　CD1-75

（　）内に閉子音の部分だけが異なる3つの単語が列記されています。これからネイティブスピーカーが a → b → c の順で3つの単語のうちどれか1つを順不同で読み上げていきますので、発音された単語を○で囲んでください。

（解答は228頁）

631a (㋐ ape/㋑ ate/㋒ ace)　　631b (㋐ ape/㋑ ate/㋒ ace)
631c (㋐ ape/㋑ ate/㋒ ace)
　　　　　　　　　　　　　　　「類人猿 / 食べた / 熟練者」

632a (㋐ break/㋑ brain/㋒ brace)　　632b (㋐ break/㋑ brain/㋒ brace)
632c (㋐ break/㋑ brain/㋒ brace)
　　　　　　　　　　　　　　　「壊す / 脳 / つっかい棒を入れる」

633a (㋐ code/㋑ coat/㋒ comb)　　633b (㋐ code/㋑ coat/㋒ comb)
633c (㋐ code/㋑ coat/㋒ comb)
　　　　　　　　　　　　　　　「符号 / コート / くし」

634a (㋐ dark/㋑ dart/㋒ darn)　　634b (㋐ dark/㋑ dart/㋒ darn)
634c (㋐ dark/㋑ dart/㋒ darn)
　　　　　　　　　　　　　　　「暗い / 投げ矢 / 繕う」

635a (㋐ face/㋑ fate/㋒ faith)　　635b (㋐ face/㋑ fate/㋒ faith)
635c (㋐ face/㋑ fate/㋒ faith)
　　　　　　　　　　　　　　　「顔 / 運命 / 信仰」

Test 5-23　3つの異なる閉子音の聞き分けテスト　―その2　CD1-76

（　）内に閉子音の部分だけが異なる3つの単語が列記されています。これからネイティブスピーカーが a → b → c の順で3つの単語のうちどれか1つを順不同で読み上げていきますので、発音された単語を○で囲んで下さい。　（解答は228頁）

641a (㋐ greed/㋑ grieve/㋒ grief)　　641b (㋐ greed/㋑ grieve/㋒ grief)
641c (㋐ greed/㋑ grieve/㋒ grief)
　　　　　　　　　　　　　　　「貪欲 / 深く悲しむ / 深い悲しみ」

DAY 5 語尾子音の省エネ発音

642a (㋐ hide/㋑ hike/㋒ height)　　642b (㋐ hide/㋑ hike/㋒ height)

642c (㋐ hide/㋑ hike/㋒ height)　　「隠れる / ハイキング / 高さ」

643a (㋐ late/㋑ lace/㋒ lake)　　643b (㋐ late/㋑ lace/㋒ lake)

643c (㋐ late/㋑ lace/㋒ lake)　　「遅い / レース / 湖」

644a (㋐ lease/㋑ lean/㋒ leash)　　644b (㋐ lease/㋑ lean/㋒ leash)

644c (㋐ lease/㋑ lean/㋒ leash)　　「賃貸契約 / 寄りかかる / 革ひも」

645a (㋐ load/㋑ loan/㋒ loaf)　　645b (㋐ load/㋑ loan/㋒ loaf)

645c (㋐ load/㋑ loan/㋒ loaf)　　「積荷 / ローン / パン 1 個」

Test 5-24　3 つの異なる閉子音の聞き分けテスト ―その 3　CD1-77

（　）内に閉子音の部分だけが異なる 3 つの単語が列記されています。これからネイティブスピーカーが a → b → c の順で 3 つの単語のうちどれか 1 つを順不同で読み上げていきますので、発音された単語を○で囲んでください。（解答は 229 頁）

651a (㋐ mill/㋑ miss/㋒ mitt)　　651b (㋐ mill/㋑ miss/㋒ mitt)

651c (㋐ mill/㋑ miss/㋒ mitt)　　「製粉場 / 見落とす / ミット」

652a (㋐ mode/㋑ mote/㋒ mole)　　652b (㋐ mode/㋑ mote/㋒ mole)

652c (㋐ mode/㋑ mote/㋒ mole)　　「モード / ちり / もぐら」

653a (㋐ paid/㋑ pain/㋒ pace)　　653b (㋐ paid/㋑ pain/㋒ pace)

653c (㋐ paid/㋑ pain/㋒ pace)　　「支払った / 痛み / ペース」

654a (㋐ park/㋑ part/㋒ parse)　　654b (㋐ park/㋑ part/㋒ parse)

654c (㋐ park/㋑ part/㋒ parse)　　「公園 / 部分 / 文の解析をする」

655a (㋐ pen/㋑ pet/㋒ peck)　　655b (㋐ pen/㋑ pet/㋒ peck)

655c (㋐ pen/㋑ pet/㋒ peck)　　「ペン / ペット / つつく」

656a (㋐ peak/㋑ peace/㋒ peep)　　656b (㋐ peak/㋑ peace/㋒ peep)

656c (㋐ peak/㋑ peace/㋒ peep)　　「頂点 / 平和 / のぞき見する」

657a (㋐ pile/㋑ pike/㋒ pipe)　　　657b (㋐ pile/㋑ pike/㋒ pipe)

657c (㋐ pile/㋑ pike/㋒ pipe)　　　「積み重ねる / 槍 / パイプ」

Test 5-25　3つの異なる閉子音の聞き分けテスト　―その4　　CD1-78

（　）内に閉子音の部分だけが異なる3つの単語が列記されています。これからネイティブスピーカーがa → b → cの順で3つの単語のうちどれか1つを順不同で読み上げていきますので、発音された単語を○で囲んでください。

（解答は229頁）

661a (㋐ seat/㋑ seek/㋒ seed)　　　661b (㋐ seat/㋑ seek/㋒ seed)

661c (㋐ seat/㋑ seek/㋒ seed)　　　「座席 / 求める / 種」

662a (㋐ sheet/㋑ sheep/㋒ sheaf)　　662b (㋐ sheet/㋑ sheep/㋒ sheaf)

662c (㋐ sheet/㋑ sheep/㋒ sheaf)　　「シート / 羊 / 束」

663a (㋐ site/㋑ side/㋒ size)　　　663b (㋐ site/㋑ side/㋒ size)

663c (㋐ site/㋑ side/㋒ size)　　　「用地 / 側 / 大きさ」

664a (㋐ sob/㋑ sod/㋒ sock)　　　664b (㋐ sob/㋑ sod/㋒ sock)

664c (㋐ sob/㋑ sod/㋒ sock)　　　「すすり泣く / 草地 / ソックス」

665a (㋐ spice/㋑ spike/㋒ spite)　　665b (㋐ spice/㋑ spike/㋒ spite)

665c (㋐ spice/㋑ spike/㋒ spite)　　「香料 / スパイク / 悪意」

666a (㋐ week/㋑ weep/㋒ weed)　　666b (㋐ week/㋑ weep/㋒ weed)

666c (㋐ week/㋑ weep/㋒ weed)　　「週 / 泣く / 雑草」

DAY 5 語尾子音の省エネ発音

実践練習 ―英文の中で意味を聞き分けながら聞いてみよう―

Test 5-26 文中における3つの異なる閉子音の聞き分けテスト **CD1-79**
―その1

以下の英文の（ ）内には、最後の子音だけが異なる3つの単語が列記されていますが、実際の英文にはその中の1つだけが使われています。これからネイティブスピーカーが各英文を読み上げていきますので、（ ）内のどの単語が使われているかを判断し、発音された単語を○で囲んでください。　　　　　（解答は229頁）

671　I found the （ア bat/イ back/ウ bath） when I went （ア bat/イ back/ウ bath） to the （ア bat/イ back/ウ bath）.
「私はお風呂に戻ったとき、そのバットを見つけました」

672　（ア Pack/イ Path/ウ Pat） dropped the （ア pack/イ path/ウ Pat） walking along the （ア pack/イ path/ウ Pat）.
「パットは小道を歩いていたとき、その包みを落としました」

673　When the coward （ア ram/イ rat/ウ ran） saw that little （ア ram/イ rat/ウ ran）, it （ア ram/イ rat/ウ ran） away.
「その臆病な雄羊はその小さなねずみを見たとき、走り去りました」

674　The old man （ア came/イ cane/ウ cape） to the （ア came/イ cane/ウ cape） with a （ア came/イ cane/ウ cape） in his hand.
「その老人は手に杖を持って岬まで来ました」

675　（ア Face/イ Fate/ウ Faith） this problem with （ア face/イ fate/ウ faith）. It is not your （ア face/イ fate/ウ faith）.
「この問題は信仰を持って対処しなさい。それはあなたの運命ではありません」

676　（ア Safe/イ Sake/ウ Save） some money each day and keep it in the （ア safe/イ sake/ウ save） for your own （ア safe/イ sake/ウ save）.
「自分自身のために毎日いくらかのお金を節約し、その金庫の中に保管しなさい」

677　I （ア bed/イ Ben/ウ bet） （ア bed/イ Ben/ウ bet） is sick in （ア bed/イ Ben/ウ bet）.
「きっとベンは病床にあるでしょう」

678　How shall we tell the （ア death/イ deaf/ウ dead） person about his mother's （ア death/イ deaf/ウ dead）.His fax machine is （ア death/イ deaf/ウ dead）.
「その耳が不自由な方に母親が死んだことをどう伝えましょうか？　彼のファックス機は壊れて

123

いるのです」

679 (ア Ten/イ Ted/ウ Tell) of the applicants didn't (ア ten/イ Ted/ウ tell) their true names to (ア ten/イ Ted/ウ tell).
「申込者の 10 人は、テッドに自分たちの本当の名前を言いませんでした」

680 The whole (ア class/イ clap/ウ clan) will (ア class/イ clap/ウ clan) their hands to encourage the (ア class/イ clap/ウ clan).
「全クラスは、その一族を励ますために拍手するでしょう」

Test 5-27 文中における3つの異なる閉子音の聞き分けテスト CD1-80 ―その2

　以下の英文の（ ）内には、最後の子音だけが異なる3つの単語が列記されていますが、実際の英文にはその中の1つだけが使われています。これからネイティブスピーカーが各英文を読み上げていきますので、（ ）内のどの単語が使われているかを判断し、発音された単語を○で囲んでください。　　　（解答は229頁）

681 I saw (ア Gran/イ grab/ウ grass) (ア Gran/イ grab/ウ grass) the (ア Gran/イ grab/ウ grass) on the field.
「私はおばあちゃんが野原で草をつかむのを見ました」

682 It was (ア place/イ plain/ウ plate) to us where she would (ア place/イ plain/ウ plate) the (ア place/イ plain/ウ plate).
「彼女がその皿をどこに置こうとしているかは、私たちには明白でした」

683 The (ア state/イ steak/ウ stale) sold in that (ア state/イ steak/ウ stale) was rather (ア state/イ steak/ウ stale).
「その州で売られているステーキはかなり新鮮味がないものでした」

684 The (ア deed/イ deep/ウ dean) felt (ア deed/イ deep/ウ dean) sorrow for the (ア deed/イ deep/ウ dean) of those students.
「学部長はそれらの学生たちの行動に深い悲しみを覚えました」

685 The (ア team/イ teen/ウ teeth) of the (ア team/イ teen/ウ teeth) may break their (ア team/イ teen/ウ teeth) in this football game.
「そのチームの10代の選手たちは、このフットボールの試合で歯を折るかもしれません」

686 When you (ア cliff/イ click/ウ clip) a picture of the (ア cliff/イ click/ウ clip), do you hear a (ア cliff/イ click/ウ clip)?
「その崖の写真を切り取るとき、カチャッという音が聞こえますか？」

DAY 5 語尾子音の省エネ発音

687 In that fancy restaurant, he asked if he could (⑦ dime/④ dine/⑨ dice) with one (⑦ dime/④ dine/⑨ dice) but it was no (⑦ dime/④ dine/⑨ dice).

「その高級レストランで、彼は10セントで食事ができないか尋ねたのですが、だめでした」

688 The poor guy bought a (⑦ dome/④ dose/⑨ dope) of (⑦ dome/④ dose/⑨ dope) in the basement of the (⑦ dome/④ dose/⑨ dope).

「その哀れな男は、ドームの地下室で一服の麻薬を買いました」

Test 5-28 文中における3つの異なる閉子音の聞き分けテスト CD1-81 ―その3

以下の英文の（ ）内には、最後の子音だけが異なる3つの単語が列記されていますが、実際の英文にはその中の1つだけが使われています。これからネイティブスピーカーが各英文を読み上げていきますので、（ ）内のどの単語が使われているかを判断し、発音された単語を〇で囲んでください。　　　（解答は229頁）

691 What would people think if you wear this (⑦ robe/④ rope/⑨ rove), put a (⑦ robe/④ rope/⑨ rove) around your neck and (⑦ robe/④ rope/⑨ rove) through the village?

「あなたがこのバスローブをまとい、首にロープを巻きつけ、村中をうろつきまわったら、人々はどう思うでしょうか？」

692 The (⑦ rut/④ rush/⑨ rub) was that I couldn't get out of the (⑦ rut/④ rush/⑨ rub) of the icy road during the (⑦ rut/④ rush/⑨ rub) hour.

「困ったことに、私はラッシュアワーのときに凍った道のわだちから抜け出せませんでした」

693 Tell him not to (⑦ pub/④ puff/⑨ pup) into the face of the (⑦ pub/④ puff/⑨ pup) in the (⑦ pub/④ puff/⑨ pup).

「彼にパブの中で子犬の顔に息を吹きかけるなと言いなさい」

694 That (⑦ chart/④ charm/⑨ charge) has a great (⑦ chart/④ charm/⑨ charge). How much do you (⑦ chart/④ charm/⑨ charge) for it?

「その表には大きな魅力があります。値段はいくらですか？」

695 It is (⑦ start/④ stark/⑨ starve) nonsense to (⑦ start/④ stark/⑨ starve) building a shopping mall for those who (⑦ start/④ stark/⑨ starve).

「飢えている人たちのためにショッピングモールを建て始めることは、まったくのナンセンスです」

696 Those animals (㋐ breeze/㋑ breathe/㋒ breed) in the (㋐ breeze/㋑ breathe/㋒ breed) when they (㋐ breeze/㋑ breathe/㋒ breed).
「これらの動物は子どもを産むとき、そよ風を吸い込みます」

697 They didn't (㋐ heed/㋑ heap/㋒ heat) my warning. And the (㋐ heed/㋑ heap/㋒ heat) of the desert caused a (㋐ heed/㋑ heap/㋒ heat) of trouble.
「彼らは私の警告に耳を貸しませんでした。それで砂漠の暑さはいろいろな問題を引き起こしました」

698 You (㋐ neat/㋑ need/㋒ niece) to tell your (㋐ neat/㋑ need/㋒ niece) to keep her room (㋐ neat/㋑ need/㋒ niece).
「あなたの姪に自分の部屋をいつも片づけておくように言う必要があります」

699 Why do those climbers get (㋐ rid/㋑ rich/㋒ ridge) of water (㋐ rid/㋑ rich/㋒ ridge) in minerals before they reach the (㋐ rid/㋑ rich/㋒ ridge)?
「それらの登山家たちは、尾根に着く前になぜミネラル豊富な水を捨てるのですか？」

Test 5-29　文中における3つの異なる閉子音の聞き分けテスト　CD1-82 ―その4

以下の英文の（　）内には、最後の子音だけが異なる3つの単語が列記されていますが、実際の英文にはその中の1つだけが使われています。これからネイティブスピーカーが各英文を読み上げていきますので、（　）内のどの単語が使われているかを判断し、発音された単語を○で囲んでください。　　　　　（解答は229頁）

701 (㋐ Might/㋑ Mike/㋒ Mime) (㋐ might/㋑ Mike/㋒ mime) become a (㋐ might/㋑ Mike/㋒ mime) in the future.
「マイクは将来ひょっとすると道化役者になるかもしれません」

702 It is (㋐ wide/㋑ white/㋒ wise) to paint that (㋐ wide/㋑ white/㋒ wise) gate (㋐ wide/㋑ white/㋒ wise).
「あの広い門を白く塗ることは賢明です」

703 Does your (㋐ wife/㋑ wine/㋒ wipe) always (㋐ wife/㋑ wine/㋒ wipe) the glass before she drinks (㋐ wife/㋑ wine/㋒ wipe)?
「奥様はワインを飲む前にいつもグラスを拭くのですか？」

704 It was a joke when I said (㋐ bomb/㋑ Bob/㋒ boss) tried to throw a (㋐ bomb/㋑ Bob/㋒ boss) to his (㋐ bomb/㋑ Bob/㋒ boss).

DAY 5 語尾子音の省エネ発音

「ボブが上司に爆弾を投げつけようとしたと私が言ったのは、冗談です」

705 "Is that a (㋐ clock/㋑ cloth/㋒ clog) hiding under the (㋐ clock/ cloth/㋒ clog)?" — "No, it's a (㋐ clock/㋑ cloth/㋒ clog)."
「あの布の下に隠れている物は時計ですか？」「いいえ、木靴です」

706 Why do they (㋐ moss/㋑ mop/㋒ mock) me when I (㋐ moss/㋑ mop/ ㋒ mock) the floor covered with (㋐ moss/㋑ mop/㋒ mock)?
「私がこけだらけの床にモップをかけるとき、彼らはなぜ私をばかにするのですか？」

707 (㋐ Boat/㋑ Bowl/㋒ Both) of them brought a big (㋐ boat/㋑ bowl/ ㋒ both) to the (㋐ boat/㋑ bowl/㋒ both).
「彼らは2人とも船に大きなお碗を持ってきました」

708 There was an unusual (㋐ road/㋑ Rome/㋒ rose) blooming on the (㋐ road/㋑ Rome/㋒ rose) leading to (㋐ road/㋑ Rome/㋒ rose).
「ローマに通じるその道に、珍しいバラが咲いていました」

709 You should (㋐ soap/㋑ soak/㋒ sole) the (㋐ soap/㋑ soak/㋒ sole) in water first, and then wash it with (㋐ soap/㋑ soak/㋒ sole).
「あなたはまず靴底を水に漬け、その後石けんで洗うべきです」

710 I started to eat the (㋐ but/㋑ bus/㋒ bun) in the (㋐ but/㋑ bus/㋒ bun), (㋐ but/㋑ bus/㋒ bun) the driver told me not to.
「私はバスの中でパンを食べ始めましたが、運転手はだめだと言いました」

Test 5-30 文中における3つの異なる閉子音の聞き分けテスト CD1-83 —その5

以下の英文の（　）内には、最後の子音だけが異なる3つの単語が列記されていますが、実際の英文にはその中の1つだけが使われています。これからネイティブスピーカーが各英文を読み上げていきますので、（　）内のどの単語が使われているかを判断し、発音された単語を○で囲んでください。　　　（解答は230頁）

711 He dropped the (㋐ cup/㋑ cuff/㋒ cut) on the floor and a broken piece (㋐ cup/㋑ cuff/㋒ cut) his (㋐ cup/㋑ cuff/㋒ cut).
「彼は茶碗を床に落としました。そしてかけらが彼の袖を切りました」

712 (㋐ Dub/㋑ Doug/㋒ Duck) is wondering if he should (㋐ dub/㋑ Doug/ ㋒ duck) the voice of the (㋐ dub/㋑ Doug/㋒ duck).
「ダグはあひるの声をダビングすべきかどうか迷っています」

713 Keep your dogs behind the (㋐ barb-/㋑ bark-/㋒ barn-) wire, for they always (㋐ barb/㋑ bark/㋒ barn) when I go to the (㋐ barb/㋑ bark/㋒ barn).
「あなたの犬たちをいつも鉄条網の後ろ側に置いておきなさい。なぜなら、私が納屋に行くたびに吠えるからです」(「鉄条網」は barbed wire と言うのが普通だが、最近は barbwire も使われる)

714 I bought this huge (㋐ card/㋑ carp/㋒ cart) using my father's credit (㋐ card/㋑ carp/㋒ cart) and carried it home on this (㋐ card/㋑ carp/㋒ cart).
「私は父のクレジットカードを使ってこの大きな鯉を買い、この荷車に乗せて家に運びました」

715 Though there was (㋐ harp/㋑ heart/㋒ harsh) criticism against her (㋐ harp/㋑ heart/㋒ harsh) performance, it touched our (㋐ harp/㋑ heart/㋒ harsh).
「彼女のハープ演奏には厳しい批判がありましたが、私たちの心には響きました」

716 I'm going to (㋐ bore/㋑ born/㋒ board) a big hole through this (㋐ bore/㋑ born/㋒ board) when a kitten is (㋐ bore/㋑ born/㋒ board).
「子猫が生まれたら、私はこの板に大きな穴を開けるつもりです」

717 As a matter of (㋐ cord/㋑ course/㋒ court), there is no extension (㋐ cord/㋑ course/㋒ court) in the (㋐ cord/㋑ course/㋒ court).
「当然のことながら、そのコートには延長コードはありません」

718 The (㋐ form/㋑ force/㋒ fourth) of the wind has changed the (㋐ form/㋑ force/㋒ fourth) of the (㋐ form/㋑ force/㋒ fourth) frame.
「風の力が4つ目の枠の形を変えてしまいました」

719 Someone brought the (㋐ porch/㋑ port/㋒ pork) from the (㋐ porch/㋑ port/㋒ pork) and left it in our (㋐ porch/㋑ port/㋒ pork).
「誰かが港からその豚肉を持ってきて、私たちのポーチに置いていきました」

720 I (㋐ ward/㋑ warm/㋒ warn) you that you wouldn't receive a (㋐ ward/㋑ warm/㋒ warn) welcome in that (㋐ ward/㋑ warm/㋒ warn).
「その行政区では、あなたは暖かく迎えてもらえないことを警告しておきます」

DAY 6

子音群の省エネ発音

映画の英語が聞けるようになる
聞き取りテクニック④ ………130

【第4回】
苦手な[l]と[r]に強くなる

DAY 6　今日のテーマ　子音群の省エネ発音

英語の特徴の1つは、bread（パン）の br や stream（流れ）の str など子音が連続することである。こうした連続する子音のことを「子音群」と呼ぶ。そして子音群の場合、最後の子音以外はその後に母音が続くことはない。すなわちそれらはすべて閉子音で、日本人の耳には聞きづらい発音となる。そこでこれら子音群の発音に耳を慣らしておくことがとても重要になってくる。ここでは子音群の聞き取り練習をすることにしよう。映画の英語を自由に聞き取ることができるようになるまで、もう少しの辛抱だ。

映画の英語が聞けるようになる　聞き取りテクニック④
第4回　苦手な [l] と [r] に強くなる

■ 音節始めの2重子音省エネ発音

子音群は prize の pr のように音節始めに使われる場合と、mist の st のように音節尾に使われる場合があるが、まずは音節始めの子音群の聞き取り練習から始めてみよう。

Test 6-01　音節始めの [r] を含む2重子音省エネ発音　**CD2-1**
聞き分けテスト

以下の（ ）内には、[r] を含む2重子音で始まる単語と、それに類似した発音の単語が列記されています。これからネイティブスピーカーが a → b の順で2つの単語のうちどちらかを順不同で読み上げていきますので、発音されたほうの単語を○で囲んでください。
（解答は 230 頁）

721a（㋐ brace / ㋑ race）　721b（㋐ brace / ㋑ race）　「締め金 / レース」

722a（㋐ draw / ㋑ raw）　722b（㋐ draw / ㋑ raw）　「引く / 生の」

723a（㋐ greed / ㋑ read）　723b（㋐ greed / ㋑ read）　「貪欲 / 読む」

724a（㋐ prize / ㋑ rise）　724b（㋐ prize / ㋑ rise）　「賞 / 昇る」

725a（㋐ preach / ㋑ reach）　725b（㋐ preach / ㋑ reach）　「説教する / 届く」

726a（㋐ shrink / ㋑ rink）　726b（㋐ shrink / ㋑ rink）　「縮む / スケート場」

DAY 6 子音群の省エネ発音

Test 6-02 音節始めの [r] を含む2重子音省エネ発音 聞き分けテスト　　**CD2-2**

　以下の英文の（　）内には、[r] を含む2重子音で始まる単語と、それに類似した発音の単語が列記されていますが、実際の英文にはどちらか1方だけが使われています。これからネイティブスピーカーが各英文を読み上げていきますので、（　）内のどちらの単語が使われているかを判断し、発音されたほうの単語を○で囲んでください。　　（解答は230頁）

731 The (㋐ rain/ ㋑ brain) didn't affect the function of the (㋐ rain/ ㋑ brain) of the robot.
「その雨はロボットの頭脳の機能に影響を与えませんでした」

732 If you (㋐ rush/ ㋑ crush) too much, you may (㋐ rush/ ㋑ crush) it.
「急ぎすぎると、それを押しつぶしてしまうかもしれません」

733 You are not allowed to (㋐ rink/ ㋑ drink) in the (㋐ rink/ ㋑ drink).
「スケート場内では飲むことは禁止されています」

734 There was a (㋐ rate/ ㋑ great) mistake in the interest (㋐ rate/ ㋑ great).
「その金利には大きな誤りがありました」

735 Did you see a (㋐ Rhine/ ㋑ shrine) along the (㋐ Rhine/ ㋑ shrine)?
「ライン川に沿って聖堂が見えましたか？」

736 The people in the front (㋐ row/ ㋑ throw) often (㋐ row/ ㋑ throw) the tape.
「前列の人たちは、しばしばテープを投げます」

737 The (㋐ ray/ ㋑ tray) was not big enough to put the (㋐ ray/ ㋑ tray) on.
「そのお盆はそのエイを置くだけの大きさがありませんでした」

Test 6-03 音節始めの [l] を含む2重子音省エネ発音 聞き分けテスト　　**CD2-3**

　以下の（　）内には、[l] を含む2重子音で始まる単語と、それに類似した発音の単語が列記されています。これからネイティブスピーカーが a → b の順で2つの単語のうちどちらかを順不同で読み上げていきますので、発音されたほうの単語を○で囲んでください。　　（解答は230頁）

741a (㋐ blink/ ㋑ link)　　**741b** (㋐ blink/ ㋑ link)　　「点滅する / 連結」

742a (㋐ click/ ㋑ lick)　　**742b** (㋐ click/ ㋑ lick)　　「クリック / なめる」

131

743a (㋐flake/ ㋑lake)　743b (㋐flake/ ㋑lake)　「薄片 / 湖」

744a (㋐glove/ ㋑love)　744b (㋐glove/ ㋑love)　「手袋 / 愛」

745a (㋐plead/ ㋑lead)　745b (㋐plead/ ㋑lead)　「嘆願する / リードする」

746a (㋐plot/ ㋑lot)　746b (㋐plot/ ㋑lot)　「陰謀 / くじ」

747a (㋐sleep/ ㋑leap)　747b (㋐sleep/ ㋑leap)　「寝る / 跳ぶ」

748a (㋐slap/ ㋑lap)　748b (㋐slap/ ㋑lap)　「平手打ち / ひざ」

Test 6-04　音節始めの [l] を含む2重子音省エネ発音聞き分けテスト　CD2-4

　以下の英文の（　）内には、[l] を含む2重子音で始まる単語と、それに類似した発音の単語が列記されていますが、実際の英文にはどちらか1方だけが使われています。これからネイティブスピーカーが各英文を読み上げていきますので、（　）内のどちらの単語が使われているかを判断し、発音されたほうの単語を○で囲んでください。
（解答は 230 頁）

751　You have no right to （㋐lame/ ㋑blame） the （㋐lame/ ㋑blame) person.
「あなたにはその足の悪い人を責める権利はありません」

752　What was the （㋐last/ ㋑blast）（㋐last/ ㋑blast）?
「最後の爆発は何だったんですか？」

753　There isn't enough （㋐light/ ㋑flight） for the （㋐light/ ㋑flight）.
「飛行するためには明りが十分ではありません」

754　The （㋐lad/ ㋑glad） was very （㋐lad/ ㋑glad） to hear that.
「少年はそれを聞いてとても喜びました」

755　Set aside the （㋐late/ ㋑plate） for those who come （㋐late/ ㋑plate）.
「その皿は遅く来る人たちのためによけておきなさい」

756　We didn't have any （㋐kill/ ㋑skill） to （㋐kill/ ㋑skill） the monster.
「私たちにはその怪物を殺す術がありませんでした」

757　Don't forget to （㋐lock/ ㋑clock） the （㋐lock/ ㋑clock）.
「時計にかぎをかけ忘れないでください」

758　Who （㋐led/ ㋑sled） the （㋐led/ ㋑sled） in that deep snow?
「あの深い雪の中で誰がそのそりを先導したのですか？」

DAY 6　子音群の省エネ発音

Test 6-05　その他の音節始めの2重子音省エネ発音　　CD2-5
　　　　　　聞き分けテスト

　以下の（　）内には、2重子音で始まる単語と、それに類似した発音の単語が列記されています。これからネイティブスピーカーが a→b の順で2つの単語のうちどちらかを順不同で読み上げていきますので、発音されたほうの単語を○で囲んでください。
（解答は 230 頁）

761a（㋐ quick/ ㋑ wick）　　761b（㋐ quick/ ㋑ wick）　　「すばやい / 芯」

762a（㋐ smile/ ㋑ mile）　　762b（㋐ smile/ ㋑ mile）　　「微笑む / マイル」

763a（㋐ speak/ ㋑ peak）　　763b（㋐ speak/ ㋑ peak）　　「話す / 頂点」

764a（㋐ spark/ ㋑ park）　　764b（㋐ spark/ ㋑ park）　　「火花 / 公園」

Test 6-06　その他の音節始めの2重子音省エネ発音　　CD2-6
　　　　　　聞き分けテスト

　以下の英文の（　）内には、2重子音で始まる単語と、それに類似した発音の単語が列記されていますが、実際の英文にはどちらか1方だけが使われています。これからネイティブスピーカーが各英文を読み上げていきますので、（　）内のどちらの単語が使われているかを判断し、発音されたほうの単語を○で囲んでください。

（解答は 230 頁）

771　Even if they（㋐ care/ ㋑ scare）me like that, I don't（㋐ care/ ㋑ scare）so much.
「たとえ彼らが私をそのように脅しても、私はそんなに気にしません」

772　They run a（㋐ mall/ ㋑ small）restaurant in the（㋐ mall/ ㋑ small）.
「彼らはモールで小さなレストランを経営しています」

773　Look at the（㋐ nail/ ㋑ snail）hanging on the（㋐ nail/ ㋑ snail）.
「釘にぶらさがっているカタツムリを見てごらん」

774　I never expected that kind of（㋐ pain/ ㋑ Spain）in（㋐ pain/ ㋑ Spain）.
「私はスペインでそのような痛みを体験することなど、全然予測していませんでした」

775　The（㋐ warm/ ㋑ swarm）weather caused that（㋐ warm/ ㋑ swarm）of grasshoppers.
「温暖な天候が、あのバッタの大群が押し寄せる原因になりました」

776　Nobody doubts that the（㋐ win/ ㋑ twin）will（㋐ win/ ㋑ twin）the contest.
「その双子の一人がコンテストに勝つことは誰も疑いません」

133

■ 音節始めの 3 重子音省エネ発音

続いて英語によく現れる str や scr などの 3 重子音省エネ発音の聞き取り練習をしてみよう。最初の [s] 音が聞き取れないとほかの単語と聞き違えることがよくあるので、この点に注意しよう。

Test 6-07　音節始めの 3 重子音省エネ発音聞き分けテスト　CD2-7

以下の英文の（　）内には、2 重子音で始まる単語と、3 重子音で始まる単語が列記されています。その違いは最初に [s] が付くかどうかだけですが、実際の英文にはどちらか 1 方だけが使われています。これからネイティブスピーカーが各英文を読み上げていきますので、（　）内のどちらの単語が使われているかを判断し、発音されたほうの単語を○で囲んでください。　　　　　　（解答は 230 頁）

781 Are they going to （㋐ treat / ㋑ street） the guests on that （㋐ treat / ㋑ street）?

「彼らはあの通りで客をもてなすつもりですか？」

782 There is much （㋐ train / ㋑ strain） to run the （㋐ train / ㋑ strain）.

「列車を走らせるにはかなりのストレスがあります」

783 We used this （㋐ trap / ㋑ strap） to make the （㋐ trap / ㋑ strap）.

「私たちは罠を作るのに、この革ひもを使いました」

784 The （㋐ truck / ㋑ struck）（㋐ truck / ㋑ struck） the bus on the freeway.

「そのトラックは高速道路でバスに追突しました」

785 Why do those ladies （㋐ cream / ㋑ scream） for the （㋐ cream / ㋑ scream）?

「なぜそれらの女性たちはそのクリームほしさに叫ぶのですか？」

786 （㋐ Pray / ㋑ Spray） for those who （㋐ pray / ㋑ spray） that dangerous antiseptic.

「その危険な防腐剤をまく人たちのために祈りなさい」

787 The （㋐ choir / ㋑ squire） listened to the （㋐ choir / ㋑ squire） for sometime.

「その裁判官はしばし聖歌隊の歌声に耳を傾けました」

788 The （㋐ crap / ㋑ scrap） turned out to be （㋐ crap / ㋑ scrap）.

「そのスクラップは、くずであることがわかりました」

789 Is that how you （㋐ crape / ㋑ scrape） the hot （㋐ crape / ㋑ scrape）?

「それが熱いクレープをはがす方法ですか？」

134

DAY 6　子音群の省エネ発音

■ 音節尾の２重子音省エネ発音

英語の単語は語尾に向かってエネルギーが弱くなる傾向があるので、音節始めの子音群より音節尾の子音群のほうが聞き取りにくい可能性が高い。次に、音節尾の子音群の聞き取り練習をしていこう。

Test 6-08　音節尾が２重子音で終わる省エネ発音聞き分けテスト　CD2-8

以下の（　）内には、音節尾が２重子音の単語と、それに類似した発音の単語が列記されています。これからネイティブスピーカーが a → b の順で２つの単語のどちらかを順不同で読み上げていきますので、発音されたほうの単語を○で囲んでください。
（解答は 231 頁）

791a（㋐ buss/ ㋑ bust）　791b（㋐ buss/ ㋑ bust）　「(社交上の) キス / 胸像」

792a（㋐ cast/ ㋑ cask）　792b（㋐ cast/ ㋑ cask）　「投げる / たる」

793a（㋐ guess/ ㋑ guest）　793b（㋐ guess/ ㋑ guest）　「推測 / 客」

794a（㋐ hunk/ ㋑ hung）　794b（㋐ hunk/ ㋑ hung）　「厚切りの（パン）/ 掛けた」

795a（㋐ join/ ㋑ joint）　795b（㋐ join/ ㋑ joint）　「参加する / つなぎ目」

796a（㋐ lease/ ㋑ least）　796b（㋐ lease/ ㋑ least）　「賃貸契約 / 最も少ない」

797a（㋐ loss/ ㋑ lost）　797b（㋐ loss/ ㋑ lost）　「損失 / 失った」

798a（㋐ mend/ ㋑ meant）　798b（㋐ mend/ ㋑ meant）　「繕う / 意味した」

Test 6-09　音節尾が２重子音で終わる省エネ発音聞き分けテスト　CD2-9

以下の英文の（　）内には、２重子音で終わる単語が含まれています。１つの子音だけが異なっていますが、実際の英文にはどちらか１方だけが使われています。これからネイティブスピーカーが各英文を読み上げていきますので、（　）内のどちらの単語が使われているかを判断し、発音されたほうの単語を○で囲んでください。
（解答は 231 頁）

801　She speaks too （㋐ fact/ ㋑ fast）. That's a （㋐ fact/ ㋑ fast）.
　　「彼女は速く話しすぎます。それは事実です」

802　He （㋐ left/ ㋑ lent） the house on the （㋐ left/ ㋑ lent）.
　　「彼は左側の家を貸しました」

803　We （㋐ soft/ ㋑ sought） land where the ground was （㋐ soft/ ㋑ sought）.

135

「私たちは地面が柔らかな土地を探し求めました」

804 If you (㋐wait/ ㋑waste) for her, you would (㋐wait/ ㋑waste) your time.

「あなたは彼女を待っても、時間のむだでしょう」

805 We finally got a (㋐grand/ ㋑grant) to build this (㋐grand/ ㋑grant) hotel.

「私たちはついにこの大きなホテルを建てるための補助金を得ました」

806 That was the (㋐tent/ ㋑tenth) time that our (㋐tent/ ㋑tenth) was blown away.

「私たちのテントが吹き飛ばされたのはそれで10回目でした」

807 There is always a (㋐risk/ ㋑wrist) to hurt your (㋐risk/ ㋑wrist) in this sport.

「このスポーツでは手首を傷める危険性はいつでもあります」

Test 6-10　[l] を含む音節尾の2重子音省エネ発音聞き分けテスト　CD2-10

　以下の（　）内には、[l] を含む2重子音で終わる類似した発音の単語が列記されています。これからネイティブスピーカーが a → b の順で2つの単語のどちらかを順不同で読み上げていきますので、発音されたほうの単語を○で囲んでください。

（解答は231頁）

811a (㋐ball/ ㋑bald)　　811b (㋐ball/ ㋑bald)　　「球 / はげの」

812a (㋐build/ ㋑built)　　812b (㋐build/ ㋑built)　　「建てる / 建てた」

813a (㋐filth/ ㋑film)　　813b (㋐filth/ ㋑film)　　「汚物 / フイルム」

814a (㋐fell/ ㋑felt)　　814b (㋐fell/ ㋑felt)　　「倒れた / 感じた」

815a (㋐silk/ ㋑silt)　　815b (㋐silk/ ㋑silt)　　「絹 / 沈泥」

Test 6-11　[l] を含む音節尾の2重子音省エネ発音聞き分けテスト　CD2-11

　以下の英文の（　）内には、2重子音で終わる単語が含まれていますが、1つの子音だけが異なっています。実際の英文にはそのうちの1つだけが使われています。これからネイティブスピーカーが各英文を読み上げていきますので、（　）内のどの単語が使われているかを判断し、発音されたほうの単語を○で囲んでください。

DAY 6　子音群の省エネ発音

（解答は 231 頁）

821　The boy riding the colt lost his （㋐coat/㋑coast） along the （㋐coat/㋑coast）.
「子馬に乗っている少年は、海岸沿いでコートをなくしました」

822　They rang the （㋐bell/㋑belt） when the champion put the （㋐bell/㋑belt） on.
「彼らはチャンピオンがベルトをつけたとき、鐘を鳴らしました」

823　The road is （㋐wide/㋑wild） enough for the bus, but a little too （㋐wide/㋑wild）.
「その道はバスのためには十分な幅がありますが、ちょっとでこぼこしすぎています」

824　This is the （㋐fifth/㋑filth） time that they complained about the （㋐fifth/㋑filth）.
「彼らがその不潔さについて不平を言ったのはこれで5回目です」

825　We burn the （㋐coal/㋑cold） when it gets very （㋐coal/㋑cold） in winter.
「私たちは冬非常に寒くなると石炭を燃やします」

826　Did you （㋐feel/㋑field） the wind when you were on the （㋐feel/㋑field）?
「野原にいたとき、風を感じましたか？」

Test 6-12　その他の音節尾の2重子音省エネ発音聞き分けテスト　CD2-12

以下の（ ）内には、2重子音を含む類似した発音の単語が列記されています。これからネイティブスピーカーがa→bの順で2つの単語のどちらかを順不同で読み上げていきますので、発音されたほうの単語を○で囲んでください。

（解答は 231 頁）

831a（㋐bend/㋑bent）　　831b（㋐bend/㋑bent）　　「曲げる / 曲げた」

832a（㋐bump/㋑bumf）　　832b（㋐bump/㋑bumf）　　「こぶ / トイレットペーパー（俗語）」

833a（㋐dance/㋑dank）　　833b（㋐dance/㋑dank）　　「ダンス / じめじめした」

834a（㋐dent/㋑dense）　　834b（㋐dent/㋑dense）　　「へこみ / 密集した」

835a（㋐fund/㋑funk）　　835b（㋐fund/㋑funk）　　「基金 / おびえ」

836a（㋐gas/㋑gasp）　　836b（㋐gas/㋑gasp）　　「ガス / あえぐ」

837a (㋐ gram/ ㋑ Gran)　837b (㋐ gram/ ㋑ Gran)　「グラム / おばあちゃん」

838a (㋐ ham/ ㋑ Han)　838b (㋐ ham/ ㋑ Han)　「ハム / 漢王朝」

Test 6-13　その他の音節尾の2重子音省エネ発音聞き分けテスト　CD2-13

　以下の英文の（　）内には、2重子音で終わる単語が含まれています。1つの子音だけが異なっていますが、実際の英文にはそのうちの1つだけが使われています。これからネイティブスピーカーが各英文を読み上げていきますので、（　）内のどの単語が使われているかを判断し、発音されたほうの単語を○で囲んでください。

（解答は 231 頁）

841　The (㋐ death/ ㋑ depth) of the river was the cause of his (㋐ death/ ㋑ depth).
「川の深さが彼の死の原因でした」

842　Why did he (㋐ bang/ ㋑ bank) the door of the (㋐ bang/ ㋑ bank) when it was open?
「彼はなぜ銀行のドアが開いていたのにドンドンたたいたのですか？」

843　It gets quite (㋐ dam/ ㋑ damp) around the (㋐ dam/ ㋑ damp) in the rainy season.
「雨季にはダムの周辺はかなり湿気を帯びます」

844　It's not that easy to (㋐ find/ ㋑ fine) (㋐ find/ ㋑ fine) sugar around here.
「このあたりでは粒の小さな砂糖を見つけるのは、そんなに容易ではありません」

845　The (㋐ lamb/ ㋑ lamp) doesn't seem to disturb the (㋐ lamb/ ㋑ lamp) at all.
「そのランプは少しも子羊の迷惑にはならないようです」

846　Is it true that a (㋐ ram/ ㋑ ramp) was walking along the (㋐ ram/ ㋑ ramp)?
「雄羊が傾斜路を歩いていたのは本当ですか？」

847　A man of high (㋐ rang/ ㋑ rank) (㋐ rang/ ㋑ rank) that special bell.
「身分の高い男がその特別な鐘を鳴らしました」

848　He failed in his (㋐ bump/ ㋑ bunt) because there was a (㋐ bump/ ㋑ bunt) on the field.
「フィールドにでっぱりがあったので、彼はバントに失敗しました」

DAY 6　子音群の省エネ発音

Test 6-14　その他の音節尾の2重子音省エネ発音　　　**CD2-14**
　　　　　　聞き分けテスト

　以下の英文の（　）内には、2重子音で終わる単語が含まれています。1つの子音だけが異なっていますが、実際の英文にはそのうちの1つだけが使われています。これからネイティブスピーカーが各英文を読み上げていきますので、（　）内のどの単語が使われているかを判断し、発音されたほうの単語を○で囲んでください。

（解答は 231 頁）

851　Someone accidentally dropped the （㋐plank/㋑plant） on the new （㋐plank/㋑plant）.
「誰かが誤ってその厚板を新しい植物の上に落としてしまいました」

852　When the pirates came close by, the captain told the crew to （㋐mask/㋑mast） their （㋐mask/㋑mast）.
「海賊が近づいて来たとき、船長は乗組員に帆柱を覆い隠すように命じました」

853　It didn't make any （㋐sense/㋑sent） that they （㋐sense/㋑sent） PCs to the hungry refugees.
「彼らが空腹の難民たちにパソコンを送ったことには、何の意味もありませんでした」

854　Do you always keep your （㋐chess/㋑chest） in that antique （㋐chess/㋑chest）?
「あなたはいつもそのチェスを、その骨董品のタンスの中に保管しておくのですか？」

855　No one in the （㋐guild/㋑guilt） had a feeling of （㋐guild/㋑guilt）.
「同業組合の人たちは、誰も罪悪感を抱いていませんでした」

856　She abvised her daughter not to put the （㋐milt/㋑milk） into the （㋐milt/㋑milk）.
「彼女は娘にミルクの中には白子を入れないように忠告しました」

857　Kent （㋐Celts/㋑kept） studying the history of the （㋐Celts/㋑kept）.
「ケントはケルト族の歴史を学び続けました」

858　She needs （㋐health/㋑help） because she has a （㋐health/㋑help） problem.
「彼女には健康上の問題があるので、助けが必要です」

859　If you have to run a （㋐mile/㋑mild）, it's not a （㋐mile/㋑mild） sport.
「もし1マイル走らなければならないのであれば、それは軽いスポーツではありません」

139

Test 6-15　その他の音節尾の２重子音省エネ発音　聞き分けテスト　CD2-15

　以下の英文の（　）内には、２重子音で終わる単語が含まれています。わずかな違いがありますが、実際の英文にはそのうちの１つだけが使われています。これからネイティブスピーカーが各英文を読み上げていきますので、（　）内のどちらの単語が使われているかを判断し、発音されたほうの単語を○で囲んでください。

（解答は231頁）

861　The （㋐bond/㋑bonze） has decided to buy the （㋐bond/㋑bonze）.
「その坊主は公債を買う決心をしました」

862　Don't （㋐jump/㋑junk） at such （㋐jump/㋑junk） impulsively.
「そんながらくたに衝動的に飛びつくな」

863　I don't know why they （㋐pinch/㋑pink） off the （㋐pinch/㋑pink） flowers.
「私は彼らがそれらのピンクの花をなぜ摘み取るのかがわかりません」

864　It's good to （㋐sing/㋑sink） in a loud voice when your spirits （㋐sing/㋑sink）.
「気持ちが落ち込んだときは、大きな声で歌うといいですよ」

865　What we need to （㋐chain/㋑change） is the （㋐chain/㋑change） of the truck.
「私たちが変える必要があるのは、トラックの鎖です」

866　In the flood, I was able to save my life because I could （㋐grass/㋑grasp） the （㋐grass/㋑grasp） on the bank.
「洪水のとき、私は川岸の草をつかむことができたので、命拾いをすることができました」

867　You should （㋐ass/㋑ask） the man if we could use his （㋐ass/㋑ask） for the parade.
「私たちがパレードでその男のロバを使うことができるかどうか、あなたは彼に尋ねてみるべきです」

DAY 7

母音の変化と消滅

映画の英語が聞けるようになる
聞き取りテクニック⑤ ……………147

【第5回】
苦手な母音の
省エネ発音に強くなる

DAY 7 今日のテーマ 母音の変化と消滅

　映画の英語が聞けるようになる要は子音であり、子音を聞き取る練習はほとんど終了した。ここからはもう一度「省エネ発音」に戻ることにしよう。実は音は話すスピードが上がると変化しやすくなる。put の [t] 音などは、話すスピードが上がると [r] 音や [d] 音に変化することがよくある。これからはこうした音の変化に慣れる練習をしていこう。英語耳の完成まで、あと一歩だ。

■ 話すスピードと発音の無意識的変化

　Day 1 でも述べたが、英語では話すスピードにより文中の強音節の数が変わる。極端にゆっくり話せば、各単語の各音節にアクセントが付くので、省エネ発音現象が起こらないだけでなく、通常は省エネになるはずの母音までが、強母音と同じ発音になることもある。

　逆に話すスピードが上がると、強音節が飛び飛びになり（文全体で1つだけになることも多々ある）、弱音化された単語や音節は、省エネ発音になったり、ときには消滅してしまう。これが前に何度も説明した典型的な英語の「省エネ発音現象」である。**この「省エネ発音現象」は、半自動的にそして無意識的に起こるので、ネイティブスピーカーはそのことにほとんど気づかない。**

　"I don't want to see him today!"（私は今日彼に会いたくない）という英文の場合、目の前にいる人物に気楽に言う場合と、遠くにいる人物に声を張り上げて言う場合とでは、発音がまったく異なる。遠くにいる人物に語りかけるときは、声が大きくなり話し方もゆっくりになる。話すスピードが落ちるとすべての音節あるいは単語にアクセントが付き、また音エネルギーも増すので、省エネ発音現象が起こりにくくなる。ゆっくり話すために強母音となる部分を太字で示すと、

　"**I** **don**'t **wa**nt to **see** **hi**m to**day**!"（[ái dóunt wánt tə sí: hím tədéi]）のようになり、各々の単語は辞書の発音記号どおりになる。場合によっては、"don't" も省略せずに "I do not want to see him today!" と発音することもある。このような英語の話し方は、日本人の耳にはとても聞きやすい。

　ところが目の前にいる人物に同じ英語を言うときはスピードが上がり、強母音は "see" と "today" だけになり、他は弱音節化される。すなわち発音の省エ

ネ化が起こる。そして全体的には [ɑdəwənəsí:mtədéi] という発音になる。この英語は日本人の耳には「アダワナ**スィームトゥデイ**」に響くだろう。でも話す本人は、[ái dóunt wánt tə sí: hím tədéi] と [ɑdəwənəsí:mtədéi] の切り替えを無意識的に行っているので、ほとんどの人はその発音の変化に気づかない。ネイティブ同士で話す英語と、ネイティブの先生が日本人に英語を教えるときに使う英語とでは、発音にかなりの差があるのも、無意識領域における発音変化のせいである。

■ 前置詞や代名詞などは省エネ発音で話されることが多い

英語では、話すスピードが上がれば上がるほど発音の省エネ化が進むが、特に「機能語」にその現象が顕著に現れる。

言葉（単語）には、それ自体で具体的な意味内容を表すものと、そうでないものがある。前者は、名詞・動詞・形容詞・副詞などである。これらを家に例えると、「窓」とか「ドア」とか「天井」のような家の主要部分を指し示す言葉に似ていて、聞いただけで頭の中にその意味を描写することができる。一方、釘とか蝶番は外からは見えにくいが、それらがないと家はバラバラになり、家の機能を果たさなくなってしまう。文中でこうした役割を担っているのが機能語（function words）と呼ばれるものである。釘とか蝶番と同様に言葉に機能語がなければ、ただ単なる語の羅列となり、意味不明な音の固まりになってしまう。

機能語には、冠詞（a, an, the）、接続詞（and, but, or 等）、助動詞（do, does, did, can, will 等）、人称代名詞（I, you, he, she, it 等）、疑問代名詞（who, what, which 等）、疑問副詞（when, where, how, why 等）、前置詞（at, on, in, for 等）、指示形容詞（this, that, these, those）、不特定数量形容詞（some, any 等）、そして不定詞に使う "to" などがある。これらの機能語は非常に大切で、それらなしでは単語と単語の相関関係がわからなくなり、英文が成り立たたなくなる。

また、機能語の使用頻度は非常に高い。以下は、日常生活に使われる単語の中で使用頻度の高い順に1位から100位までを並べたリストであるが、その中で太文字で記されているものが機能語である。

the   and   is *   **that   for**

of	a	it	he	on
to	in	you	was *	are *
with	some	which	long	most
as	we	do	make	people
his	can	their	thing	my
they	out	time	see	over
be *	other	if	him	know
at	were *	will	two	water
one	all	way	has	than
have	there	about	look	call
this	when	many	more	first
from	up	then	day	who
or	use	them	could	may
had	your	write	go	down
by	how	would	come	side
hot	said	like	did	been *
word	an	so	number	now
but	each	these	sound	find
what	she	her	no	any

（日常使用頻度トップ100語中機能語は64語）

　このリストからもわかるように、機能語の使用頻度は非常に高く、ほとんどの英文に機能語が使われている。しかし、具体的な内容を示す単語はやはり名詞・動詞・形容詞・副詞などなので、会話では自然にそれらの単語が強調されることになる。そして、機能語が強調される場合を除いては、話すスピードが上がるにつれ、機能語の非アクセント化、すなわち省エネ発音化が進むことになる。

　リスト中アステリスク＊の付いたbe動詞（be, is, are, was, were）はれっきとした動詞であり、機能語ではないが、文中では省エネ発音になることが多い。

DAY 7 母音の変化と消滅

■ 省エネ発音が進み、スペル上に反映されているものもある

　英語の機能語（be 動詞を含む）の省エネ発音は、スペリング上「短縮形」としてすでに市民権を得ているものがいくつかある。以下がその実例である。

am	→	'm	I'm
is	→	's	It's / That's etc.
will	→	'll	I'll / He'll etc.
have	→	've	We've / They've etc.
has	→	's	He's / She's etc.
would	→	'd	I'd / We'd etc.
not	→	n't	isn't / aren't / wasn't / weren't / shouldn't / couldn't / wouldn't / don't / doesn't / didn't etc.
will not	→	won't	I won't etc.

■ 機能語の母音省エネ発音

　機能語の大半は単音節だが、文中でその語を強調したい場合を除いては、ノーマルスピードの英語では、それらの母音の大半が [ə] になるか完全に消滅するかのどちらかである。<u>[ə] は半母音で shewa と呼んでいるが、口のすべての力を抜いた声だけの母音</u>である。「ア」のようにも「イ」のようにも聞こえるところから、俗に「あいまい母音」とも呼ばれている。

　また、機能語に [εər] [ɔ́ːr] [áːr] [áuər] のように [r] を含む母音があった場合、それらは [ər] という省エネ発音になる。[ər] は少しだけ舌を丸め、あとは口のすべての力を抜いたときの声である。ただし our の母音 [áuər] だけは、省エネ発音は [ɑːr] となる。

（注：機能語の省エネ発音には、母音の省エネだけではなく、Day 8 で述べる子音の省エネ発音も同時に起こる場合が多い。）

(1) 差の少ない省エネ母音

　以下の太字で示されている機能語の母音は、省エネによる発音変化が小さいかあるいは省エネ発音にならないので、聞きやすいはずである。ただし Day 8 で扱うが、子音には発音の省エネ現象が起こるので、実際的には聞き取りにく

いものとなる。

[i:] の省エネ　→　[i] または [ə]
　　　　　　　　　the　he　we　she　be　between
[e]　→　省エネ無し
　　　　　　　　　any　many　against　less
[ai]　→　省エネ無し
　　　　　　　　　beside　behind
[ou]　→　省エネ無し
　　　　　　　　　over　though　below　although
[au] の省エネ　→　[əu]
　　　　　　　　　around　about　out　how　down
[ɔ:]　→　省エネ無し
　　　　　　　　　along
[ə:r] の省エネ　→　[ər]
　　　　　　　　　her

DAY 7　母音の変化と消滅

映画の英語が聞けるようになる　聞き取りテクニック⑤
第5回　苦手な母音の省エネ発音に強くなる

■ [æ] の省エネ発音

　機能語 am, and, as, at, can, have, shall, than, that は、いずれもゆっくりアクセントを付けて発音されるときは強母音 [æ] となり、[æm] [ænd] [æz] [æt] [kæn] [hæv] [ʃæl] [ðæn] [ðæt] のように発音される。しかし文中で省エネ化されると、[əm] [ənd] [əz] [ət] [kən] [həv] [ʃəl] [ðən] [ðət] となる。場合によって完全に消滅することもある。

Test 7-01　[æ] の省エネ発音聞き分けテスト　　CD2-16

　以下の各英文の（　）には、「[æ] が省エネ化した機能語＋もう1つの単語」と類似発音の異なる単語が列記されていますが、実際の英文ではどちらか一方だけが使われています。これからネイティブスピーカーが各英文を読み上げていきますので、その音声をよく聞き、どちらが使われているかを判断し、発音されているほうを○で囲んでください。　　　　　　　　　　　　　　　　　　　　（解答は 232 頁）

871　The most（㋐ come and/㋑ common）thing in such a case is to（㋐ come and/㋑ common）see.
「そのような場合、最も一般的なことは、来て見ることです」

872　（㋐ Do as/㋑ Does）you want to be done, no matter what someone（㋐ do as/㋑ does）to you.
「誰かがあなたに何をしようとも、あなたは自分にしてほしいことを（ほかの人に）しなさい」

873　She even couldn't（㋐ utter/㋑ at her）a sigh because everybody was looking（㋐ utter/㋑ at her）.
「彼女は皆が見ていたので、ため息をつくことさえできませんでした」

874　The（㋐ silly can/㋑ Silicon）do nothing in the（㋐ silly can/㋑ Silicon）Valley.
「シリコンバレーでは、愚かな者たちは何もできません」

875　（㋐ We have/㋑ Weave）bought a machine to（㋐ we have/㋑ weave）a rug.
「私たちはじゅうたんを織る機械を買いました」

876　（㋐ What shall/㋑ Washer）we do if the（㋐ what shall/㋑ washer）breaks down?

147

「もし洗濯機が壊れたら、私たちはどうしたらよいでしょうか？」

877 Scarcely had we left the （㋐ city/㋑ citizen） we met a （㋐ city/㋑ citizen） of that small village.

「私たちが町を出るや否や、あの小さな村の住人に会いました」

878 （㋐ I am/㋑ Eyeing） interested in knowing why she is （㋐ I am/㋑ eyeing） him like that.

「私は彼女がなぜそのように彼を見つめているのかを知りたいのです」

Test 7-02　[i] の省エネ発音聞き分けテスト　CD2-17

以下の各英文の（ ）には、「[i] が省エネ化した機能語（＋もう１つの単語）」と類似発音の異なる単語が列記されていますが、実際の英文ではどちらか一方だけが使われています。これからネイティブスピーカーが各英文を読み上げていきますので、その音声をよく聞き、どちらが使われているかを判断し、発音されているほうを○で囲んでください。　　　　　　　　　　　　　　　　　　　　（解答は 232 頁）

881 In this business, I （㋐ well/㋑ will） earn （㋐ well/㋑ will） over one billion dollars.

「このビジネスで、私は軽く 10 億ドル以上稼ぐでしょう」

882 （㋐ He is/㋑ His） her brother and （㋐ he is/㋑ his） wife is my sister.

「彼が彼女の兄［弟］で、彼の奥さんが私の姉［妹］です」

883 （㋐ It is/㋑ Its） this cup which the maid dropped and broke （㋐ it is/㋑ its） handle.

「そのメイドが落として取っ手を壊したのがこの茶碗です」

884 （㋐ There is/㋑ Theirs） an unidentified bag in the lounge. I think it's （㋐ there is/㋑ theirs）.

「ラウンジに持ち主のわからないカバンがあります。私はそれは彼らの物だと思います」

885 （㋐ It was/㋑ Towards） strange that she walked （㋐ it was/㋑ towards） the cliff.

「彼女が崖に向かって歩いたのは不思議です」

886 Looking at the strange object, （㋐ Tsar/㋑ it's art） said, （㋐ "Tsar."/㋑ "it's art."）

「その不思議な物を見たとき、皇帝は『それは芸術だ』と言いました」

887 At that time, I （㋐ was/㋑ with） talking （㋐ was/㋑ with） my boss over the phone.

「そのとき、私は上司と電話で話をしていました」

DAY 7 母音の変化と消滅

■ [ɑ] [ʌ] [u] [uː] の省エネ発音

across、from、on、of、what、some、up、above、under、much、such、another、does などの機能語の母音は [ɑ] あるいは [ʌ] であるが、省エネ発音は [ə] となる。また could、to、do、you などの機能語の母音 [u] あるいは [uː] も、省エネ発音は [ə] となる。

Test 7-03　[ɑ] [ʌ] [u] [uː] の省エネ発音聞き分けテスト　CD2-18
　　　　　　―その 1

以下の各英文の（　）には、「母音が省エネ化した機能語（＋もう 1 つの単語）」と類似発音の異なる単語が列記されていますが、実際の英文ではどちらか一方だけが使われています。これからネイティブスピーカーが各英文を読み上げていきますので、その音声をよく聞き、どちらが使われているかを判断し、発音されているほうを○で囲んでください。　　　　　　　　　　　　　　　　　　　（解答は 232 頁）

891　(㋐ Sleeping/㋑ Sleep on) the couch because the guest is (㋐ sleeping/㋑ sleep on) in that room.
「ソファーの上で寝なさい。お客様がその部屋で寝ているからです」

892　The (㋐ copper/㋑ cup of) was drinking a (㋐ copper/㋑ cup of) coffee with the suspect.
「その密告者は容疑者と一緒に 1 杯のコーヒーを飲んでいました」

893　Let's (㋐ bison/㋑ buy some) drink before we watch the (㋐ bison/㋑ buy some).
「バイソンを観察する前に少しお酒を買いましょう」

894　Those (㋐ handsome/㋑ have some) boys may (㋐ handsome/㋑ have some) ideas.
「それらのハンサムな少年たちには、何かいいアイディアがあるかもしれません」

895　(㋐ Waters/㋑ What does) he need to complete those oils and (㋐ waters/㋑ what does)?
「彼はそれらの油絵と水彩画を完成させるためには何が必要ですか？」

896　What (㋐ dizzy/㋑ does he) do when he gets (㋐ dizzy/㋑ does he)?
「彼はめまいがするとき、何をしますか？」

897　The bag was on the shelf (㋐ and the/㋑ under) book was (㋐ and the/㋑ under) the table.
「その袋は棚の上にあり、本はテーブルの下にありました」

149

898 Tom （㋐ on/㋑ and） Betty were already （㋐ on/㋑ and） the bus when I saw them.
「トムとベティーは、私が見たときはすでにバスに乗っていました」

899 This machine （㋐ is/㋑ as） （㋐ is/㋑ as） good as the other one.
「この機械は他の機械と同じ程度にいいです」

900 （㋐ One/㋑ When） do you start using this （㋐ one/㋑ when）?
「あなたは、これをいつ使い始めますか？」

Test 7-04　[ɑ] [ʌ] [u] [uː] の省エネ発音聞き分けテスト　CD2-19
　　　　　―その 2

　以下の各英文の（　）には、「母音が省エネ化した機能語（＋もう 1 つの単語）」と類似発音の異なる単語が列記されていますが、実際の英文ではどちらか一方だけが使われています。これからネイティブスピーカーが各英文を読み上げていきますので、その音声をよく聞き、どちらが使われているかを判断し、発音されている方を○で囲んでください。
（解答は 232 頁）

901 When （㋐ do you/㋑ due） return it? I think it's （㋐ do you/㋑ due） tomorrow.
「あなたはいつそれを返しますか？　私は明日が期限だと思いますが」

902 What （㋐ Aya/㋑ are you） going to do for （㋐ Aya/㋑ are you）?
「あなたは彩のために何をするつもりですか？」

903 This is the （㋐ way that/㋑ weather） he explains the （㋐ way that/㋑ weather）.
「これが彼が天候を説明する方法です」

904 （㋐ What did/㋑ Wooden） he buy for his （㋐ what did/㋑ wooden） house?
「彼は自分の木造の家のために、何を買いましたか？」

905 This （㋐ just/㋑ juice） is good for the baby, but give him （㋐ just/㋑ juice） a little bit.
「このジュースは赤ちゃんのために良いのですが、ちょっとだけあげてください」

906 I started to write a （㋐ but/㋑ book） on this theme, （㋐ but/㋑ book） soon I got stuck.
「私はこのテーマで本を書き始めましたが、すぐに行き詰まってしまいました」

907 When （㋐ do you/㋑ dyer） talk to the （㋐ do you/㋑ dyer）?
「あなたはいつ染色家に話しますか？」

■ [εər] [ɔːr] [ɑːr] [auər] [uər] の省エネ発音

[r] を含む母音、すなわち [εər] [ɔːr] [ɑːr] [auər] [uər] は、省エネ化されたとき [ər] という発音になる。ただし our の母音 [auər] は、省エネ発音は [ɑːr] となる。そして [ər] の省エネ化がさらに進むと [ə] となる。

Test 7-05　[εər] [ɔːr] [ɑːr] [auər] [uər] の省エネ発音 　　CD2-20
聞き分けテスト ―その1

以下の各英文の（　）には、「母音が省エネ化した機能語（＋もう1つの単語）」と類似発音の異なる単語が列記されていますが、実際の英文ではどちらか一方だけが使われています。これからネイティブスピーカーが各英文を読み上げていきますので、その音声をよく聞き、どちらが使われているかを判断し、発音されているほうを○で囲んでください。　　　　　　　　　　　　　　　　　　　　（解答は232頁）

911　The package is (❼ for/❹ from) her. I think it's (❼ for/❹ from) New York.

「その包みは彼女宛てです。ニューヨークからだと思います」

912　They (❼ want a/❹ one or) raise, (❼ want a/❹ one or) two grand a year.

「彼らは年に1,000ドルか2,000ドルの昇給を望んでいます」

913　What I am going to (❼ offer/❹ all for) you is (❼ offer/❹ all for) you.

「私があなたに提供しようとしているものは、すべてあなたのためです」

914　They looked (❼ utter/❹ at our) face but didn't (❼ utter/❹ at our) a word.

「彼らは私たちの顔を見ましたが、一言も発しませんでした」

915　The (❼ savior/❹ save our) will eventually (❼ savior/❹ save our) life.

「その救助者は、やがて私たちの命を救ってくれるでしょう」

916　"(❼ Were/❹ Where) did they live?" "They (❼ were/❹ where) in New York."

「彼らはどこに住んでいたのですか？」「ニューヨークにいました」

917　(❼ Are/❹ Our) friends (❼ are/❹ our) going to use our cabin this summer.

「私たちの友人たちは、この夏私たちの小屋を使う予定です」

918　(❼ Word/❹ Where do) you use this peculiar (❼ word/❹ where do)?

「あなたはこの独特な語をどこで使うのですか？」

Test 7-06　[εər] [ɔːr] [ɑːr] [auər] [uər] の省エネ発音
　　　　　聞き分けテスト ―その2　　　　　　　　　　CD2-21

　以下の各英文の（　）には、「母音が省エネ化した機能語（＋もう1つの単語）」と類似発音の異なる単語が列記されていますが、実際の英文ではどちらか一方だけが使われています。これからネイティブスピーカーが各英文を読み上げていきますので、その音声をよく聞き、どちらが使われているかを判断し、発音されているほうを〇で囲んでください。　　　　　　　　　　　　　　　　　　　（解答は232頁）

921 Which is worse, to (㋐ err/㋑ or) occasionally (㋐ err/㋑ or) never to try?
「時々過ちを犯すのと一度も試さないのとでは、どちらがより悪いのですか？」

922 (㋐ Wear/㋑ We are) going to (㋐ wear/㋑ we are) those strange hats on the stage.
「私たちは舞台でそれらの変な帽子をかぶるつもりです」

923 It's not (㋐ who are you/㋑ for you). (㋐ Who are you/㋑ For you) any way?
「それはあなたのためではありません。ところであなたは何者ですか？」

924 How (㋐ did your/㋑ "D Jar") father know which one the (㋐ did your/㋑ "D Jar") was.
「あなたのお父さんは、どちらがDJなのかをどうやって知ったのですか？」

925 I thought (㋐ you are/㋑ yore) familiar with the expression "in days of (㋐ you are/㋑ yore)".
「あなたは『昔は』という表現をよくご存じだと思っていました」

926 "Will your grandparents come home soon?" "No, (㋐ they are/㋑ there) going to stay (㋐ they are/㋑ there) for a while."
「あなたの祖父母はじき帰宅しますか？」「いいえ、彼らはしばらくそこに滞在する予定です」

927 The tree (㋐ firm in/㋑ for me) the earth was planted (㋐ firm in/㋑ for me).
「地中にしっかり根を下ろしたその木は、私のために植えられたものです」

928 What (㋐ away/㋑ are we) doing so far (㋐ away/㋑ are we) from home?
「私たちは郷里からこんなに遠く離れたところで何をしているんだ？」

DAY 8

子音の変化と消滅

映画の英語が聞けるようになる
聞き取りテクニック⑥ ・・・・・・・・・・・・・・・155

【第6回】
苦手な[t]の発音変化に強くなる

DAY 8 今日のテーマ 子音の変化と消滅

> これまで子音が省エネ現象により不明瞭な響きになる事例を紹介してきたが、子音の発音自体が変化したり、完全に消滅してしまうケースも多い。たとえば、I got it. や I got you. などは、[アイガリ] とか [アイガッチュ] のように発音され、[t] 音が [r] に [ju] が [tʃu] に変わっている。このことがスピード英語の発音が聞き取れない大きな原因の 1 つになっている。
> 次は、この子音の変化や消滅についてみていくことにしよう。英語耳の完成まで後一歩だ。がんばろう。

■ 子音 [t] の [d] あるいは [r] への変化

ジョン万次郎は water を「ワラ」と表記しており、ネイティブに向かって「ワラ、プリーズ」とお願いすると、ちゃんと水が来ることも多い。実は「ワラ」は water の省エネ発音である。

①母音と母音に挟まれた [t] は [d] や [r] に近い発音となる

母音と母音に挟まれた [t] は、省エネ化により [d] になり、省エネ化がさらに進むと [r] に近い発音となる。water [wátər] を例に取ると、省エネ発音は、→ [wádə] → [wárə] のように進む。最後の [wárə] はまさに「ワラ」である。

ついでながらデザートの pudding が日本では「プリン」と発音されているのも、[d] の省エネ発音が [r] に近いせいである。

water 以外に省エネにより [t] が [d] あるいは [r] に変化をする単語には次のようなものがある。

[t] を含む単語	[d] へ	[r] へ	「省エネ化の響き」
batter [bǽtər]（打者） →	[bǽdə] →	[bǽrə]	**「バラ」**に近い
Betty [béti]（人名） →	[bédi] →	[béri]	**「ベリ」**に近い
butter [bʌ́tər]（バター） →	[bʌ́də] →	[bʌ́rə]	**「バラ」**に近い
beauty [bjúːti]（美） →	[bjúːdi] →	[bjúːri]	**「ビューリ」**に近い
daughter [dɔ́ːtər]（娘） →	[dɔ́ːdə] →	[dɔ́ːrə]	**「ダラ」**に近い
motor [móutər]（モーター） →	[móudə] →	[móurə]	**「モラ」**に近い
sweater [swétər]（セーター） →	[swédə] →	[swérə]	**「スエラ」**に近い

第6回 苦手な [t] の発音変化に強くなる

映画の英語が聞けるようになる　聞き取りテクニック⑥

DAY 8　子音の変化と消滅

　この [t] の発音変化は、1 つの単語の中だけで起こるのではなく、[t] で終わる単語の後に母音で始まる単語が来る場合も同じような現象が起こる。たとえば "Put it here."（それをここに置きなさい）の場合 put の [t] は、省エネ現象により [d] に変化し、"Pud it here." のように響く。

Test 8-01　子音 [t] の省エネ発音聞き分けテスト　　CD2-22

　以下の英文の（　）内には、「[t] が省エネ化した単語（＋もうひとつの単語）」と、それに発音が類似した異なる単語が列記されていますが、実際の英文にはどちらか一方だけが使われています。ネイティブスピーカーが各英文を読み上げていきますので、その音声をよく聞き、どちらが使われているかを判断し、発音されているほうを○で囲んでください。
（解答は 232 頁）

931　The chef is going to　(㋐ cut it/㋑ cuddy)　in the　(㋐ cut it/㋑ cuddy).
「シェフは調理室でそれを切るつもりです」

932　I think it's　(㋐ bed her/㋑ better)　to　(㋐ bed her/㋑ better)　before nine.
「彼女は 9 時前に寝かしつけたほうがいいと思います」

933　Did　(㋐ Betty buy/㋑ beddy-bye)　a doll which says　(㋐ "Betty buy"/㋑ "beddy-bye")?
「ベティーは『おやすみ』と言う人形を買いましたか？」

934　"Don't move,　(㋐ but he/㋑ buddy)!" the police said to the suspect.　(㋐ But he/㋑ Buddy)　tried to run away.
「警官は容疑者に『動くな、お前！』と言いました。ですが、彼は逃走しようとしました」

935　This is　(㋐ the dye/㋑ that I)　(㋐ the dye/㋑ that I)　was looking for many years.
「これは私が何年間も探していた染料です」

936　(㋐ The Ds/㋑ That is)　in that word are not right.　(㋐ The Ds/㋑ That is), it is spelled wrong.
「その単語に使われている d は正しくありません。つまり、綴りが間違っています」

937　No one would put　(㋐ butter/㋑ but her)　on the rice　(㋐ butter/㋑ but her).
「彼女以外は誰もご飯の上にバターを乗せないだろう」

155

■ **単語内での子音の消滅**

単語内に使われている [t]、[d] あるいは [p] は、以下のような条件のもとで、省エネ化により発音そのものが消滅してしまう。

(1) [n＋t] の [t] が消滅

複数音節の単語で、前の音節が [n] で終わり次の音節が [t] で始まる場合、省エネ現象により [t] の音が消滅してしまう。たとえば interesting [íntərəstiŋ]（面白い）という単語は省エネ化されると [ínərəstiŋ] となり、[t] が消えてしまう。カタカナ表記では「イナラスティング」となる。以下の単語も同じ理由により、[t] が消滅する。

[n＋t] を含む単語	「省エネ化により [t] が消滅」
counter （カウンター） → [káunə]	「**カウナ**」に聞こえる
hunter （ハンター） → [hánə]	「**ハナ**」に聞こえる
interview （インタビュー） → [ínərvju]	「**イナビュ**」に聞こえる
interphone （インターフォン）→ [ínərfoun]	「**イナフォン**」に聞こえる
painter （画家） → [péinə]	「**ペイナ**」に聞こえる
sentence （文章） → [sénəns]	「**セナンス**」に聞こえる

ただし [t] が強音節の中で使われている場合、その前に [n] があっても、省エネ化により [t] が消滅することはない。たとえば internal [intə́:rnəl]（内部の）という単語の場合、ter にアクセントがあるのですなわち ter が強音節なので、発音が省エネ化されても [intə́:rnl] となり、[t] は残る。同じように intention [inténʃən]（意図）の ten も省エネ化されても [t] が残り、「イネンション」にはならない。

Test 8-02　[n＋t] の省エネ発音聞き分けテスト　　CD2-23

以下の英文の（ ）内には、省エネ化により n＋t の [t] がほぼ消滅する単語と、それに発音が類似した異なる単語が列記されていますが、実際の英文にはどちらか一方だけが使われています。ネイティブスピーカーが各英文を読み上げていきますので、その音声をよく聞き、どちらが使われているかを判断し、発音されているほうを○で囲んでください。

（解答は 232 頁）

941　The plant at the （㋐ center/㋑ senna) of the garden is called （㋐ center/㋑ senna).

「庭園の中央の植物はセンナと呼ばれています」

DAY 8　子音の変化と消滅

942 　(㋐ Dentist/㋑ Dennis) is considered to be the best (㋐ dentist/㋑ Dennis) in the town.
「デニスは町一番の歯医者だと思われています」

943 　You need to (㋐ enter G/㋑ energy) to complete the word (㋐ enter G/㋑ energy).
「あなたは energy という単語を完成させるためには g を加える必要があります」

944 　We are not talking about the (㋐ rental/㋑ renal) car but the (㋐ rental/㋑ renal) problem.
「私たちはレンタカーのことではなく、腎臓の問題について話しているのです」

945 　The (㋐ interesting/㋑ inner resting) area in that mall is very (㋐ interesting/㋑ inner resting).
「あのモールにある屋内休憩所は、とても面白いです」

946 　I learned the importance of the (㋐ Internet/㋑ inner net) on the (㋐ Internet/㋑ inner net).
「私はインターネットで内部連絡網の重要性を学びました」

947 　These knee pads (㋐ seventies/㋑ save knees) especially if you are in your (㋐ seventies/㋑ save knees).
「これらのひざ当ては、特に70代の人のひざを守ってくれます」

948 　She ordered a (㋐ panty hose/㋑ penny hose) instead of a (㋐ panty hose/㋑ penny hose) by mistake for her sister.
「彼女はお姉さん［妹さん］のために、間違ってパンティストッキングではなく、1セントのホースを注文しました」

949 　For this (㋐ plenty/㋑ planning), we need a (㋐ plenty/㋑ planning) of resources.
「この計画のためには、多くの資金が必要です」

950 　Is this a picture of a (㋐ county/㋑ cow knee) taken in that (㋐ county/㋑ cow knee)?
「これはあの郡で撮った牛のひざの写真ですか？」

157

(2) [t + l] の [t] が消滅

　単語の最後が tle になっている場合、省エネ化により [t] と [l] が同時に発音されるため、[t] の音がほとんど聞こえなくなるか、あるいは完全に消滅してしまう。rattle（ガラガラという音）、turtle（カメ）、gentle（温和な）、battle（戦い）、beetle（かぶと虫）そして kettle（やかん）などがそうである。バトルとかジェントルマンのように「ト」という発音に慣れていると、省エネにより [t] が消滅した発音が聞き取れなくなってしまう危険性が高い。

　ついでながら hustle、castle、whistle、あるいは wrestle のように、tle の前に s がある場合、すなわち stle で終わる単語の場合、省エネ現象が起こる前から [t] の音が消えており、辞書の発音記号でも [t] は出てこない。

Test 8-03　[t + l] の省エネ発音聞き分けテスト　　CD2-24

　以下の英文の（ ）内には、省エネ化により t + l の [t] がほぼ消滅する単語と、それに発音が類似した異なる単語が列記されていますが、実際の英文にはどちらか一方だけが使われています。ネイティブスピーカーが各英文を読み上げていきますので、その音声をよく聞き、どちらが使われているかを判断し、発音されているほうを○で囲んでください。　　　　　　　　　　　　　　　　　（解答は 233 頁）

951　Next summer I am going to (㋐ Seattle/㋑ see Al) who lives in (㋐ Seattle/㋑ see Al).
「来年の夏、私はシアトルに住んでいるアルに会うつもりです」

952　We need to (㋐ settle/㋑ sell) the dispute before we (㋐ settle/㋑ sell) our land.
「私たちは土地を売る前にその問題に決着をつける必要があります」

953　What (㋐ shuttle/㋑ shall) we do? The (㋐ shuttle/㋑ shall) has just left.
「どうしましょう。シャトル便はすでに出発してしまいました」

954　It was (㋐ startling/㋑ starling) news that the (㋐ startling/㋑ starling) had survived on that island.
「ムクドリがその島で生き残ったというニュースは驚きでした」

955　Put the (㋐ bottles/㋑ balls) in this box and (㋐ bottles/㋑ balls) in that box.
「ボールはこの箱に、そしてびんはあの箱に入れなさい」

956 Why did they engrave the (㋐ title/㋑ tile) on this (㋐ title/㋑ tile)?

「彼らはなぜこのタイルにそのタイトルを刻み込んだのでしょうか？」

957 Those students are researching the (㋐ cattle/㋑ Cal) at (㋐ cattle/㋑ Cal) Tech.

「それらの学生たちは、カリフォルニア工科大学で畜牛の研究をしています」

958 I heard that people are quite (㋐ gentle/㋑ Genoa) in (㋐ gentle/㋑ Genoa).

「ジェノアでは人々はとても穏やかであると聞きました」

959 Do they call her (㋐ Little Lee/㋑ lily) because she looks like a (㋐ Little Lee/㋑ lily)?

「彼らは彼女がユリに似ているのでリトルリーと呼ぶのですか？」

960 I will explain to you the (㋐ beetle/㋑ be-all) of my (㋐ beetle/㋑ be-all) research.

「私のカブトムシ研究の要諦をあなたに説明しましょう」（be-all「最も重要なこと、第一義」、be-all and end-all という言い方をすることもある）

(3) [t＋母音＋n] の [t] と母音が消滅

　アメリカの大統領 Clinton 氏は、日本では「クリントン」と呼ばれるが、英語のニュースを聞くとまったく異なる響きで呼ばれていることに気づく。Clinton の [t] と [ə] の音が消滅するのがその原因である。彼の名前は省エネ化により [klí-n] と発音され、日本人の耳には「クリ＿ン」に聞こえる。＿の部分は音が残っているようで残っておらず、また完全に消滅したようで実は少し残っているという感じである。「t＋母音＋n」が弱音節の場合、元々その母音は消滅するが、さらなる省エネ化により t までが消滅してしまう。ただし [t] が発音された場合と同じ長さの沈黙時間が残ることが多い。

[t＋母音＋n] を含む単語				「省エネ化の響き」
button	[bʌ́tn]	（ボタン）	→ [bʌ́-n]	「バ＿ン」に聞こえる
certain	[sə́ːrtn]	（確かな）	→ [sə́ːr-n]	「サー＿ン」に聞こえる
flatten	[flǽtn]	（平らにする）	→ [flǽ-n]	「フラ＿ン」に聞こえる
lighten	[láitn]	（明るくする）	→ [lái-n]	「ライ＿ン」に聞こえる
kitten	[kítn]	（子ネコ）	→ [kí-n]	「キ＿ン」に聞こえる

ただし fasten（結び付ける）、hasten（急ぐ）、そして listen（耳を傾ける）などは、省エネ化される前から [t] の音が失われており、辞書の発音記号にも [t] が出てこない。

Test 8-04　[t ＋母音＋ n] の省エネ発音聞き分けテスト　CD2-25

以下の英文の（ ）内には、省エネ化により [t ＋母音] の部分がほぼ消滅する単語と、それに発音が類似した異なる単語が列記されていますが、実際の英文にはどちらか一方だけが使われています。ネイティブスピーカーが各英文を読み上げていきますので、その音声をよく聞き、どちらが使われているかを判断し、発音されているほうを○で囲んでください。　　　　　　　　　　　　　　　　　　（解答は 233 頁）

961　It was really (㋐ frightening/㋑ frying) when the (㋐ frightening/㋑ frying) pan caught on fire.
「フライパンに火がついたときは本当に恐ろしかったです」

962　(㋐ Brighten/㋑ Bryan) doesn't like to (㋐ brighten/㋑ Bryan) his room especially when he studies.
「ブライアンは部屋を明るくするのは好きではありません。特に勉強するときは」

963　If the actress (㋐ fattens/㋑ fans) too much, she would lose her (㋐ fattens/㋑ fans).
「あまり太りすぎると、その女優はファンを失うことでしょう」

964　I applied for a (㋐ patent/㋑ pan) when I designed that new (㋐ patent/㋑ pan).
「私はあの新しいなべをデザインしたとき、特許申請をしました」

965　(㋐ Rotten/㋑ Ron) got very upset because the fish he bought was (㋐ rotten/㋑ Ron).
「ロンは買った魚が腐っていたので、とても憤慨しました」

966　When he was (㋐ tighten/㋑ tying) the rope to the boat, he had to (㋐ tighten/㋑ tying) it as hard as he could.
「彼は船にロープを縛っていたとき、できるだけきつくしなければなりませんでした」

(4) ［d ＋母音＋ n］の [d] の消滅

　弱音節［t ＋母音＋ n］と同じように、弱音節［d ＋母音＋ n］の母音は元々消滅するが、さらに省エネ化が進むと [d] の音も消滅し、そのタイミングだけが少し残る。たとえば broaden [brɔ́:dn]（広げる）は [brɔ́:-n] に、そして hidden [hídn]（隠された）は [hí-n] のような発音になり、日本人の耳には「ブロー＿ン」あるいは「ヒ＿ン」のように聞こえる。

Test 8-05　［d ＋母音＋ n］の省エネ発音聞き分けテスト　　CD2-26

　以下の英文の（ ）内には、省エネ化により [d ＋母音＋ n] の部分がほぼ消滅する単語と、それに発音が類似した異なる単語が列記されていますが、実際の英文にはどちらか一方だけが使われています。ネイティブスピーカーが各英文を読み上げていきますので、その音声をよく聞き、どちらが使われているかを判断し、発音されているほうを○で囲んでください。　　　　　　　　　　　　　　　（解答は 233 頁）

971　I bear the (㋐ burden/㋑ burn) to (㋐ burden/㋑ burn) all the trash every morning.
「私は毎朝すべてのごみを燃す責任を負っています」

972　No one understood the (㋐ sudden/㋑ son) change in the attitude of his (㋐ sudden/㋑ son)?
「誰も彼の息子さんの態度の急激な変化を理解しませんでした」

973　We have to (㋐ widen/㋑ wine) the door of this (㋐ widen/㋑ wine) cellar a little more.
「私たちはこのワイン貯蔵室のドアをもう少し広げなくてはなりません」

974　I can easily imagine that those (㋐ wooden/㋑ wound) shoes sometimes (㋐ wooden/㋑ wound) those who wear them.
「私はそれらの木靴が時々履く人たちを傷つけることがあるのは、容易に想像できます」

975　What did the (㋐ gardener/㋑ garner) hide in that old (㋐ gardener/㋑ garner)?
「庭師はその古い穀物倉庫の中に何を隠したのですか？」

976　Why did the (㋐ madden/㋑ man) (㋐ madden/㋑ man) so much?
「その男はなぜそんなに激怒したのですか？」

977　Do the people in (㋐ Sweden/㋑ sweeten) really (㋐ Sweden/㋑ sweeten) the cheese before they put it on bread?
「スウェーデンの人たちは、本当にパンに塗る前にチーズに甘味をつけるのですか？」

978 I asked his （㋐ pardon/㋑ par and） and bought his stock below （㋐ pardon/㋑ par and） gained a lot.
「私は彼の許しを得て額面以下の値段で彼の株を買い、大もうけしました」

(5) [p ＋母音＋ n] の [p] の消滅

　弱音節 [t ＋母音＋ n] または [d ＋母音＋ n] と同じように、弱音節 [p ＋母音＋ n] の母音は元々消滅しているが、さらなる省エネ化で [p] の音が消滅し、そのタイミングだけが少し残る。ただしこの場合、[p] の本来の発音が両唇をいったん閉じる音なので、それにつられて**最後の [n] も両唇を閉じるときの発音すなわち [m]** になる可能性が高い。たとえば ripen [ráipən]（熟す）は [rái-m] に、そして sharpen [ʃáːrpən]（尖らせる）は [ʃáːr-m] のような発音である。これらは日本人の耳にはそれぞれ「ライ＿ム」「シャー＿ム」にように響くだろう。

Test 8-06　[p ＋母音＋ n] の省エネ発音聞き分けテスト　**CD2-27**

　以下の英文の（　）内には、省エネ化により [p ＋母音] の部分がほぼ消滅する単語と、それに発音が類似した異なる単語が列記されていますが、実際の英文にはどちらか一方だけが使われています。ネイティブスピーカーが各英文を読み上げていきますので、その音声をよく聞き、どちらが使われているかを判断し、発音されているほうを○で囲んでください。　　　　　　　　　　　　　　　　（解答は 233 頁）

981 Did you say that you simply （㋐ opened/㋑ owned） that jewelry box or you （㋐ opened/㋑ owned） it?
「あなたはその宝石箱を単に開けただけだと言いましたか？ それともそれを所有していたと言ったのですか？」

982 The same thing didn't （㋐ happen/㋑ ham） when I ate that （㋐ happen/㋑ ham）.
「私がそのハムを食べたときは同じことは起きませんでした」

983 I （㋐ deepen/㋑ deem） that it is my duty to （㋐ deepen/㋑ deem） my knowledge in politics.
「私は自分の任務は政治の知識を深めることであると考えています」

DAY 8　子音の変化と消滅

■ **音節尾子音の消滅**

> スピード英語の発音が聞き取りにくい典型的な要因は、おそらく音節尾の子音の消滅だろう。英語には子音で終わる単語が非常に多いので、それだけでも日本人の耳には聞きづらいのに、その子音が消滅したら、さらに聞き取りにくい単語になってしまう。ここからは音節尾子音の消滅の聞き取り練習をしていくことにしよう。

(1) 音節尾 [t] の消滅

　音節尾で一番多く使われている子音はおそらく [t] であろう。この [t] が省エネ化された場合、音そのものが消滅してしまう。たとえば "I don't like it." (私はそれが好きではありません) という英語の場合、省エネが進むと it の [t] だけでなく、don't の [t] の音も消滅してしまうので、日本人の耳には［アイドンライキ］と聞こえる。このタイプの省エネ発音を聞き取るためには、それらの省エネ発音自体に慣れることと、文脈から判断するという両面の練習が大切になってくる。

Test 8-07　音節尾 [t] の省エネ発音聞き分けテスト　　CD2-28

　以下の英文の (　) 内には、省エネ化により音節尾の [t] がほぼ消滅する単語と、それに発音が類似した異なる単語が列記されていますが、実際の英文にはどちらか一方だけが使われています。ネイティブスピーカーが各英文を読み上げていきますので、その音声をよく聞き、どちらが使われているかを判断し、発音されているほうを○で囲んでください。　　　　　　　　　　　　　　　　（解答は 233 頁）

991　(㋐ I don't/㋑ Idle)　know why she is so　(㋐ I don't/㋑ idle)．
　　「私は彼女がなぜそんなに怠惰なのかわかりません」

992　Why don't you　(㋐ sit down/㋑ sedan)　and think before you decide to buy that　(㋐ sit down/㋑ sedan)．
　　「あなたはあの乗用車を買う決断をする前に、座ってじっくり考えたらいかがですか？」

993　"(㋐ What do/㋑ water)　they drink?" — "(㋐ What do/㋑ Water), of course."
　　「彼らは何を飲みますか？」「もちろん水です」

994　Though he is　(㋐ let him/㋑ lame)　in the left leg,　(㋐ let him/㋑ lame) drive.
　　「彼は左足が不自由ですが、彼に運転させなさい」

163

995 (㋐ Let me/㋑ Lay me) down, and (㋐ let me/㋑ lay me) rest for a while.
「私を下に降ろしてしばらく休ませてください」

996 I remember what (㋐ that was/㋑ the wad). It must be (㋐ that was/㋑ the wad) of 20 dollar bills.
「それが何であったか覚えています。それは 20 ドルの札束に違いありません」

997 (㋐ What does/㋑ Wadas) the article say about the (㋐ what does/㋑ Wadas)?
「その記事は和田家について何と言っていますか？」

(2) 音節尾 [d] の消滅

　音節尾の [d] も省エネ化で消滅しやすい。たとえば "That's good!"（それはいいね）の good は goo にしか聞こえないし、"Hand it to him."（それを彼に渡してくれ）の hand it は hanit にしか聞こえないだろう。

Test 8-08　音節尾 [d] の省エネ発音聞き分けテスト　　CD2-29

　以下の英文の（ ）内には、省エネ化により音節尾の [d] がほぼ消滅する単語と、それに発音が類似した異なる単語が列記されていますが、実際の英文にはどちらか一方だけが使われています。ネイティブスピーカーが各英文を読み上げていきますので、その音声をよく聞き、どちらが使われているかを判断し、発音されているほうを〇で囲んでください。　　　　　　　　　　　　　　　　　　（解答は 233 頁）

1001 You are not supposed to (㋐ senate/㋑ send it) to the (㋐ senate/㋑ send it) especially before election.
「あなたはそれを議会に送るべきではありません。特に選挙前は」

1002 After you (㋐ build it/㋑ bill it), please (㋐ build it/㋑ bill it) to me.
「それを建てた後、私に請求してください」

1003 The police is determined to (㋐ fine me/㋑ find me) and (㋐ fine me/㋑ find me) for this small violation.
「警察はこの小さな違反のために私を探し出し罰金を科す決意を固めています」

1004 (㋐ Spin it/㋑ Spend it) before you (㋐ spin it/㋑ spend it) all.
「それを使い果たす前に紡いで糸にしなさい」

1005 Do you want to know how (㋐ Ike/㋑ I could) identify (㋐ Ike/㋑ I could)?
「私がどのようにしてアイクがアイクであるとわかるのか、知りたいですか？」

1006 What (❼ bad/❽ bat) luck! The slugger's (❼ bad/❽ bat) snapped and they lost the game.

「何という運のなさでしょう。スラッガーのバットが折れ、彼らは試合に負けてしまいました」

(3) 音節尾 -ing の [ŋ]、[f]、[v]、[θ] の消滅

　音節尾の -ing は省エネ化により [ŋ] の音が消え in となってしまう。たとえば anything は anythin に sleeping は sleepin のように発音される。また、音節尾の [f]、[v]、[θ] なども省エネで消滅することが多い。

Test 8-09　音節尾 -ing の [ŋ]、[f]、[v]、[θ] の省エネ発音聞き分けテスト　CD2-30

　以下の英文の（　）内には、省エネ化により音節尾の子音がほぼ消滅する単語と、それに発音が類似した異なる単語が列記されていますが、実際の英文にはどちらか一方だけが使われています。ネイティブスピーカーが各英文を読み上げていきますので、その音声をよく聞き、どちらが使われているかを判断し、発音されているほうを○で囲んでください。　　　　　　　　　　　　　　　　　　　（解答は 233 頁）

1011 Why don't you (❼ go in/❽ going)? Your boss is (❼ go in/❽ going) to tell you something very important.

「入って行ったらいかがですか？　あなたの上司はあなたに何か重要なことを告げるつもりですよ」

1012 What are you (❼ due in/❽ doing)? The balance is (❼ due in/❽ doing) April.

「何をしているのですか？　残金の支払い期限は4月ですよ」

1013 There was (❼ not thin/❽ nothing) to worry about when she said she was (❼ not thin/❽ nothing).

「彼女がやせていないと言ったとき、何も心配することはなかったのです」

1014 It was (❼ plain/❽ playing) to us that they were (❼ plain/❽ playing) us false in this deal.

「彼らがこの取引で不正を働いていたことは私たちには明白でした」

1015 You need to be (❼ kind of/❽ kinder) to her. She is (❼ kind of/❽ kinder) discouraged.

「あなたは彼女にもっと親切にする必要があります。彼女はちょっと落胆しています」

1016 (㋐ Won a/㋑ One of) those ladies (㋐ won a/㋑ one of) lottery twice.
「それらの婦人たちの1人は、2度宝くじに当たりました」

1017 If you want to (㋐ Adam/㋑ add them), you should ask (㋐ Adam/㋑ add them) first.
「それらを加えたければ、まずアダムに聞くべきです」

1018 (㋐ Gimmick/㋑ Give me) some explanation. I thought it was a (㋐ gimmick/㋑ give me).
「ちょっと私に説明してください。私はそれが策略だと思っていました」

(4) 同じ子音が続くときの一方の消滅

　2つの単語が続き、最初の単語の音節尾子音と次の単語始めの子音が同じ場合、省エネ化により1つだけが発音される。ただし消滅した子音のタイミングだけは少し残る。たとえば "bus stop"（バス停）の場合、"bus-top" のようになり、s は1つになるが、長めに発音される。"thick card"（厚いカード）、"dish shelf"（皿の棚）、"hot tea"（熱いお茶）、"bad deal"（悪取引）、"some more"（もうちょっと）なども皆同じで、重複子音が1つに減るが少し長めに発音される。

Test 8-10　同じ子音が続くときの省エネ発音聞き分けテスト　CD2-31

　以下の英文の（　）内には、連続子音の一方が消滅した2つの単語と、それに発音が類似した異なる2つの単語が列記されていますが、実際の英文にはどちらか一方だけが使われています。ネイティブスピーカーが各英文を読み上げていきますので、その音声をよく聞き、どちらが使われているかを判断し、発音されているほうを○で囲んでください。　　　　　　　　　　　　　　　（解答は233頁）

1021 Do you see that (㋐ big gate/㋑ big 8) written on the (㋐ big gate/㋑ big 8)?
「大きな門に書かれたあの大きな8が見えますか？」

1022 (㋐ Both thieves/㋑ Both eves) decided to stay home on (㋐ both thieves/㋑ both eves).
「泥棒は2人とも、どちらのイブのときも家にいることに決めました」

1023 My sweater is (㋐ half full/㋑ half wool) and my cup is (㋐ half full/㋑ half wool).
「私のセーターは半分ウールで、カップの中身は半分です」

DAY 8　子音の変化と消滅

1024 I didn't know (㋐ which chair/㋑ which air) was contaminated and (㋐ which chair/㋑ which air) was broken.
「私はどこの空気が汚染されていて、どの椅子が壊れているのかは知りませんでした」

1025 I had a (㋐ small lake/㋑ small ache) in my arm when I was fishing at the (㋐ small lake/㋑ small ache).
「私が小さな湖でつりをしていたとき、腕に小さな痛みがありました」

1026 I finished tying the (㋐ last string/㋑ last ring) before I heard the (㋐ last string/㋑ last ring).
「私は最後の鐘の音を聞く前に、最後のひもを結び終えました」

1027 The (㋐ first train/㋑ first rain) this month delayed the (㋐ first train/㋑ first rain).
「今月の最初の雨は、最初の列車を遅らせました」

1028 The (㋐ fox skin/㋑ fox in) that forest was killed for (㋐ fox skin/㋑ fox in).
「その森の狐は皮を取るために殺されました」

1029 The (㋐ best start/㋑ best art) is the must for the (㋐ best start/㋑ best art).
「最高の芸術を目指すには最高の開始が必須です」

1030 They found the (㋐ odd drug/㋑ odd rug) hidden under that (㋐ odd drug/㋑ odd rug).
「彼らはその妙なじゅうたんの下に妙な薬物を発見しました」

■ 音節始めの子音の消滅

　音節尾の子音は省エネ化により消滅しやすいが、音節始めの子音は消滅しにくい。ただし [h]、will と would の [w]、そして不定詞 to の [t] だけは、音節始めであっても省エネ化により消滅してしまう。

(1) 音節始めの [h] の消滅

　音節始めの子音で一番消滅しやすいのが [h] である。もともと [h] は子音の中では最も弱い（発音するためのエネルギーの量が少ない）発音なので、音節始めであっても省エネ化により音が消えてしまう。"herb"（ハーブ）などは、省エネに関係なく最初から [h] が取れて [ə́ːrb]「アーブ」と発音されることが多い。フランス語では [h] が発音されないが、[h] の音エネルギーが少ないのが原因だろうと思う。

　話を元に戻すが、"Push it hard."（それを強く押しなさい）の省エネが進むと hard の [h] が消滅し、it の [t] が [d] に変わるので、"Push idard"「プシダード」のような発音になってしまう。

　音節始めの [h] で、省エネ化により一番消滅しやすいのが、機能語の [h] である。すなわち he、his、him、her、have、has、そして had の [h] である。

Test 8-11　音節始めの [h] の省エネ発音聞き分けテスト　　CD2-32
　　　　　　　―人称代名詞と副詞の [h] ―

　以下の英文の（　）内には、省エネ化により [h] がほぼ消滅する単語と、それに発音が類似した異なる単語（1つあるいは2つ）が列記されていますが、実際の英文にはどちらか一方だけが使われています。ネイティブスピーカーが各英文を読み上げていきますので、その音声をよく聞き、どちらが使われているかを判断し、発音されているほうを○で囲んでください。
　　　　　　　　　　　　　　　　　　　　　　　　　　（解答は 234 頁）

1031　(㋐ Come on/㋑ Come home)！ Don't tell me you don't want to （㋐ come on/㋑ come home）.

　「おいちょっと！　家に帰りたくないなんて言うなよな！」

1032　In case you need to check （㋐ Tom's here/㋑ Tom's ear), （㋐ Tom's here/㋑ Tom's ear）already.

　「トムの耳を検査する必要があるなら、トムはすでにここにいますよ」

1033　Why does （㋐ Adam/㋑ at him）look （㋐ Adam/㋑ at him）so intently?

　「なぜアダムは彼のことをそんなにじっと見つめるのですか？」

DAY 8　子音の変化と消滅

1034 "Do you (㋐ Noah/㋑ know her) very well?" — "No, but (㋐ Noah/㋑ know her) does."

「あなたは彼女のことをよく知っていますか？」—「いいえ。しかしノアは彼女のことを知っています」

1035 (㋐ Willy/㋑ Will he) won't return to America this year, (㋐ Willy/㋑ will he)?

「ウィリーは今年アメリカには戻らないですよね？」

1036 John wouldn't sell his (㋐ woody/㋑ would he) land, (㋐ woody/㋑ would he)?

「ジョンは木が生い茂った土地を売りませんよね？」

1037 "(㋐ Easy/㋑ Is he) doing something difficult?" — "No, what he is doing is quite (㋐ easy/㋑ is he)."

「彼は何か難しいことをしていますか？」—「いいえ。彼のしていることはかなり簡単です」

1038 "When (㋐ either/㋑ is her) birthday?" — "It's (㋐ either/㋑ is her) today or tomorrow."

「彼女の誕生日はいつですか？」—「今日か明日です」

1039 What you are (㋐ doing/㋑ do him) now doesn't (㋐ doing/㋑ do him) any good.

「あなたが今していることは、彼には何のたしにもなりません」

1040 (㋐ YZ/㋑ Why is he) writing (㋐ YZ/㋑ why is he) on the wall of that building?

「彼はあのビルの壁になぜ YZ と書いているのですか？」

Test 8-12　have/has/had の [h] の省エネ発音聞き分けテスト CD2-33

以下の英文の（　）内には、省エネ化により [h] がほぼ消滅する単語（have/has/had）と、それに発音が類似した異なる単語（1つあるいは2つ）が列記されていますが、実際の英文にはどちらか一方だけが使われています。ネイティブスピーカーが各英文を読み上げていきますので、その音声をよく聞き、どちらが使われているかを判断し、発音されているほうを○で囲んでください。　　　（解答は 234 頁）

1041 "(㋐ Water/㋑ What have) you got?" — "Nothing. It's just plain (㋐ water/㋑ what have)."

「何をもらったの？」—「何でもないよ。ただの水です」

169

1042 "Are you really going to (㋐ weave/㋑ we have) a rug for this room?" – "(㋐ Weave/㋑ We have) already done it."

「あなたたちは本当にこの部屋のためにじゅうたんを織るのですか？」—「それはもう終えました」

1043 (㋐ He is/㋑ He has) passed the entrance examination and (㋐ he is/㋑ he has) very happy.

「彼は入学試験にパスし、とても幸せです」

1044 (㋐ You add/㋑ You had) better know how (㋐ you add/㋑ you had) these new elements in your performance.

「あなたは自分の演技にこれらの新しい要素をどのように加えたらよいか知っておくべきです」

1045 "We received at least 10 (㋐ wires/㋑ why has) from that gentleman." — "(㋐ Wires/㋑ Why has) he sent so many to us?"

「私たちはその紳士から少なくとも 10 通の電報を受け取りました」—「なぜ彼は私たちにそんなにも多く送ったのでしょうか？」

1046 (㋐ Howard/㋑ How had) was not supposed to know the code. (㋐ Howard/㋑ How had) he opened that safe?

「ハワードがその暗号を知っていたはずはありません。彼はどうやってその金庫を開けたのでしょうか？」

(2) will/would の [w] の消滅

音節始めの子音で次に消滅しやすいのが will と would の [w] である。[w] は [h] とは逆で、子音の中では最もエネルギーを必要とする音である。[w] を発音するためには、唇を前方に突き出し、小さく締め、音を出すと同時に唇を一気に手前に引き戻す作業が必要なので、より多くのエネルギーが必要となる。ネイティブスピーカーであっても、小さな子どもにとって [w] はそんなに容易な発音ではない。William のニックネームが Bill となるのも、難しい [w] を避け、やさしい [b] で代用させてしまうからであろう。

will と would が省エネ化された場合、エネルギー量が減るので多くのエネルギーが必要な [w] の音が出せなくなる。それで [h] とはまったく逆の理由により、消滅することとなる。will と would は [w] の消滅と同時にその後の母音 [i] あるいは [u] までもが消滅してしまう。[w] の消滅はスペル上ですでに市民権を得ているので、I will が I'll、We would が We'd のように綴られる。しかし本書では省エネ発音の聞き取りに重点を置くので、あえて省略形を使っていない。

Test 8-13　will/would の [w] と母音の省エネ発音 聞き分けテスト　CD2-34

以下の英文の（ ）内には、省エネ化により [w] と母音がほぼ消滅する［will あるいは would ＋主語］と、それに発音が類似した異なる単語が列記されていますが、実際の英文にはどちらか一方だけが使われています。ネイティブスピーカーが各英文を読み上げていきますので、その音声をよく聞き、どちらが使われているかを判断し、発音されているほうを○で囲んでください。　　　（解答は 234 頁）

1051　(❼ Aisle/❽ I will)　take the　(❼ aisle/❽ I will)　seat if you don't mind.
「もしよろしければ私は通路側の席にします」

1052　If you can　(❼ heal/❽ he will)　my father,　(❼ heal/❽ he will)　come to you immediately.
「もし父の傷を治すことができるのなら、彼はすぐにあなたの所に来るでしょう」

1053　(❼ Wheel/❽ We will)　take a　(❼ wheel/❽ we will)　chair in our car just in case.
「私たちは念のために車に車椅子を乗せて行きます」

1054　We may be　(❼ ill/❽ it will)　treated by those people, but　(❼ ill/❽ it will)　be OK.
「私たちはその人たちにそまつに扱われるかもしれません。しかし大丈夫です」

1055　We had better　(❼ heed/❽ he would)　his warning. Otherwise,　(❼ heed/❽ he would)　stop supporting us.
「私たちは彼の警告に耳を傾けたほうがいいです。さもなければ彼は私たちに対する援助をストップすることでしょう」

1056　(❼ Weed/❽ We would)　be happy if you　(❼ weed/❽ we would)　our garden in your spare time.
「あなたが暇なときに私たちの庭の草取りをしてくだされればうれしいのですが」

(3) 不定詞の to の [t] の消滅

　英語のマンガなどで、省エネ発音の部分が発音通りに綴られる典型的な例は、不定詞の to の発音である。不定詞の前には別の動詞が使われることが多く、それに続く to の [t] は消滅し、o が [ə] という発音になる。たとえば "I want to eat."（私は食べたい）の場合、マンガでは "I wanna eat." と綴られ、"We are going to do it."（私たちはそれをするつもりだ）は "We are gonna do it." と綴られる。そして実際の発音も綴りどおりになる。

171

Test 8-14 不定詞の to の省エネ発音聞き分けテスト　　CD2-35

　以下の英文の（　）内には、動詞＋省エネ化により [t] が消滅した to と、それに発音が類似した異なる単語（1つか2つ）が列記されていますが、実際の英文にはどちらか一方だけが使われています。ネイティブスピーカーが各英文を読み上げていきますので、その音声をよく聞き、どちらが使われているかを判断し、発音されているほうを○で囲んでください。

（解答は 234 頁）

1061 I am （㋐ Ghana/㋑ going to） send those packages to the children in （㋐ Ghana/㋑ going to）.

「私はそれらの包みをガーナの子どもたちに送るつもりです」

1062 Because I （㋐ won a/㋑ want to） big lottery and have enough money now, I （㋐ won a/㋑ want to） marry you.

「私は大きな宝くじに当たり、今は十分にお金があるので、あなたと結婚したいです」

1063 As you （㋐ got a/㋑ got to） good education, you've （㋐ got a/㋑ got to） seek a better job.

「あなたはいい教育を受けているので、もっといい仕事を求めなければなりません」

1064 Whoever the （㋐ planner/㋑ plan to） may be, he must （㋐ planner/㋑ plan to） finish it by next week.

「立案者が誰であれ、彼は来週までにそれを終わらせなければなりません」

1065 I'm （㋐ a freighter/㋑ afraid to） say that the bus collided with （㋐ a freighter/㋑ afraid to） this morning.

「言いにくいことですが、けさそのバスは貨車と衝突しました」

1066 We （㋐ had her/㋑ had to） tell her husband that the kidnappers （㋐ had her/㋑ had to）.

「私たちは彼女の夫に彼女が誘拐者のもとにいることを伝えなければなりませんでした」

1067 We （㋐ auto/㋑ ought to） ask him how he likes that new （㋐ auto/㋑ ought to）.

「私たちは、彼が新しい車をどれだけ気に入ったかを聞く必要があります」

(4) 接続詞の子音の消滅

　接続詞の子音も省エネ化で消滅することが多い。and の [d]、than の [ð] そして as の [z] などは、消滅しやすい。because の場合は子音だけでなく、最初の be が消滅してしまう。

DAY 8　子音の変化と消滅

Test 8-15　接続詞の省エネ発音聞き分けテスト　　CD2-36

　以下の英文の（　）内には、省エネ化により一部が消滅した単語と、それに発音が類似した異なる単語が列記されていますが、実際の英文にはどちらか一方だけが使われています。ネイティブスピーカーが各英文を読み上げていきますので、その音声をよく聞き、どちらが使われているかを判断し、発音されているほうを○で囲んでください。
（解答は 234 頁）

1071　(㋐ Buying/㋑ By and) large, people are (㋐ buying/㋑ by and) less expensive Christmas gifts this year.

「全般的に言って、人々は今年、より安いクリスマスギフトを買っています」

1072　It is extremely difficult to identify the (㋐ cause/㋑ because) of the accident, (㋐ cause/㋑ because) it was raining hard.

「その事故の原因を特定するのはかなり難しいです。なぜなら大降りの雨だったからです」

1073　Don't (㋐ lessen/㋑ less than) your practice time. (㋐ Lessen/㋑ Less than) two hours a day is not enough.

「練習の時間を短縮してはいけません。1 日に 2 時間以下では十分ではありません」

1074　(㋐ Along/㋑ As long) as I know, those two ladies were walking (㋐ along/㋑ as long) this river at that time.

「私が知る限り、その 2 人の女性たちはそのときにこの川沿いを歩いていました」

(5) [助動詞＋ have] の [h] と [v] の消滅

　"would have" のような［助動詞＋ have］の表現の場合、省エネ化により have の [h] と [v] の両方が消滅してしまい、かろうじて [æ] だけが [ə] という発音として残る。すなわち would have の場合は、woulda のようになる。

Test 8-16　[助動詞＋ have] の [h] と [v] の省エネ発音聞き分けテスト　　CD2-37

　以下の英文の（　）内には、助動詞＋省エネ化された have と、それに発音が類似した異なる単語が列記されていますが、実際の英文にはどちらか一方だけが使われています。ネイティブスピーカーが各英文を読み上げていきますので、その音声をよく聞き、どちらが使われているかを判断し、発音されているほうを○で囲んでください。
（解答は 234 頁）

1081　The (㋐ shooter/㋑ should have) (㋐ shooter/㋑ should have) shot the deer rather than the bear.

「その狩猟者は、熊よりむしろ鹿を撃つべきでした」

173

1082 If we knew we were to (ア wood a/イ would have) mountain, we (ア wood a/イ would have) brought work shoes.
「もし私たちが山に植林すべきことを知っていたなら、作業靴を持って来ただろうに」

1083 We (ア cutter/イ could have) opened that heavily sealed package if we had this (ア cutter/イ could have) with us.
「もしこのカッターナイフがあれば、私たちは厳重に包装されたこの包みを開けることができただろうに」

1084 The boxer tried to (ア muster/イ must have) up all his courage. And he (ア muster/イ must have) defeated the champion.
「そのボクサーはあるかぎりの勇気を奮い立たせようとしました。そして彼はチャンピオンを打ち負かしたに違いありません」

1085 Look at the lady. She (ア must have/イ mustard) put too much (ア must have/イ mustard) on her hot dog.
「その女性を見てください、彼女はホットドッグにからしをつけすぎたに違いありません」

1086 We didn't mean to (ア wound her/イ wouldn't have). She (ア wound her/イ wouldn't have) forgiven us, otherwise.
「私たちは彼女を傷つけるつもりではありませんでした。さもなければ彼女は私たちを許しはしなかったことと思います」

■ 単語の完全消滅

慣用的な表現で、省エネ発音現象により単語そのものが消滅してしまうこともある。以下がその典型的な例である（太字が完全消滅する単語）。

Go **and** get him. （行って彼を連れてきなさい）
　→　Go get him.　＊ and が消滅

I will see you. （またお会いします）
　→　See you.　＊ I will が消滅

I love you. （あなたを愛しています）
　→　Love you.　＊ I が消滅

May God bless **you**. （神の祝福がありますように）
　→　God bless!　＊ May と you が消滅

You had better go now. （あなたはもう行ったほうがいい）
　→ Better go now.　＊ You had が消滅

DAY 9

聞こえない音が聞こえる理由

映画の英語が聞けるようになる
聞き取りテクニック⑦ ……………183

【第7回】
苦手な肯定・否定の聞き分け
に強くなる

映画の英語が聞けるようになる
聞き取りテクニック⑧ ……………190

【第8回】
苦手なイントネーションによる
「肯定・否定」の聞き分けに強くなる

DAY 9　今日のテーマ　聞こえない音が聞こえる理由

> これまで、話すスピードが上がると、音が発音されないことがあるという話をしてきた。それでは、まったく発音されていない音をネイティブはどのように聞き分けているのだろうか。実は彼らは聞こえない音を自分の頭の中で再生しているのだ。ここでは聞こえないはずの音の再生の仕組みを調べていき、私たちも同じことができるようにしてみよう。いよいよ、英語耳の完成に近づいてきたぞ。

■ 発音されていない音が聞こえるのはなぜ？

　省エネ発音の中には、物理的に音が完全に消滅してしまっているケースも多い。それらの消滅発音はテープレコーダーに録音した後どんなにボリュームを上げても聞き取ることができない。たとえば "Look at the cat." という英文を速く言った場合、cat の最後 [t] は省エネ化により完全に消滅する可能性が高い。同じように "Look at the can." "Look at the calf." "Look at the cap." も省エネ化により、"Look at the cat." とまったく同じ発音になることもありうる。

Look at the cat.
Look at the can.
Look at the calf.

> 速く話されるとすべて同じ音に聞こえる。それでは、どうやって聞き分ければいいのだろうか？その秘密が「音の再生と推測」そして「イントネーション」である。

　それで時々ネイティブ同士でも肝心な単語が聞き取れなくて、"What did you just say?"（今何て言いましたか）とか "Can you say it again?"（もう一度言ってくれませんか）などと言って、繰り返し言ってもらうことも多々ある。しかし、ほとんどの場合、省エネ発音はネイティブ間では意思疎通の妨げとはならない。彼らには聞こえないはずの音が聞こえてしまうからである。

　物理的に聞こえないはずの音が聞こえる理由は3つほど考えられる。

1. 聞く側の脳の中で、聞こえない音が再生される。
2. 文脈により、省エネ発音を含む語が何であるかが明確になる。
3. イントネーションにより、省エネ発音を含む語が何であるかが明確になる。

　ネイティブ同士の会話では、これら3つの要素のどれか1つというより、相乗作用により、聞こえないはずの音が聞こえるようになると思われる。

DAY 9　聞こえない音が聞こえる理由

■ 反省エネ発音

「聞こえない音が聞こえる」話の詳細に入る前に、反省エネ発音について触れておこう。自然の会話の中では省エネ発音になる単語でも、以下のような特殊状況下では省エネ化されずに、明瞭な発音あるいは反省エネ発音になる。

「省エネ発音」が起こらないケース
1. 英語を非常にゆっくり言うとき
2. ある単語を強調するとき
3. 歌・朗読・アナウンサー等の英語

(1) 英語を非常にゆっくり言うときの発音

英語は話すスピードが上がれば上がるほど強音節の数が減少し、弱音節化された単語の省エネ発音が多くなる話をしてきたが、逆に非常にゆっくり話すと、通常の会話では省エネ発音となる部分にもアクセントが付き、強発音になることが多い。

たとえば "It is a book." という英語は、速く言うときは省エネ化が進み [tsəbúk] となる。これは日本人の耳には多分「ツァブ」に聞こえる。でも非常にゆっくり言うと、すべての音節にアクセントが付き [ít íz éi búk] となる。すなわち不定冠詞 a は、通常は [ə] なのに、アクセントが付くと a の強調開母音 [éi] に変化してしまうのである。カタカナ式に言うと、「ア」が「エイ」に変化するということである。不定冠詞 a が [éi] になるのは、table や make の a が [éi] と発音されるのとまったく同じルールによる。

だが、このような反省エネ発音現象は、無意識的に起こるものなので、ネイティブスピーカーに教材の録音を依頼するときは、特にゆっくりわかりやすく言ってもらうときには、あらかじめそのような反省エネ発音を予測（覚悟）しておく必要がある。

(2) ある特定単語を強調するときの発音

定冠詞 the の通常発音は [ðə] で、これは省エネ発音である。たとえば "the book" は [ðə búk] と発音される。カタカナ発音的には「ザブック」となる。でも「まさにその本」というように "the book" を強調したい場合は、"the" にもアクセントが付き、省エネ発音 [ðə] から開音節強母音 [ðíː] に変化し、全体的には [ðíː búk] となる。定冠詞 the が強調されてその発音が [ðíː] になるのは、he や

177

she や be が [híː] [ʃíː] [bíː] と発音されるのと全く同じルールに従う結果である。

　この他にもある単語を強調して言うときは、普段は聞かない発音に変化するケースがある。あるアナウンサーは "doctor" を強調するのに [dáktər] でなく [dáktóːr] と言う。あたかも "dock" と "tore" の 2 つの単語を発音するかのごとくである。

(3) 歌・朗読・アナウンサー等の英語

　私は若いころ、5年ほど声楽の個人レッスンを受けたことがある。先生は天才盲人テノール歌手として有名な新垣勉氏を指導した人物と同じで、三谷幸子氏であった。ほとんどの練習曲は英語であったが、彼女はアメリカで音楽教育を受けた方なので、発音にうるさかった。私が常に指摘されたのは、発音の良い悪いではなく（私の英語の発音には問題はなかったはず）、単語の最後の子音を明確に発音しなければならないという点であった。最後の子音まではっきり発音しなければ、聞いている人に意味が伝わらないというのが彼女の口癖であった。

　たとえば有名な歌の中に "thy kingdom come"（御国を来たらせたまえ）という言葉が出てくるが、もし kingdom come の太字の子音を明瞭に発音しなければ「キンドンカン」のような響きになり、意味は通じないし、それこそ「トンチンカン」であると彼女は言った。私は歌を歌うのも聞くのも好きだが、英語で歌う歌手の中には最後の子音まではっきり発音する人と、そうでない人がいるようだ。でもやっぱり発音が明瞭な人の歌に、より大きな感動を覚える。

　歌では省エネを避けるだけでなく、本来は省エネ発音になるところを強音節母音発音に変え、言葉をより明確に伝えることも多い。すなわち反省エネ発音化である。たとえば

evil	[íːvəl]	→	[íːv**i**l]
voices	[vóisz]	→	[vóis**e**z]
treasure	[tréʒər]	→	[tréʒ**uːr**]
hallowed	[hǽloud]	→	[hǽlou**i**d]
debtors	[détərz]	→	[dét**óːr**z]

のように（太字が反省エネ発音）発音する。このような発音の誇張は日常会話ではほとんどないが、歌ではめずらしいことではない。

日常会話の場合、発音が聞き取りにくくても繰り返して言ってもらうことが可能なので、省エネ発音はさほど大きな問題とはならない。だが、コミュニケーションが一方通行の場合、発音の明瞭さはとても重要な要素となってくる。歌はもちろんのこと、演説、朗読、ニュースなども一方通行のコミュニケーションなので、発音の明瞭さが求められる。

　英語のアナウンサーが一般人と違うのは、話すスピードが上がっても、あまり発音の省エネ化が進まないことである。すなわちどんな話し方のときでも発音が明瞭で聞きやすいということである。プロのアナウンサーたちは、たいてい単語の最後の子音までしっかり発音する。でも面白いことに、複数のアナウンサーが同時に登場するようなとき、ニュースが終わった直後に互いに雑談を始めることがあるが、その瞬間日常会話の省エネ発音になってしまう光景をよく見かける。

　政治家や名演説家たちも皆明瞭な発音で人々に語りかける。彼らが話す英語は省エネ発音の度合いがコントロールされており、1語1語がとても聞きやすい。そして省エネ度合いが制御され、英語を明瞭に発音する人たちは、人々に知性的な印象を与える。

(4) 音節尾子音の反省エネ化

　すでに述べたように、音節尾の子音は、よほど意識しないと省エネ化が進み、完全に消滅することも多い。たとえば "tip" の [p] も "it" の [t] も省エネ現象により、ほとんど聞こえない音になってしまう。しかし、それらの後に母音が続くと、その母音につられて音節尾の子音の発音が復活する。すなわち反省エネ化が起こる。たとえば "Tip it over."（それをひっくり返せ）という英語の場合、あたかも "pit" や "tover" という単語であるかのように [p] も [t] も発音が復活し、とても聞きやすい英語になる。

　では音節尾子音の反省エネ化がどのように起こるかの実例をあげてみよう。薄い太字が省エネ子音、そして太字が反省エネ化発音（発音の復活）を示す。（[ ]内は下線部の発音を発音記号で示したもの）

省エネ子音	子音の復活	反省エネ化の発音記号
Please stop!	→ Please sto**p** it.	[pit]

Tip → Tip it.	→	**Tip it over.**	[pitóuvər]
It's broken.	→	He speaks broke**n** Englilsh	[níŋgliʃ]
I am.	→	Who a**m I**?	[mái]
guest, of,	→	guest **of** honor	[təvánər]
biggest	→	bigges**t** apple	[tǽpl]
come	→	co**me in**	[mín]
get, out, of	→	Just ge**t out of** here	[táutəviər]
half, an	→	hal**f an** hour	[fənáuər]
both	→	bo**th** arms	[θáːrmz]
It's bad.	→	It's a ba**d** habit.	[dǽbit]

(5) 機能語の反省エネ化

　機能語は、話すスピードが上がるほど省エネ化が進むが、疑問詞で始まる疑問文の最後に使われた場合、反省エネ化が起こり聞きやすい発音となる。

　たとえば "Look at this."（これを見なさい）の at は省エネ化により [t] が消滅し、[ə] だけの発音になる。ところが "What are you looking at?"（何を見ているの？）という形の疑問文の場合、at の [t] が復活するだけでなく、[ǽt] という強音節母音になる可能性が高い。

　同じように "I am thinking of Nancy."（私はナンシーのことを思っている）の of が [ə] になってしまうのに対し、"What are you thinking of?"（あなたは何のことを思っているのですか？）の of は [áv] と明瞭に発音される。また、"What are you looking for?" の for は [fóːr] に、そして "Who did you get it from?"（それを誰からもらったの？）の from は [frám] という強母音になり、とても聞きやすい。

■脳が再生する省エネ発音

　しばらく「反省エネ発音」の説明をしてきたが、ここで「省エネ発音」に話を戻すことにする。ネイティブスピーカー同士の日常会話では、発音の省エネ化が多発するが、それでも互いに理解できるのは、**聞き手の脳が省エネ化された発音を再生するから**だ。すなわち物理的に聞こえない音でも、脳の中では聞こえる音として処理しまうのだ。

　脳の「音の再生能力」は人により差があり、また状況によっても異なる。再生能力の高い人は、かなりいいかげんな発音でもその意味を理解することができる。ジョン万次郎式英語だと "What time is it now?"（今何時ですか）は、「ホッタイモイジルナ（掘った芋いじるな）」となる。実際ネイティブスピーカーに「ホッタイモイジルナ」と速めに言うと、時刻を教えてもらえるケースが多い。でももし「タ」と「ル」を強調して「ホッ**タ**イモイジ**ル**ナ」と言うと、もはや音の再生は不能になり、まったく意味の通じない音の塊になってしまう。なぜならそのイントネーションは "What time is it now?" とは著しく異なるからだ。

　"What time is it now?" と「ホッタイモイジルナ」とでは発音がかなり異なるにもかかわらず、脳が「ホッタイモイジルナ」を "What time is it now?" として再生できることから、省エネ発音を多く含む英語の音声を、明確な発音であるかのように再生する能力がネイティブスピーカーの脳にはあることが、容易に理解できる。これに文脈とイントネーションの要素が加われば、聞こえない音声がますます聞こえるようになる。

　ところで話は少し横道にそれるが、実は聞いた言葉の意味がわかるのも、聞いた側の脳の中で意味が再生されるからだ。人が言葉を交わすとき、空中を行きかうのは音声であって、意味そのものではない。音声（発音）は意味を作り出すための記号で、その記号は聞く人の脳の中で意味化され、意思疎通が可能になる。話す側の脳は「意味の音声化」を担い、聞く側の脳は「音声の意味化」を担当する。これは同時通訳の基本的なメカニズムであり、この原理がわからないと同時通訳はほぼ不可能になる。私は同時通訳セミナーでは、必ずこの脳の働きを説明することにしている。

■ 文脈により聞き分け可能な省エネ発音
―肯定・否定に付随して使われる語を聞き逃さない―

人の脳は聞こえてくる省エネ発音を明瞭な発音であるかのように再生する能力があるが、文脈や使われている単語はその能力をさらに高める。

(1) 肯定・否定の明確な違いがあるケース

英語で類似している発音でありながら意味が正反対になってしまうものが、肯定と否定である。特に省エネ発音された場合、発音の区別がつけにくい。たとえば "She is happy." と "She isn't happy." がゆっくり話された場合は "is" と "isn't" の発音の違いはかなり鮮明であるが、速い英語では、"isn't" の省エネが進み、"is" とほとんど同じ発音になってしまう。そんなときの聞き分けの助けになるのが、文脈や使っている単語である。

その話を推し進める前に、発音上、否定形と肯定形との区別がはっきりしているケースを先に説明しておこう。

発音上、否定形と肯定形との区別がはっきりしているケース

(1) "He is" の否定形省エネ発音が "He isn't" になるのに対し、"I am" の否定形省エネ発音は "I'm not" であり、"I amn't" とはならないので、発音の違いが明確である。

(2) "may" の否定形はあくまでも "may not" であり、省エネ発音になることはまれなので、区別がしやすい。

(3) "do" は [du:] と発音されるのに対し、否定形 "don't" の省エネ発音は [dount] となり、母音 [u:] と [ou] がかなり違うので、区別がしやすい。

(4) "will" は [wil] と発音されるのに対し、否定形 "won't" の発音は [wount] となり、母音 [i] と [ou] がかなり違うので、区別がしやすい。

(5) "I have to" の否定は "I don't have to" なので、省エネ発音が進んでも、発音の区別がしやすい。

第7回 苦手な肯定・否定の聞き分けに強くなる

映画の英語が聞けるようになる　聞き取りテクニック⑦

1. 肯定・否定の聞き分け方

　英語の肯定・否定はネイティブスピーカー同士でも聞き分けにくい場合があり、
　"Did you say you did it?"（あなたはそれをやったと言ったのですか？）
　"No, I said I did not."（いいえ、それをやらなかったと言ったのです）
のようなやり取りが交わされることがよくある。
　しかし、もし文章の中に肯定形のときによく使われる単語、あるいは否定形のときによく使われる単語が含まれていた場合、発音の省エネ化が進んでも、肯定・否定の聞き分けは容易になる。
　例えば "He isn't happy." という否定文は "He is happy." と区別が付けにくいのに対し、文中に either が使われ "He isn't happy, either."（彼も幸せではない）となっていれば、"either" の意味からその英文が否定形の "He isn't happy." であり、肯定形の "He is happy." ではないことが明確にわかる。

Test 9-01 単語・文脈で判断可能な「肯定・否定」
聞き分けテスト　―その1　　　　　　　CD2-38

　以下の英文の（　）内には、肯定形と否定形が列記されていますが、実際の英文ではどちらか一方だけが使われています。また、その文章が肯定形なのかあるいは否定形なのかを示唆する単語も使われています（太字で記されている）ので、その単語に注意しながらネイティブスピーカーの音声をよく聞き、発音されているほうを○で囲んでください。
（解答は234頁）

1091 My son （㋐ is／㋑ isn't） happy with the current job **so much**.
　「息子は今の仕事をあまり喜んで…」

1092 My son （㋐ is／㋑ isn't） **extremely** happy with the current job.
　「息子は今の仕事を本当に喜んで…」

1093 The laborers （㋐ are／㋑ aren't） **already** exhausted.
　「労働者たちはすでにへとへと…」

1094 The laborers （㋐ are／㋑ aren't） exhausted **yet**.

183

「労働者たちはまだへとへと…」

1095 Her performance (㋐ was/㋑ wasn't) bad **at all**.

「彼女の演技は全然悪…」

1096 Her performance (㋐ was/㋑ wasn't) **very** bad.

「彼女の演技は非常に悪…」

1097 The children in the class (㋐ were/㋑ weren't) **unquestionably** smart.

「そのクラスの子どもたちは疑いもなく利口…」

1098 The children in the class (㋐ were/㋑ weren't) **that** smart.

「そのクラスの子どもたちはそんなに利口…」

1099 John (㋐ does/㋑ doesn't) like the way his boss talks to him **so much**.

「ジョンは上司が彼に話すときのその話し方がそんなに好き…」

1100 John (㋐ does/㋑ doesn't) like the way his boss talks to him gently.

（＊does は強調）

「ジョンは上司が彼に静かに話すその話し方が好き…」

Test 9-02 単語・文脈で判断可能な「肯定・否定」聞き分けテスト —その2　**CD2-39**

以下の英文の（　）内には、肯定形と否定形が列記されていますが、実際の英文ではどちらか一方だけが使われています。また、その文章が肯定形なのかあるいは否定形なのかを示唆する単語も使われています（太字で記されている）ので、その単語に注意しながらネイティブスピーカーの音声をよく聞き、発音されているほうを○で囲んでください。

（解答は 234 頁）

1101 Her team (㋐ did/㋑ didn't) complete the project in time **as we had expected**. （＊did は強調）

「彼女のチームは私たちが期待していたように、その企画を期限内に確かに完成させ…」

1102 Her team (㋐ did/㋑ didn't) complete the project in time **unfortunately**.

「残念ながら彼女のチームは、その企画を期限内に完成させ…」

1103 I (㋐ have/㋑ haven't) climbed Mt. Fuji **twice**.

「私は2度富士山に登ったことが…」

1104 I (㋐ have/㋑ haven't) climbed Mt. Fuji **even once**.

「私はたったの一度も富士山に登ったことが…」

1105 My brother (㋐ has/㋑ hasn't) passed the bar examination **quite easily**.

「兄はいとも簡単に司法試験に受かり…」

1106 My brother (㋐ has/㋑ hasn't) passed the bar examination **in spite of his effort**.

「兄はその努力にもかかわらず、司法試験に受かり…」

1107 The professor (㋐ had/㋑ hadn't) leaked the examination to his students **secretly**.

「その教授はひそかに試験問題を彼の学生たちに漏らし…」

1108 The professor insisted that he (㋐ had/㋑ hadn't) leaked the examination to his students.

「その教授は試験問題を彼の学生たちに漏らし…と主張しました」

Test 9-03 単語・文脈で判断可能な「肯定・否定」 CD2-40
聞き分けテスト ―その３

以下の英文の（　）内には、肯定形と否定形が列記されていますが、実際の英文ではどちらか一方だけが使われています。また、その文章が肯定形なのかあるいは否定形なのかを示唆する単語も使われています（太字で記されている）ので、その単語に注意しながらネイティブスピーカーの音声をよく聞き、発音されているほうを○で囲んでください。　　　　　　　　　　　　　　　　（解答は 235 頁）

1111 They (㋐ can/㋑ can't) **easily** accommodate 1,000 guests in that hotel.

「そのホテルでは 1,000 人の客を容易に収容でき…」

1112 They (㋐ can/㋑ can't) accommodate **so many** guests in that hotel.

「そのホテルではそんなに多くの客を収容でき…」

1113 I (㋐ could/㋑ couldn't) talk with the President **at last**.

「私はついに大統領と話すことが…」

1114 I (㋐ could/㋑ couldn't) talk with the President **at all**.

「私は大統領と話すことが全然…」

1115 My sister (㋐ would/㋑ wouldn't) **soon** marry the lawyer.

「姉はまもなくその弁護士と結婚…」

1116 My sister (㋐ would/㋑ wouldn't) marry the lawyer **so soon**.

「姉はその弁護士とそんなにすぐには結婚…」

1117 You (㋐ should/㋑ shouldn't) ask your business partner why he wants to get divorced **before it's too late**.

「あなたは手遅れになる前にビジネスパートナーになぜ手を切りたがっているのかを尋ねるべき…」

1118 You (㋐ should/㋑ shouldn't) ask your business partner why he wants to get divorced **no matter what**.

「あなたは何があろうとビジネスパートナーになぜ手を切りたがっているのかを尋ねるべき…」

185

■ 現在形と過去形の聞き分け方
―文中に出てくる現在・過去を明示する語を聞き逃さない―

規則動詞に発音の省エネ化が起こった場合、現在形と過去形の発音が酷似し、聞き分けが難しくなる。たとえば "I miss the train."（私は列車に乗り遅れる）と "I missed the train."（私は列車に乗り遅れた）という文章が速く話された場合、missed の ed がほとんど聞こえないので、miss との区別がほとんどなくなってしまう。しかしながら、話には流れ（文脈）というものがあるので、使われている動詞が現在形なのかあるいは過去形なのかの区別をつけるのはそれほど難しくはない。特に文中に現在のことを言っているのかそれとも過去のことを言っているのかを示唆する単語が使われている場合は、省エネ発音があっても、現在形と過去形の聞き分けは容易になる。

Test 9-04　[d] vs [t]、[z] vs [d]、[s] vs [t] の聞き分けテスト ―その1　CD2-41

以下の英文の（　）内には、動詞の現在形と過去形が列記されていますが、実際の英文ではどちらか一方だけが使われています。また、その文章が現在時制なのかあるいは過去時制なのかを示唆する単語も使われています（太字で記されている）ので、その単語に注意しながらネイティブスピーカーの音声をよく聞き、発音されているほうを○で囲んでください。　　　　　　　　　　　　（解答は 235 頁）

1121 People normally (㋐ boil/㋑ boiled) water before they drink it in this country, **don't** they?

「この国では人々はたいてい飲む前に水を沸か…でしょう？」

1122 We (㋐ call/㋑ called) him "Dick" instead of "Rick" because his father **is called** "Rick".

「私たちは彼をディックと呼び…、なぜなら彼のお父さんがリックと呼ばれているからです」

1123 All the class (㋐ laugh/㋑ laughed) when the teacher **said** that weird joke.

「先生があの奇妙な冗談を言ったとき、クラス中が笑いま…」

1124 Those ladies (㋐ ask/㋑ asked) too many questions, **didn't** they?

「その婦人たちはあまりにも多くの質問をしま…よね？」

1125 Who (㋐ cleans/㋑ cleaned) that huge house when the family **are** gone on vacation?

「あの大きな家の住人が休暇で留守にしているときは、誰がその家の掃除を…？」

DAY 9　聞こえない音が聞こえる理由

1126 Who （❼ climbs/❽ climbed） Mt. Everest **for the first time** without using an oxygen mask?
「酸素マスクをつけずにエベレスト山に最初に登…は誰ですか？」

Test 9-05　[d] vs [t]、[z] vs [d]、[s] vs [t] の　　CD2-42
聞き分けテスト　―その2

以下の英文の（ ）内には、動詞の現在形と過去形が列記されていますが、実際の英文ではどちらか一方だけが使われています。また、その文章が現在時制なのかあるいは過去時制なのかの示唆する単語も使われています（太字で記されている）ので、その単語に注意しながらネイティブスピーカーの音声をよく聞き、発音されているほうを○で囲んでください。　　　　　　　　　　　　　（解答は 235 頁）

1131 Mary （❼ cooks/❽ cooked） for her husband everyday, **doesn't** she?
「メアリーは毎日ご主人のために料理を…よね？」

1132 The fruit （❼ drops/❽ dropped） to the ground by strong winds, **didn't** it?
「その果物は強い風で地面に落ち…よね？」

1133 Your father （❼ hopes/❽ hoped） that you would take over his business, **didn't** he?
「あなたのお父さんは、あなたがビジネスを引き継ぐことを期待し…よね？」

1134 John （❼ looks/❽ looked） handsome in that dress, **doesn't** he?
「ジョンはその洋服を着ているとハンサムに見え…よね？」

1135 Whoever （❼ parks/❽ parked） the car here **will be** fined.
「ここに駐車…人はだれでも罰金を科せられるでしょう」

1136 The lady （❼ walks/❽ walked） around here with her husband every morning when he **was** still alive.
「その婦人はご主人がまだ生きていたとき、毎朝彼と一緒にこのあたりを歩き…」

2. イントネーションによる省エネ発音の聞き分け方

　英語の話し方の特徴は強弱がつくことであるが、それは1つの単語だけ発せられる場合に限らず、どんな文章を言うときにも起こることで、最低1音節には必ずアクセントがつく。ネイティブスピーカーにとって、アクセントを付けずにすなわち強弱なしで話すことはほぼ不可能に近い。文章の場合、アクセントが付く音節あるいはアクセント音節を含む語に来たときに自然に音程が上がり、その文末に向けて音程が下がる（ただし疑問文の場合は最後に音程が上がる）。すなわち典型的な英文の抑揚は「中・高・低」というパターンになっている。そして文中のどの単語にアクセントをつけるかは、話者がどの単語を強調したいかによる。しかし、アクセントの位置にはある程度の規則性があり、省エネ発音を正確に聞き取るための手助けとなる。

「肯定・否定」のイントネーション

　"She is happy."（彼女は幸せです）と"She isn't happy."（彼女は幸せではありません）という2つの英文は、スピード英語では省エネ化によりほぼ同じ発音になる。しかし、その意味は正反対なので、うまく聞き分けることができなければ大きな誤解が生じる。だが、**聞き分ける方法があるので**、心配は無用である。"She is happy." という**肯定形の英文の場合、通常は happy の hap の所が強母音になり音程も高くなる**。She is は中音、そして py の部分が低音となる。
　否定形の "She isn't happy." の場合は、isn't と hap が強母音となり高音になる。そして She は中音、py が低音となる。（注：時々 is が強調されることがある。その場合は is が高音になるので、isn't との区別がつけにくくなる。）
　この is と isn't の抑揚の違いは、他の be 動詞の肯定・否定（are と aren't、was と wasn't、were と weren't）にも見ることができる。
　また、助動詞（have、has、had、can、could、would、should、must、ought、need）が使われている文章でも、**肯定の場合は助動詞は中音となり、その後の動詞あるいは目的語が強調され、高音になる**。それに対し、**否定形の haven't、hasn't、hadn't、can't、couldn't、wouldn't、shouldn't、mustn't、oughtn't、needn't にはアクセントが付くので、それらは高音となる**。
（注：時々肯定形助動詞 have、has、had、can、could、would、should、must、ought、need が強調されることがある。その場合は否定形助動詞との抑揚による区

別がつけにくくなる。)

　この抑揚を図式化すると以下のようになる。さらにわかりやすいように、中音は「黒」、高音は「灰色」そして低音は「太字」で示してみよう。

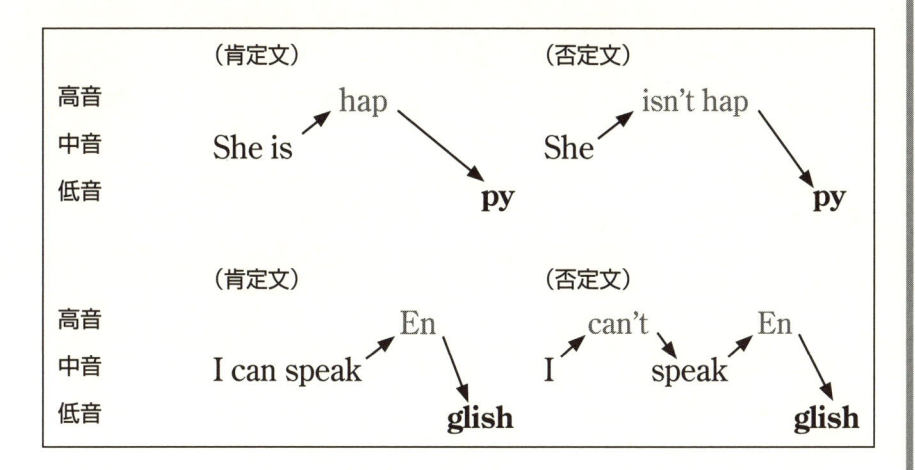

```
         （肯定文）              （否定文）
高音            ↗ hap                    ↗ isn't hap
中音    She is                    She
低音                ↘ py                          ↘ py


         （肯定文）              （否定文）
高音            ↗ En              ↗ can't     ↗ En
中音    I can speak          I        ↘ speak
低音                ↘ glish                        ↘ glish
```

　上の図からもわかるように、否定文の場合は、否定形部分（isn't や can't）が強く高音になるので、n't がよく聞こえなくても、それが否定文であることを推測することができる。
（注：ただし、この肯定・否定の抑揚は、話す人の気分や癖により多少異なる。）

映画の英語が聞けるようになる　聞き取りテクニック⑧

第8回　苦手なイントネーションによる「肯定・否定」の聞き分けに強くなる

Test 9-06 イントネーションによる「肯定・否定」の聞き分けテスト　―その1　**CD2-43**

　以下の英文の（　）内には、肯定形と否定形が列記されていますが、実際の英文にはどちらか一方だけが使われています。これからネイティブスピーカーが各英文を読み上げていきますので、その発音とイントネーションをよく聞き、肯定形であるかあるいは否定形であるかを判断し、発音されているほうを○で囲んでください。

（解答は235頁）

1141　This　(㋐ is/㋑ isn't)　the answer I have been looking for.
「これは私が求めていた答で…」

1142　This　(㋐ is/㋑ isn't)　the answer I have been looking for.
「これは私が求めていた答で…」

1143　Those boys　(㋐ are/㋑ aren't)　the students of that prestigious high school.
「その少年たちはあの有名高校の学生たちで…」

1144　Those boys　(㋐ are/㋑ aren't)　the students of that prestigious high school.
「その少年たちはあの有名高校の学生たちで…」

1145　The teacher　(㋐ was/㋑ wasn't)　very happy with our performance.
「先生は私たちのできばえに満足して…」

1146　The teacher　(㋐ was/㋑ wasn't)　very happy with our performance.
「先生は私たちのできばえに満足して…」

1147　The houses in that village　(㋐ were/㋑ weren't)　earthquake-proof.
「あの村の家々は地震に耐えられるようになって…」

1148　The houses in that village　(㋐ were/㋑ weren't)　earthquake-proof.
「あの村の家々は地震に耐えられるようになって…」

1149　I　(㋐ have/㋑ haven't)　read the news everyone is talking about.
「私は皆が話しているニュースを読…」

1150　I　(㋐ have/㋑ haven't)　read the news everyone is talking about.
「私は皆が話しているニュースを読…」

DAY 9　聞こえない音が聞こえる理由

Test 9-07　イントネーションによる「肯定・否定」の聞き分けテスト　—その2　　CD2-44

　以下の英文の（　）内には、肯定形と否定形が列記されていますが、実際の英文にはどちらか一方だけが使われています。これからネイティブスピーカーが各英文を読み上げていきますので、その発音とイントネーションをよく聞き、肯定形であるかあるいは否定形であるかを判断し、発音されているほうを○で囲んでください。

（解答は235頁）

1151　The president of our company （❼ has /❹ hasn't）signed the contract with the Chinese investor.
「私たちの会社の社長は、中国の投資家との契約書にサインを…」

1152　The president of our company （❼ has /❹ hasn't）signed the contract with the Chinese investor.
「私たちの会社の社長は、中国の投資家との契約書にサインを…」

1153　Our bank （❼ can /❹ can't）lend them money to reorganize their business.
「私たちの銀行は、ビジネス再建のために彼らにお金を貸すことができ…」

1154　Our bank （❼ can /❹ can't）lend them money to reorganize their business.
「私たちの銀行は、ビジネス再建のために彼らにお金を貸すことができ…」

1155　My student （❼ could /❹ couldn't）finish his doctoral thesis in time.
「私の学生は、期限内に博士論文を書き終えることができま…」

1156　My student （❼ could /❹ couldn't）finish his doctoral thesis in time.
「私の学生は、期限内に博士論文を書き終えることができま…」

1157　The train （❼ had /❹ hadn't）arrived when everyone gathered at the station to welcome him.
「皆が彼を歓迎するために駅に集まったときには、列車は到着していま…」

1158　The train （❼ had /❹ hadn't）arrived when everyone gathered at the station to welcome him.
「皆が彼を歓迎するために駅に集まったときには、列車は到着していま…」

Test 9-08　イントネーションによる「肯定・否定」の聞き分けテスト　—その3　　CD2-45

　以下の英文の（　）内には、肯定形と否定形が列記されていますが、実際の英文にはどちらか一方だけが使われています。これからネイティブスピーカーが各英文を読み上げていきますので、その発音とイントネーションをよく聞き、肯定形であるかあるいは否定形であるかを判断し、発音されているほうを○で囲んでください。

（解答は 235 頁）

1161　The new employees　（㋐ would/㋑ wouldn't）　accept that offer from the company.
　「その新入社員たちは会社側からのその提案を受け入れ…でしょう」

1162　The new employees　（㋐ would/㋑ wouldn't）　accept that offer from the company.
　「その新入社員たちは会社側からのその提案を受け入れ…でしょう」

1163　We　（㋐ should/㋑ shouldn't）　support the family financially in this crisis.
　「私たちはこの危機のときに、その家族を経済的に支援すべき…」

1164　We　（㋐ should/㋑ shouldn't）　support the family financially in this crisis.
　「私たちはこの危機のときに、その家族を経済的に支援すべき…」

1165　You　（㋐ must/㋑ mustn't）　copy this file and take home.
　「あなたはこのファイルをコピーして自宅に持って行…」

1166　You　（㋐ must/㋑ mustn't）　copy this file and take home.
　「あなたはこのファイルをコピーして自宅に持って行…」

1167　They　（㋐ need/㋑ needn't）　finish the report by tomorrow morning.
　「彼らは明日の朝までにそのレポートを終える必要…」

1168　They　（㋐ need/㋑ needn't）　finish the report by tomorrow morning.
　「彼らは明日の朝までにそのレポートを終える必要…」

Test 9-09　イントネーションによる「肯定・否定」の聞き分けテスト　—その4　　CD2-46

以下の英文の（　）内には、肯定形と否定形が列記されていますが、実際の英文にはどちらか一方だけが使われています。これからネイティブスピーカーが各英文を読み上げていきますので、その発音とイントネーションをよく聞き、肯定形であるかあるいは否定形であるかを判断し、発音されているほうを○で囲んでください。

（解答は 235 頁）

1171 You　（❼ ought/❽ oughtn't）　to explain that to the police.
「あなたはそれを警察に説明すべき…」

1172 You　（❼ ought/❽ oughtn't）　to explain that to the police.
「あなたはそれを警察に説明すべき…」

1173 I　（❼ could/❽ couldn't）　have moved that heavy rock by myself.
「私は1人でその重い岩を動かすことはでき…ことでしょう」

1174 I　（❼ could/❽ couldn't）　have moved that heavy rock by myself.
「私は1人でその重い岩を動かすことはでき…ことでしょう」

1175 My sister　（❼ would/❽ wouldn't）　have gone to the party with that stranger.
「姉はあの見知らぬ人物と一緒にパーティーに行…ことでしょう」

1176 My sister　（❼ would/❽ wouldn't）　have gone to the party with that stranger.
「姉はあの見知らぬ人物と一緒にパーティーに行…ことでしょう」

1177 We　（❼ should/❽ shouldn't）　have bought this house for this price.
「私たちはこの家をこの値段で買うべき…でしょう」

1178 We　（❼ should/❽ shouldn't）　have bought this house for this price.
「私たちはこの家をこの値段で買うべき…でしょう」

■ want to と won't の聞き分け方

　will [wil] の否定形 will not は省エネ化されたとき、won't [wóunt] となり発音も will とはまったく異なるので、肯定形・否定形の区別はしやすい。しかし**普通の日本人にとって、want to（〜したい）と won't（〜するつもりはない）の区別がつけにくい**。なぜなら発音が少し似ているからだ。例えば "I want to see you tomorrow."（私は明日あなたに会いたいです）と "I won't see you tomorrow."（私は明日あなたに会うつもりはありません）は同じような響きになる。それでどうしても won't が want to に聞こえてしまう可能性がある。だが、発音の省エネ化が起こった場合、want to は [wənə] で、will not の省エネ発音 [wóunt] とはかなり異なる響きなので、聞き分けはそれほど難しくはない。**want to の省エネ発音はカタカナ表記的には「ワナ」に近く、won't のほうは「ウォウントゥ」に近い**。

Test 9-10　want to と won't の聞き分けテスト　　CD2-47

　以下の英文の（　）内には、want to と won't が列記されていますが、実際の英文にはどちらか一方だけが使われています。これからネイティブスピーカーが各英文を読み上げていきますので、発音されているほうを○で囲んでください。

（解答は 235 頁）

1181　I　（⑦ want to/④ won't）　study Chinese for a while.
　　「私はしばらくの間、中国語を勉強…」

1182　I　（⑦ want to/④ won't）　study Chinese for a while.
　　「私はしばらくの間、中国語を勉強…」

1183　They　（⑦ want to/④ won't）　come to Japan this coming fall to join the county fair.
　　「彼らはカウンティーフェアに参加するためにこの秋日本に行…」

1184　They　（⑦ want to/④ won't）　come to Japan this coming fall to join the county fair.
　　「彼らはカウンティーフェアに参加するためにこの秋日本に行…」

1185　My sister and her husband　（⑦ want to/④ won't）　move to Osaka to start a new business.
　　「姉と彼女の夫は新しいビジネスを始めるために大阪へ行…」

1186　My sister and her husband　（⑦ want to/④ won't）　move to Osaka to start a new business.
　　「姉と彼女の夫は新しいビジネスを始めるために大阪へ行…」

DAY 10

映画のセリフの聞き取り練習

映画の英語が聞けるようになる聞き取りテクニック⑨ ………… 199

【第9回】
得意な「省エネ発音」の聞き分けを確認する

DAY 10　今日のテーマ 映画のセリフの聞き取り練習

> これまで、映画の英語を聞き取ることができない原因である「省エネ発音」の聞き取りトレーニングを積んできた。それでは、皆さんの聞き取り能力が改善されたかどうかを試す最後のトレーニングに入ろう。映画の英語を聞き取ることができるようになる仕上げのトレーニングとして、1933 年に制作された映画『キング・コング』の一番の見せ場である、劇場のステージ上に太い鎖で縛られていたキング・コングがその鎖を引き裂き、大パニックが起こる場面をお聞きいただくことにしよう。「省エネ発音」が聞き取れるようになったかどうか試してもらいたい。

この Chapter では実際の映画の中で使われている英語のセリフの聞き取り練習をしよう。作品としてはちょっと古いが、1933 年に製作されたハリウッド映画 "King Kong" のセリフを使って練習をしたいと思う。映画が古いと言っても、使われているセリフは現在の英語と変わらず、また、発音もこれまで述べてきたことと同じ原理により、省エネ現象が顕著に現れている。でも本書に添付されている CD の音声は、映画から取ったものではなく、省エネ発音原理のことをよく知り、スタジオ内でもセリフを自然にまた実際の映画に近い発音で読むことのできるネイティブスピーカーに依頼したものである。映画ではいろいろな登場人物がいて、それぞれが自分のセリフを語っているが、CD の音声は一人の声優がすべてのセリフを言っているので、その点はご理解いただきたい。ただ本書の焦点である「発音の省エネ現象」はしっかり捉えられているので、聞き取り練習には何の支障もないはずである。実際の映画の音声は、http://www.classiccinemaonline.com/cinema/action/kingkong.html で聞くことができる。

■ 英語の映画のシナリオについて

話はセリフの省エネ発音から少し外れるが、映画の台本の書き方について少しだけ触れておこう。英語の映画の台本には様々なルールがある。台本の主なルールは以下のとおりで、そのほかにも細かいルールがいくつかある。

1. 使用するフォントは原則的に Courier の 12 ポイント
2. セリフはページの中央揃え
3. セリフは 1 行 35 半角文字程度
4. 映像場面の説明は 1 行 60 半角文字程度
5. キャラクターの名前はすべて大文字表記
6. INT は室内を意味する
7. EXT は野外を意味する
8. CUT TO は 1 つの画面から異なる画面に変わることを意味する
9. （　）内はセリフの言い方の説明

注：本書で使っている聞き取り練習のための（　）と和訳用の「　」はシナリオルールとは無関係。

　フォントの大きさが統一されているのは、プロデューサーらが台本のページ数によって映画の長さを予測し、映画の制作費等がどのくらいになるか、撮影期間がどのくらいになるか判断するためでもある。台本のフォントの大きさがまちまちだと、ページ数を見ただけでは映画の規模の予測がつかないという問題が発生してしまう。ハリウッドの映画プロデューサーは毎年数えきれないほどの台本を手にするので、届いた台本をまずパラパラとめくって、基本ルールを守っていない台本は読まずに捨てるケースが多い。

　ハリウッドの台本は 1 ページ＝ 1 分が目安で、例えば 2 時間の映画の場合は 120 ページの台本という具合である。もちろんセリフが少ない映画や、登場人物が早口で長いセリフを話す映画等はこの計算に当てはまらない。

　"King Kong" の映画の場合、全体的に登場人物が興奮して話すので、スピードが上がり、省エネ発音現象もかなり顕著である。

　本書では、発音聞き取りテストの部分とフォントの種類と大きさ以外は、なるべく台本ルールに従うことにした。また聞き取りテストは、2 時間映画の一部だけ（ストーリーの後半部）に限定されている。また使われたセリフのすべてに日本語訳を付けることにした。

■ 映画シナリオのサンプル

以下映画の台本のサンプルである。

                    DENHAM
                   (excited)
     It's money, and adventure, and
                     fame.
     It's the thrill of a lifetime. And
     a long sea-voyage that starts at
            six tomorrow morning.

                      ANN
        No! Wait, I can't - I don't
     understand - you must tell me - I
     do want the job so - I was starving
                - but I can't -

Denham has been looking at her, puzzled
               because she hasn't
caught his frantic excitement. He suddenly
                 sees what is
troubling her. He calms down and goes back
                  and sits.

                    DENHAM
     Oh, I see. You got me wrong. Nix,
        sister, nix. This is strictly
            business. I'm no chaser.

                      ANN
                    (meekly)
              I only wanted to -

DAY 10　映画のセリフの聞き取り練習

映画の英語が聞けるようになる　聞き取りテクニック⑨
第9回　得意な「省エネ発音」の聞き分けを確認する

■ King Kong の主要キャラクターに関する簡単な説明

DENHAM:
有名映画監督で、世界中の珍しい物を探し求め、それらを撮影し、アメリカの映画館で上映することを使命としている。

ENGLEHORN:
DENHAM 監督が利用した船の船長。

ANN:
映像には美女が必要ということで、出発間際に DENHAM 監督が偶然見つけた貧しいが美しい素人女優。たどり着いた不思議な島で、巨大ゴリラ King Kong に連れ去られてしまう。

DRISCOLL:
乗組員の1人で、航海中に Ann と恋に落ちいり、Ann が King Kong に連れ去られたとき、命がけで彼女を救出する。

■ シナリオの聞き取り練習

それでは実際の映画 "King Kong" に使われたセリフの聞き取り練習をしよう。

Test 10　「映画の英語が聞ける！」省エネ発音聞き分けテスト　CD2-48

　（　）内の＿＿＿部分には、発音の省エネ化が進んだ単語が隠されています。そしてその下の【　】内には＿＿＿に使われている単語がアルファベット順に列記されています。ただし余分な語が1つ含まれています。これからネイティブスピーカーが実際の映画のセリフに近い発音で読み上げますので、その発音をよく聞き、（　）内のそれぞれの＿＿＿にセリフで使われている単語を【　】内から選び、書き入れてください。
　　　　　　　　　　　　　（解答は 236〜238 頁）

(注1：各セリフの前に大文字だけで書かれているのは、そのセリフを語る登場人物の名前です。誰が言うセリフかをわかりやすくするために、ここでは太字で示してあります。)
(注2：発音の省エネ度合いは、読み上げるネイティブスピーカーの音声と実際の映画の音声とでは多少異なります。)

199

〈映画の背景 ― 1〉

　世界中の珍しい光景を撮影することに命をかけている映画監督 Denham がある島に行ったとき、彼がこの映画のために見出した女優 Ann が巨大ゴリラ（King Kong）に連れ去られてしまった。彼女を救出するために King Kong を追跡したが、多くの犠牲者がでてしまった。しかしやがて、King Kong を捕らえることに成功し、映像ではなく、King Kong そのものを New York に連れて行き、劇場で人々に見せることにする。
　本書では、King Kong が島で気を失い、捕らえられるときから後のセリフの聞き取り練習をしていくことにする。

Scene 1 「場面 1」

Village street. Night. KONG's great side, heaving as he breathes. All crowd around him.
「村の通り、夜、キングコングが息をするときに大きな腹が動く、群集が群がる」

DENHAM
（exultant）
「勝ち誇ったように」

1191 He （_____ be out _____) hours.
　　【for, of, will】
「彼は数時間気を失っているだろう」

1192 Send off （_____ _____ ship _____) anchor-chain, Skipper.
　　【for, from, the, to】
「船長、船から錨用の鎖を持って来るように言ってくれ」

ENGLEHORN

1193 What （_____ you _____ _____) do?
　　【are, going, no, to】
「どうするつもりなんだ？」

200

DENHAM

1194 Build a raft to float (＿＿ out ＿＿ ＿＿) ship.
【hell, him, the, to】
「浮かせて船に運べるようないかだを作ってくれ」

1195 The whole world (＿＿ pay ＿＿) see this!
【and, to, will】
「世界中の人はこれ見たさに金を払うだろう」

ENGLEHORN

1196 No chains will hold that.
「どんな鎖を使っても持たないだろう」

DENHAM

1197 We (＿＿ give ＿＿ more ＿＿) chains.
【him, than, the, will】
「鎖以外も使って彼を縛ろう」

1198 He (＿＿ always ＿＿ king ＿＿) the world.
【been, as, has, of】
「彼はいつも世界の王だった」

1199 (＿＿ we ＿＿ teach ＿＿) fear.
【but, him, in, will】
「しかし彼に恐怖心を教えてやろう」

(his voice rises triumphantly)
「彼の声は勝ち誇ったように高くなる」

1200 We're millionaires. I (＿＿ share ＿＿) all of you.
【will, win, with】
「俺たちは億万長者だ。おまえたちみんなにも分け前をやるからな」

1201 Listen, boys. In a few months （＿＿ now ＿＿ ＿＿）
【for, from it, will】
be in lights on Broadway – Kong, the Eighth Wonder.
「おいみんな。2、3カ月後には、世界の8番目の不思議・キングコングはブロードウェーの脚光をあびるだろう」

DISSOLVE TO electric sign on a theatre, "KONG, the Eighth Wonder."
「劇場の電光掲示板にフェードイン、キングコング　世界の8番目の不思議」
Tilt down to crowds outside.
「屋外の群集の方に向ける」
CLOSEUPS of crowd.
「群集の大写し」

Scene 2 「場面 2」

1ST MAN（男性 1）

1211 (_____ _____ _____), anyhow?
【easy, is, it, what】
「とにかくそれは一体何なんだ？」

2ND MAN（男性 2）

1212 They say (_____ _____ sort _____) a gorilla.
【is, it, of, or】
「ゴリラの一種らしいな」

1ST MAN

1213 Gee, (_____ we get enough _____ _____) in New York?
【do, don't, of, them】
「なんだ、ニューヨークにはいくらでもいるではないか？」

Another close-up
「もう 1 つの大写し」

YOUNG MAN（若者）

(to his girl)
「ガールフレンドに向かって」

1214 I hear (_____ _____ bigger _____) an elephant.
【is, it, than, then】
「聞くところによると象より大きいらしい」

GIRL（女性）

(chewing gum)
「ガムをかみながら」

1215 Does （_____ _____ tricks _____) what?
【do, it, on, or】
「何か芸でもやるのか？」

ここで人々が劇場で入場券を買うシーンがあるが、ここでは省くことにする。

ANN

1216 I don't （_____ _____) look at him, Jack.
【lie, like, to】
「ジャック、私は見たくないわ」

1217 It makes me feel the way I did （_____ _____ day _____) the island. 【awful, offer, on, that】
「あの島での恐ろしい日と同じ気持ちになってしまうわ」

DRISCOLL

1218 I wouldn't （_____ brought _____ , _____) you know how
【but, by, have, you】
Denham insisted.
「君を連れて来たくなかったんだが、ご存じのように、デナムが言い張るからね」

ANN

1219 Of course we （_____ _____ come when _____) said it would help the show. 【had, he, to, winner】
「もちろんショーの助けになると彼が言うんなら、来なければならないわよね」

1220 Do you suppose （_____ really _____ a lot _____) money, Jack? 【make, may, of, we'll】
「ジャック、本当にもうかるのかしら？」

DRISCOLL

(fussing with his collar)
「襟を気にしながら」

1221 Enough to pay (＿＿ back ＿＿ ＿＿) clothes, anyway.
【for, him, in, these】
「いずれにせよ、これらの衣装代の元は十分取れるだろうよ」

1222 I never had an open-face suit before.
「僕は今までこんなむき出しのスーツなんか着たことないよ」

Denham bustles in. Full evening dress, silk hat, gardenia. He is excited and important.
「デナムがせわしなく入って来る。イブニングドレスを着、シルクハットをかぶり、くちなしの花をつけている。彼は興奮し、誇らしげ」

DENHAM

1223 Hello, (＿＿ ＿＿ just ＿＿) time. You look great, Ann.
【are, on, or, you】
「やー、きっかり間に合ったね。アン、元気そうだね」

1224 Glad I dressed (＿＿ up ＿＿ ＿＿) show.
【for, this, yes, you】
「このショーのために君の衣装が整ってよかった」

1225 Hello, Jack. Ten thousand (＿＿ ＿＿ ＿＿) box office.
【dollars, doors, in, the】
「やー、ジャック。切符売り場には1万ドルだよ」

1226 How (＿＿ ＿＿ ＿＿) one night?
【for, is, than, that】
「一晩のかせぎとしてはどうかね？」

DRISCOLL

1227 Say! That's money!
「えー！ すごい金額だ！」

DENHAM

1228 Oh, we （＿＿＿ ＿＿＿ ＿＿＿） do that every night.
　　　　【are, going, no, to】
「これを毎晩続けるんだよ」

1229 The newspaper boys （＿＿＿ ＿＿＿ ＿＿＿） now.
　　　　　　　　　【are, coming, cunning, in】
「新聞記者たちが入って来るよ」

Group of reporters and photographers come in to Ann, Driscoll, and Denham.
「何人かのレポーターとカメラマンが入って来て、アン、ドリスコルそしてデナムのところに来る」

Scene 3 「場面3」

DENHAM

1231 Miss Darrow, boys. And Mr. Driscoll.
「諸君、こちらがダロー嬢、そしてドリスコル氏です」

1ST REPORTER（レポーター1）

1232 It was Mr. Driscoll (_____ rescued _____ _____) the ape, wasn't it?　【from, how, who, you】
「あなたをあの類人猿から救ったのはドリスコル氏でしたよね？」

ANN

1233 Yes. He was alone. All the sailors with (_____ _____ _____) killed.　【add, been, him, had】
「ええ。彼がたった1人で。一緒にいた水夫たちは全員殺されてしまったの」

2ND REPORTER（レポーター2）

(looking off-stage)
「ステージとは別の方向を見ている」

1234 Alone, eh? Whew! How (_____ _____ tackle _____) baby?　【did, that, then, you】
「1人で？　うわあ！　どうやってあの野獣を捕まえたんですか？」

DRISCOLL

1235 Aw, Denham (_____ _____ one _____) got him.　【as, is that, the】
「えーと、それを捕まえたのはデナムなんだよ」

1236 The rest (_____ _____ _____) running like rabbits,　【of, over, us, were】
「僕たちは、彼以外はウサギのように走っていたのさ」

207

1237 but Denham (_____ _____ nerve _____) stand still and
【and, had, the, to】
chuck gas-bombs at him.
「でもデナムが勇気をふるって立ち止まり、あの大猿に向けてガス爆弾を投げつけたんだ」

The Reporters turn to Denham, saying "Oh, you're the hero."
"Come on spill it," etc.
「レポーターはデナムのほうを見て、『あなたがその英雄ですね』、『秘密を教えてください』などと言う」

DENHAM

1238 No, lay off me. Miss Darrow is the story.
「いや、私のことはいいですよ。ダロー嬢のお話ですから」

1239 If (_____ _____ been _____) her, we'd never have got near
【for, hadn't, it, who】
KONG.
「彼女がいなかったら、決してキングコングに近づくことはなかったでしょう」

1240 He came back (_____ the village _____ _____).
【are, for, her, to】
「キングコングは彼女を捕まえるために村に戻って来たんです」

3RD REPORTER (レポーター3)

1241 Beauty and the Beast, huh?
「美女と野獣ってところだね」

DENHAM

1242 That's it. Play up that angle. Beauty and the Beast.
「そのとおり。そのへんを強調してくれ。美女と野獣とね」

1243 KONG (_____ _____ _____) safe where we'd never have
【could, have, stayed, stirred】
got him,
「キングコングは僕たちが捕らえなかったなら、無事にあの島にいつづけたんだろうにね」

208

1244 (_____ _____ _____) stay away from Beauty.
【but, couldn't, he, him】
「でも、美女から離れられなかったんだよ」

1245 That's your story, boys.
「君たち、そのへんの話を任せるからね」

2ND REPORTER

1246 It's a story all right.
「確かに面白い話だ」

1ST PHOTOGRAPHER（カメラマン1）

1247 How (_____ _____ _____) pictures?
【a, about, by, few】
「写真2、3枚いいですか？」

DENHAM

1248 Wait. I want you to take flashlights (_____ the stage _____ front _____) the audience.
【and, in, of, on】
「ちょっと待った。観客の前のステージにあるフラッシュライトを取ってくれないか」

1249 (_____ ring the _____ _____) now, and I'll make a speech.
【couldn't, curtain, up, we'll】
「今幕を上げ、私がスピーチをするので」

1250 Tell (_____ _____ KONG _____) Miss Darrow and Driscoll.
【about, and, on, them】
「彼らにキングコング、ダロー嬢そしてドリスコルの説明をします」

1251 Then when I call you, (_____ _____ come on _____) take pictures.
【all, and, end, you】
「それから君たちを呼ぶから、みんなステージに上がり、写真を撮ってくれ」

The photographers ad lib. "Sure," "We'll do that," etc.
「カメラマンがアドリブで『確かに』とか『そうしましょう』とか言う」

DENHAM

1252 Come on Ann. I want you (＿＿ Jack ＿＿ ＿＿) the curtain goes up.　【and, one, there, when】
「いいね、アン。幕が上がったときには、君とジャックにはそこにいてほしい」

ANN
（shrinking)
「しり込みしながら」

1253 Oh, no.
「あら、そんな」

DENHAM

1254 (＿＿ ＿＿) all right.
　　【is, it, two】
「大丈夫だよ」

1255 We've knocked (＿＿ ＿＿ ＿＿) fight (＿＿ ＿＿
　　　　　　　　【of, some, sun, the】　【him, of, out, outer】
＿＿) since you saw him.
「君がキングコングを見たとき以来、闘争心は失せているよ」

He urges Ann off. Driscoll follows.
「彼はアンに退くようにと言う。ドリスコルもその後について行く」

CUT TO back of theatre, looking toward stage, curtain down.
「劇場の後方から、ステージを見下ろす。幕は閉まっている」

Scene 4 「場面4」

House packed. Denham comes before the curtain. In almost the tones of the circus spieler, he begins:
「劇場は満席。デナムが幕の前のほうに来て、サーカスの客引きのようなしゃべり方で話し始める」

DENHAM

1261 Ladies and gentlemen, I am (_____ tonight _____ tell _____) a strange story. 【here, to, year, you】
「皆様、今夜は皆様に不思議な出来事についてお話ししましょう」

1262 So strange (_____ story _____ no one _____) believe it. 【a, that, then, will】
「あまりにも不思議な話なので、誰にも信じていただけないでしょう」

1263 But, ladies and gentlemen, seeing is believing, and we ―
「しかし皆様、百聞は一見にしかずです。それで私たちは…」

1264 I and my partners have brought back (_____ living proof _____ _____) adventure, 【of, or, our, the】
「私と私の仲間たちは、冒険の生きた証拠を持ち帰りました」

1265 an adventure (_____ which twelve _____ _____) party met terrible deaths. 【in, of, on, our】
「私たち1行の12人までもが命を落とす冒険でした」

CUT TO wings of theatre. Reporters and photographers looking onto the stage.
「カメラは劇場の脇を映す。レポーターとカメラマンたちがステージのほうを見ている」

2ND PHOTOGRAPHER（カメラマン2）

1266 Holy smoke, (_____ _____ _____)! 【at, look, that, the】
「何てことだ。あれを見ろよ！」

211

1ST PHOTOGRAPHER（カメラマン 1）

1267 Hope (_____ _____ tied up good _____) plenty.
【and, has, he, is】
「きっちり縛ってあるだろうね」

1ST REPORTER

1268 Sure he is. Denham (_____ _____ _____) chances.
【is, no, taking, taping】
「それは確かだよ。デナムは危険を冒すような人ではないからね」

Cut to front of theatre. Denham addressing audience.
「カメラは劇場の前方を映す。デナムが観客に語り始める」

DENHAM

1269 And now, ladies and gentlemen, before I tell you more,
「さて皆様、お話を続ける前に」

1270 I'm (_____ _____ show _____) the greatest sight your eyes
【going, now, to, you】
ever beheld.
「皆様がこれまでに見たこともないようなすばらしい光景をお見せしましょう」

1271 He was the king (_____ _____ god _____) the world he
knew, 【and, of, or, the】
「彼は王様、そして彼の世界では神でした」

1272 (_____ now _____ comes _____) civilization, merely a
captive. 【but, by, he, to】
「しかし今や文明にさらされ、単なる捕われの身です」

1273 (Ladies _____ gentlemen, _____ _____) KONG, the Eighth
【and, at, look, lock】
Wonder of the World.
「皆様、キングコングをとくとご覧ください。世界の8番目の不思議を」

212

The curtain rises to disclose a raised platform, on which is KONG, loaded with chains and so fastened that he can move nothing but his head. Murmurs and exclamations from the audience, a few rise to their feet to get a better look.
「幕が開き、引き上げられた台が現れ、その上に鎖で縛り付けられ首以外何も動かせない状態にあるキングコングがいる。観客からざわめきと叫び声が聞こえる。ある者たちはもっとよく見ようと立ち上がる」

CUT TO medium shot on stage. Denham takes Ann's hand.
「カメラはステージの中央を映す。デナムがアンの手を取る」

DENHAM

1274 I (_____ _____) introduce Miss Ann Darrow.
【to, one, want】
「アン・ダロー嬢をご紹介します」

1275 The pluckiest girl (_____ _____ _____) known.
【ever, every, have, I】
「私の知る限り最も勇気ある女性です」

Audience applauds.
「観客は拍手をする」

DENHAM

1276 There the Beast, and here the Beauty.
「あそこには野獣、そしてここには美女」

1277 She has lived through an experience that no other (_____ _____ dreamed _____).
【ever, of, woman, wooden】
「彼女は、どんな女性も想像だにしなかった経験を耐え抜いたのです」

1278 And she (_____ rescued _____ _____) very grasp of
【for, from, the, was】
KONG by her future husband.
「そしてキングコングの手から、未来の夫により救出されたのです」

1279 I (_____ _____ _____) meet a very brave gentleman, Mr.
【choose, to, want, you】
John Driscoll.
「とても勇敢な紳士、ジョン・ドリスコル氏をご紹介します」

Scene 5 「場面 5」

Audience applauds. Driscoll bows awkwardly.
「観客は拍手をする。ドリスコルはぎこちなくお辞儀をする」

DENHAM

1281 Now, before I tell you the (＿＿＿ story ＿＿＿ ＿＿＿) voyage,　　【for, full, of, our】
「さて、私たちの旅の全貌をお話しする前に、」

1282 I'm (＿＿＿ ＿＿＿ ask ＿＿＿) gentlemen of the press to 【going, gone, the to】
come forward,
「報道陣の方々に前に出て来ていただきます」

1283 so that the audience (＿＿＿ ＿＿＿ ＿＿＿) privilege of seeing them　【have, mail, may, the】
「観客の皆様にも彼らを見る特権が与えられるように」

1284 and take (＿＿＿ ＿＿＿ photographs ＿＿＿) KONG and his captors.　【first, fur, of, the】
「そしてキングコングと捕獲者の初めての写真を撮っていただくためです」

He looks off-stage and beckons. The press men come on.
「彼は振り向き、手招きする。報道陣がステージに上がる」

DENHAM

1285 Miss Darrow first, alone. (＿＿＿ ＿＿＿ front ＿＿＿) KONG, Ann.　【in, of, stand, stun】
「まずダロー嬢が最初に、1人で。アン、キングコングの前に立って」

Ann reluctantly does so.
「アンはためらいながら指示に従う」

1ST PHOTOGRAPHER

1286 (____ ____ ____). That's near enough.
　　【is, in, it, that】
「そうそう。十分近いでしょう」

2ND PHOTOGRAPHER

1287 Ready. (____ ____). Smile, please.
　　　【hold, home, it】
「準備OK？　そのままで。微笑んでね」

The flashlights go off. KONG roars. Ann looks round in terror, with a startled cry.
「フラッシュライトが消える。キングコングが吠えたける。アンは恐怖の中驚きの声をあげながらあたりを見回す」

DENHAM

1288 (____ ____ ____), ladies and gentlemen.
　　【alarmed, be, don't, lime】
「皆様、心配なさらないでください」

1289 Those chains (____ ____ ____) chrome steel. He can't move. 　【are, made, main, of】
「鎖はクロム鋼でできています。彼は動けません」

Flashlights again. KONG roars and strains at chains. Ann covers her face. Driscoll steps forward to her.
「フラッシュライトが再び光る。キングコングが吠えたけり、鎖を引っ張る。アンは顔を覆う。ドリスコルは彼女のところに行く」

DRISCOLL

1290 It's all right, Ann.
「アン、大丈夫だよ」

216

DENHAM

1291 Get them together, boys.
「君たち、ツーショットをお願い」

1292 They (＿＿＿ ＿＿＿ ＿＿＿) be married tomorrow.
【are, going, gold, to】
「彼らは明日結婚する予定なんです」

1ST PHOTOGRAPHER

1293 Put (＿＿＿ arm ＿＿＿ ＿＿＿), Driscoll.
【around, dirt, her, your】
「ドリスコル、腕を彼女に回して」

Driscoll does so. Flashlights. KONG roars, struggles. Ann hides her face against Driscoll.
「ドリスコルはそのようにする。フラッシュライトが光る。キングコングが吠えたり、もがく。アンは顔をドリスコルに押し付け、隠す」

DENHAM

1294 Wait. Hold on. He thinks (＿＿＿ ＿＿＿ attacking ＿＿＿) girl.
【are, kin, the, you】
「待て。そのままで。キングコングは君たちがその女性を襲っていると思っているみたいだ」

1ST PHOTOGRAPHER

1295 Let him roar. Swell picture.
「そのまま吠えさせておけ。すばらしい光景だ」

(to flashlight men)
「フラッシュライトを持った人に」

1296 Get this.
「今だ!」

Flashlights again.
「再びフラッシュライト」

With a frightful roar, KONG breaks his chains.
「恐ろしい声で吠えながら、キングコングは鎖を切る」
Everyone stands paralyzed, as KONG beats his chest, roaring.
「キングコングが胸を叩き吠えたけると、全員立ちすくむ」
Driscoll grabs Ann, and rushes for door.
「ドリスコルはアンの手をつかみ、ドアのほうに急ぐ」
The theatre; reporters, attendants running for safety.
「劇場では、レポーターや係員が自分の身を守るために走り去る」
Audience in panic. KONG roaring.
「観客はパニックに。キングコングは吠えたける」
Driscoll and Ann through door.
「ドリスコルとアンはドアの外へ」
KONG starts across arena.
「キングコングは劇場を歩いて通り抜ける」
Driscoll and Ann in street.
「ドリスコルとアンは通りに出る」

(映画の結末)
　鎖を引き裂いた King Kong は、New York の街中を暴れまわり、やがて Ann を捕らえて Empire State Building によじ登る。Ann の命は危険にさらされる。King Kong が Ann をわずかな隙間に置いた瞬間を狙って、飛行機での銃撃が始まり、ついに King Kong は Empire State Building の屋上から落下し、Ann が救助される。

あとがき

役者に期待されるしゃべり方
―映画と舞台劇の違い

　同じ演技でも映画と舞台劇では役者のしゃべり方が異なる。なぜなら役者に期待されるしゃべり方そのものが全然違うからである。日本人の耳にはどちらが聞きやすいかというと、もちろん舞台劇のほうである。
　Day 1で英語の聞きやすさの順序を以下のように説明した。

1. 小さな子供に語りかける英語
2. 外国人に語りかける英語
3. 子どもが使う英語
4. 朗読の英語
5. ニュースの英語
6. ネイティブ同士で気楽に話す英語
7. 映画のセリフ

　このリストには舞台劇の英語の位置づけはなかったが、おそらく「朗読の英語」の前に来るであろう。すなわちかなり聞きやすい英語ということになる。聞きやすさ4番目の朗読の場合、音声によってのみすべての内容を聴衆に伝えるという使命があるので、1語1語をかみしめるような読み方になり、自然にそのスピードもゆっくりになる。英語がゆっくりになれば、発音の省エネ化が鈍るので、聞きやすい英語になる。
　でも朗読よりさらにゆっくり明確に話すことが求められるのが舞台劇の英語である。朗読の場合、たいていはマイクが口元に用意されるので、朗読者の肉声だけで会場の一番後ろまで声を届かせる必要性はない。すなわち声を張り上げる必要はないということになる。
　しかし、舞台劇の場合は、役者は舞台を動き回りながら話すので、マイクはその演技の邪魔にならないように、役者の口からかなり離れた場所に設置される。それで役者は、最低マイクの距離までは声が確実に届くように話さなければならないし、広い舞台の両端に立つ役者たちが会話を交わすときは、相手にしっかり聞こえるような大きな声で話す必要がある。

また、舞台劇では手足や体全体の動きをいかに大きくしても、目や顔で表現すべき微妙な感情の表情を観客に見てもらうことができない。それらの表現はすべて音声に頼ることになる。それで舞台劇役者の場合、声の大きさあるいは響きが重要な要素となる。当然発声法も重要な要因となってくる。舞台役者にとって、言葉は大切なコミュニケーションツールで、目で見えない部分、すなわち客席からは感じ取れない部分を「言葉」でカバーするしかない。そんなわけで、舞台役者のしゃべり方は映画でのしゃべり方に比べると滑舌がよく、聞き取りやすい。また、舞台劇での台詞は自然の英語とは限らない。それは観客に言葉が的確に伝わるようにするためである。

　朗読と舞台劇の違いは、マイクを手に持ちながら歌うロック歌手と広い舞台で歌うオペラ歌手との違いに似ている。マイクとアンプの力を借りて歌う歌手には、歌うときの音エネルギーを気にする必要はない。ささやくような声で歌っても、すなわち音エネルギーが非常に小さくても、聴衆はスピーカーを通してはっきりその歌声を聞くことができる。しかし舞台で歌うオペラ歌手は、マイクとアンプの力に頼るのではなく、正しい発声により声を遠くまで響かせる必要があるので、その音エネルギーは計り知れない。

　私はあるとき世界的に有名なテノール歌手が体育館で歌うのを生で聞いたことがあるが、彼の歌声により体育館の多くの窓ガラスが振動したのを今でも覚えている。オペラ歌手の声の響きがすごすぎて、窓ガラスが割れたという話さえ聞いたことがある。

　それとは対照的に、私が出席したある結婚式の宴会で、ロック歌手がマイクも楽器もなくアカペラで祝いの歌を歌ったことがある。しかし彼の声は狭い会場の端までとどかず、本当に歌を歌っていたのかわからないぐらいだった。彼の歌声の音エネルギーは、非常に低かったのである。

　舞台劇役者とオペラ歌手は同じ宿命を背負っており、発する声の音エネルギーは非常に大きい。そして音エネルギーが大きいことと発音の省エネ化は相反する現象なので、舞台劇役者の言葉には省エネ発音がほとんどない。舞台劇役者の発する一つ一つの単語は、母音も子音もかなり明確な響きとなり、とても聞きやすい発音となる。ときには歌手がある単語を非日常的な発音で歌うように（本来は弱母音であるはずの箇所を強母音の発音にする場合など）、舞台劇では音エネルギーが大きすぎて、発音の反省エネ化が（省エネ化の逆現象）が起こることもある。日常生活の英語の発音から見ると不自然なほど明確な発音

あとがき

でも、舞台劇では不自然ではないということになる。

　映画の役者には、舞台劇のしゃべり方とはまったく異なるしゃべり方が求められる。映画の場合、マイクは役者の声が一番拾いやすい場所に設置され、カメラは一番よい場所で一番よいアングルにセットされる。そして役者は、自分の声が観衆に聞こえるかどうかなど一切考える必要がない。映画の役者に求められるのは、場面や状況に合った自然な演技、自然な喋りであり、声の大きさではない。それで役者の性格とか演ずる内容により、声のトーンやしゃべるスピードには多くのバリエーションが生じることになる。ゆっくりかみしめて話す場面では、当然個々の単語の発音が明確になる。しかし、自然なしゃべりは、ある程度のスピードの英語を意味するので、役者のセリフの発音は省エネ化の方向に進む。そして役者が熱心にあるいは興奮して話す場面では、ことばのスピードが加速し、強音節の数が減り、省エネ発音に拍車がかかる。

　1933年版の「キング・コング」でカール・デナムという映画監督を演じているのはロバート・アームストロングという役者で、彼はこの役で一躍注目を集めるようになった。映画の中での彼の役柄は強気で強引な男で、人々を「あっ」と驚かせる題材を探し求めてカメラを持って世界中を旅していた。映画監督という職業柄か、カールはとてもお喋りで、相手を自分の興味内容に引きずり込む話術をもっている。あるときは紳士的なビジネスマンのように振る舞い、またあるときには自分の意見を通そうと相手をまくしたてる強引な男になる。彼は話し方を状況に応じて変化させている。そして興奮するとものすごく早口になる性格の持ち主で、そのときの彼のしゃべりには極端な省エネ発音現象が現れる。

　映画の役者は、カメラのアングルにより目や顔つきで微妙な感情の表現をすることが求められる。これらの感情表現は音声にあまり依存しないので、話す言葉は、それほど明確でなくてもかまわないということになる。それは音エネルギーの減少を意味する。また、映画ではもごもご口ごもったり、ひとりごとを言うような場面も多くあるので、そのようなときは音エネルギーがさらに減少し、発音の省エネ化が進む。

　このように、英語の映画のセリフが日本人の耳に聞きづらいのは、映画俳優に課せられた映画独特のしゃべり方のためであり、省エネ発音が多く含まれているせいである。

■「聞き分けテスト」の正解 ■

> 本書の「聞き分けテスト」の解答は記号ではなく、文中で読まれた語をあげてありますので、CDを聞き直すときに参考にしてください。

DAY 3

Test 3-01 (p.54)
- 001a (adapt)　001b (adopt)
- 002a (block)　002b (black)
- 003a (bond)　003b (band)
- 004a (chop)　004b (chap)
- 005a (hallow)　005b (hollow)
- 006a (mask)　006b (mosque)

Test 3-02 (p.54)
- 011 (cop) (cap)
- 012 (ox) (ax)
- 013 (bottle) (battle)
- 014 (fox) (fax)
- 015 (mop) (map)
- 016 (add) (odd)
- 017 (pack it) (pocket)

Test 3-03 (p.56)
- 021a (dump)　021b (damp)
- 022a (hanger)　022b (hunger)
- 023a (mad)　023b (mud)
- 024a (rush)　024b (rash)
- 025a (tab)　025b (tub)

Test 3-04 (p.56)
- 031 (flash) (flush)
- 032 (track) (truck)
- 033 (uncle) (ankle)
- 034 (crashed) (crushed)
- 035 (lamp) (lump)
- 036 (rag) (rug)
- 037 (staff) (stuff)

- 038 (must) (mast)
- 039 (match) (much)

Test 3-05 (p.58)
- 041a (per)　041b (par)
- 042a (carve)　042b (curve)
- 043a (err)　043b (are)
- 044a (farm)　044b (firm)
- 045a (parse)　045b (purse)
- 046a (star)　046b (stir)

Test 3-06 (p.58)
- 051 (firm) (farm)
- 052 (Carl) (curl)
- 053 (far) (fur)
- 054 (gird) (guard)
- 055 (Kerr) (car)
- 056 (person) (parson)
- 057 (card) (curd)

Test 3-07 (p.60)
- 061a (ban)　061b (burn)
- 062a (curt)　062b (cat)
- 063a (heard)　063b (had)
- 064a (pack)　064b (perk)

Test 3-08 (p.60)
- 071 (bad) (bird)
- 072 (birth) (bath)
- 073 (banner) (burner)
- 074 (first) (fast)
- 075 (hat) (hurt)

「聞き分けテスト」の正解

|076| (pass) (purse)

Test 3-09 (p.62)
|081a| (bold)　|081b| (bald)
|082a| (ball)　|082b| (bowl)
|083a| (loan)　|083b| (lawn)
|084a| (pose)　|084b| (pause)
|085a| (saw)　|085b| (sow)
|086a| (toast)　|086b| (tossed)

Test 3-10 (p.63)
|091| (ball) (bowl)
|092| (saw) (sow)
|093| (bought) (boat)
|094| (cost) (Coast)
|095| (called) (cold)
|096| (hole) (hall)
|097| (tall) (toll)

Test 3-11 (p.64)
|101a| (cord)　|101b| (code)
|102a| (corn)　|102b| (cone)
|103a| (four)　|103b| (foe)
|104a| (order)　|104b| (odor)
|105a| (mow)　|105b| (more)
|106a| (oar)　|106b| (owe)
|107a| (tone)　|107b| (torn)

Test 3-12 (p.64)
|111| (folks) (forks)
|112| (order) (odor)
|113| (born) (bone)
|114| (foam) (form)
|115| (lord) (load)
|116| (moaning) (morning)
|117| (poke) (pork)

Test 3-13 (p.66)
|121a| (bid)　|121b| (bead)
|121c| (bed)
|122a| (dead)　|122b| (did)
|122c| (deed)
|123a| (meet)　|123b| (mitt)
|123c| (met)
|124a| (seat)　|124b| (set)
|124c| (sit)
|125a| (wit)　|125b| (wet)
|125c| (wheat)

Test 3-14 (p.66)
|131| (hell) (heel) (hill)
|132| (Set) (sit) (seat)
|133| (bet) (beat) (bit)
|134| (feel) (fell) (fill)
|135| (neat) (knit) (net)
|136| (well) (will) (wheel)

Test 3-15 (p.69)
|141a| (rain)　|141b| (lane)
|142a| (wrap)　|142b| (lap)
|143a| (late)　|143b| (rate)
|144a| (reader)　|144b| (leader)
|145a| (lice)　|145b| (rice)
|146a| (link)　|146b| (rink)
|147a| (rip)　|147b| (lip)
|148a| (wrist)　|148b| (list)
|149a| (liver)　|149b| (river)
|150a| (lock)　|150b| (rock)

Test 3-16 (p.70)
|151| (lane) (rain)
|152| (liver) (river)
|153| (rake) (lake)
|154| (law) (raw)
|155| (light) (right)
|156| (Robby) (lobby)
|157| (long) (wrong)
|158| (low) (row)

Test 3-17 (p.71)
|161a| (collect)　|161b| (correct)
|162a| (curly)　|162b| (curry)

223

163a (mandarin)	163b (mandolin)
164a (miller)	164b (mirror)
165a (pirate)	165b (pilot)

Test 3-18 (p.71)
171	(arrive) (alive)
172	(curly) (curry)
173	(miller) (mirror)
174	(berry) (belly)
175	(carefree) (carefully)
176	(falling) (foreign)
177	(tell us) (terrace)

Test 3-19 (p.72)
181a (appear)	181b (appeal)
182a (peel)	182b (pier)
183a (cancel)	183b (cancer)
184a (core)	184b (coal)
185a (formal)	185b (former)
186a (ill)	186b (ear)

Test 3-20 (p.72)
191	(cancel) (cancer)
192	(bill) (beer)
193	(file) (fire)
194	(former) (formal)
195	(mayor) (mail)
196	(real) (rear)
197	(towel) (tower)

Test 3-21 (p.74)
201a (foam)	201b (home)
202a (fail)	202b (hail)
203a (fat)	203b (hat)
204a (hear)	204b (fear)
205a (feet)	205b (heat)

Test 3-22 (p.75)
211	(hall) (fall)
212	(heal) (feel)
213	(fair) (hair)
214	(fear) (hear)
215	(hive) (five)
216	(fold) (hold)

Test 3-23 (p.76)
221a (veil)	221b (bail)
222a (bane)	222b (vain)
223a (vanish)	223b (banish)
224a (vend)	224b (bend)
225a (bowel)	225b (vowel)
226a (curb)	226b (curve)

Test 3-24 (p.76)
231	(ban) (van)
232	(vase) (base)
233	(vest) (best)
234	(vending) (bending)
235	(boat) (vote)
236	(covered) (cupboard)

Test 3-25 (p.78)
241a (face)	241b (faith)
242a (thank)	242b (sank)
243a (thick)	243b (sick)
244a (sing)	244b (thing)
245a (sink)	245b (think)
246a (some)	246b (thumb)
247a (worth)	247b (worse)

Test 3-26 (p.78)
251	(faith) (face)
252	(sick) (thick)
253	(thing) (sing)
254	(fourth) (force)
255	(mouse) (mouth)

Test 3-27 (p.79)
261a (clothing)	261b (closing)
262a (bathe)	262b (bays)
263a (breeze)	263b (breathe)
264a (withered)	264b (wizard)

「聞き分けテスト」の正解

Test 3-28 (p.79)
- 271 (clothe) (close)
- 272 (Zen) (then)
- 273 (bathe) (bays)
- 274 (breathe) (breeze)
- 275 (withered) (wizard)

Test 3-29 (p.80)
- 281a (she) 281b (see)
- 282a (seat) 282b (sheet)
- 283a (sip) 283b (ship)
- 284a (sift) 284b (shift)
- 285a (shingle) 285b (single)

Test 3-30 (p.80)
- 291 (sip) (ship)
- 292 (seats) (sheets)
- 293 (sifted) (shifted)
- 294 (singles) (shingles)

Test 3-31 (p.82)
- 301a (cloud) 301b (crowd)
- 302a (blanch) 302b (branch)
- 303a (brand) 303b (bland)
- 304a (bleed) 304b (breed)
- 305a (flame) 305b (frame)
- 306a (flee) 306b (free)
- 307a (fright) 307b (flight)
- 308a (fry) 308b (fly)

Test 3-32 (p.82)
- 311 (clown) (crown)
- 312 (frying) (flying)
- 313 (crime) (climb)
- 314 (crowd) (cloud)
- 315 (frames) (flames)
- 316 (glass) (grass)
- 317 (pray) (play)
- 318 (crew) (clue)
- 319 (grow) (glow)

Test 3-33 (p.83)
- 321a (anger) 321b (angle)
- 322a (beetle) 322b (beater)
- 323a (caber) 323b (cable)
- 324a (handle) 324b (-hander)
- 325a (rubber) 325b (rubble)

Test 3-34 (p.84)
- 331 (ankle) (anchor)
- 332 (rubber) (rubble)
- 333 (batter) (battle)
- 334 (couple) (copper)
- 335 (little) (litter)
- 336 (startle) (starter)

DAY 4

Test 4-01 (p.91)
- 341 (husband) (has banned)
- 342 (break fast) (breakfast)
- 343 (Sal add) (salad)
- 344 (formal) (for Mal)
- 345 (Several) (save Ralph)
- 346 (has spit all) (hospital)
- 347 (met all) (medal)
- 348 (balance) (by Lance)
- 349 (cap it all) (capital)
- 350 (in a trance) (entrance)

Test 4-02 (p.92)
- 351 (bacon) (bake on)
- 352 (gal on) (gallon)
- 353 (button) (but on)
- 354 (cot on) (cotton)

225

| 355 | (lion) (lie on) |
| 356 | (may thud) (method) |

Test 4-03 (p.94)
361	(late bell) (label)
362	(cancel) (can sell)
363	(Mode L) (model)
364	(Jew well) (jewel)
365	(calendar) (call Linda)
366	(declare) (deck layer)
367	(bath kit) (basket)
368	(guard "N") (garden)

Test 4-04 (p.96)
371	(it)
372	(Kit)
373	(Chako late) (Chocolate)
374	(ridge)
375	(Siege)
376	(cert and) (certain)

Test 4-05 (p.97)
| 381 | (Eve ill) (evil) |
| 382 | (pen seal) (pencil) |

Test 4-06 (p.98)
386	(shoe gar) (sugar)
387	(dirt)
388	(myrrh)

Test 4-07 (p.99)
391	(Bird)
392	(F Fort) (effort)
393	(dog tore) (doctor)
394	(fur)

Test 4-08 (p.99)
401a	(choir)	401b	(acquire)
402a	(claim)	402b	(acclaim)
403a	(accord)	403b	(cord)
404a	(count)	404b	(account)
405a	(cross)	405b	(across)
406a	(fair)	406b	(affair)
407a	(ahead)	407b	(head)
408a	(alive)	408b	(live)
409a	(loud)	409b	(aloud)
410a	(admit)	410b	(mitt)

Test 4-09 (p.100)
411a	(part)	411b	(apart)
412a	(appeal)	412b	(peel)
413a	(peer)	413b	(appear)
414a	(range)	414b	(arrange)
415a	(arrest)	415b	(rest)
416a	(ascend)	416b	(send)
417a	(shore)	417b	(ashore)
418a	(attend)	418b	(tend)
419a	(advice)	419b	(vice)
420a	(avoid)	420b	(void)

DAY 5

Test 5-01 (p.108)
421a	(board)	421b	(bore)
422a	(core)	422b	(cord)
423a	(high)	423b	(hide)
424a	(mode)	424b	(mow)
425a	(low)	425b	(load)
426a	(row)	426b	(road)
427a	(tide)	427b	(tie)

Test 5-02 (p.108)
431	(allow) (aloud)
432	(guy) (guide)
433	(maid) (May)
434	(need) (knee)
435	(why) (wide)

「聞き分けテスト」の正解

Test 5-03 (p.109)
- 441 (life) (lie)
- 442 (loaf) (low)
- 443 (say) (safe)
- 444 (scar) (scarf)
- 445 (Why) (wife)

Test 5-04 (p.109)
- 451a (bake)　451b (bay)
- 452a (bar)　452b (bark)
- 453a (cork)　453b (core)
- 454a (me)　454b (meek)
- 455a (park)　455b (par)

Test 5-05 (p.110)
- 461 (awake) (away)
- 462 (Joe) (joke)
- 463 (lay) (lake)
- 464 (soak) (sew)
- 465 (stay) (steak)

Test 5-06 (p.110)
- 471 (bow) (bowl)
- 472 (goal) (go)
- 473 (haw) (hall)
- 474 (Two) (tool)

Test 5-07 (p.111)
- 481a (blue)　481b (bloom)
- 482a (do)　482b (doom)
- 483a (door)　483b (dorm)
- 484a (firm)　484b (fur)
- 485a (foam)　485b (foe)
- 486a (glue)　486b (gloom)
- 487a (lay)　487b (lame)
- 488a (zoom)　488b (zoo)

Test 5-08 (p.111)
- 491 (cry) (crime)
- 492 (farm) (far)
- 493 (mime) (my)
- 494 (store) (storm)
- 495 (war) (warm)

Test 5-09 (p.112)
- 501a (earn)　501b (err)
- 502a (die)　502b (dine)
- 503a (mine)　503b (my)
- 504a (owe)　504b (own)
- 505a (pain)　505b (pay)
- 506a (score)　506b (scorn)
- 507a (stray)　507b (strain)
- 508a (war)　508b (warn)

Test 5-10 (p.112)
- 511 (grain) (gray)
- 512 (joy) (join)
- 513 (loan) (low)
- 514 (play) (plane)
- 515 (Ray) (rain)

Test 5-11 (p.113)
- 521a (gray)　521b (grape)
- 522a (heap)　522b (he)
- 523a (sheep)　523b (she)
- 524a (soap)　524b (sew)
- 525a (wipe)　525b (why)

Test 5-12 (p.113)
- 531 (grape) (gray)
- 532 (keep) (key)
- 533 (Sue) (soup)
- 534 (row) (rope)
- 535 (We) (weep)

Test 5-13 (p.114)
- 541 (flee) (fleece)
- 542 (lay) (lace)
- 543 (place) (play)
- 544 (ray) (race)
- 545 (spy) (spice)

Test 5-14 (p.114)
- 551a (by)   551b (bite)
- 552a (boat) 552b (bow)
- 553a (day) 553b (date)
- 554a (flight) 554b (fly)
- 555a (float) 555b (flow)
- 556a (shoe) 556b (shoot)
- 557a (shore) 557b (short)

Test 5-15 (p.115)
- 561 (car) (cart)
- 562 (core) (court)
- 563 (cute) (cue)
- 564 (flu) (flute)
- 565 (hate) (hay)

Test 5-16 (p.115)
- 571 (boo) (booth)
- 572 (both) (bow)
- 573 (cloth) (claw)
- 574 (tea) (teeth)
- 575 (two) (tooth)
- 576 (shore) (short)

Test 5-17 (p.116)
- 581a (K)   581b (cave)
- 582a (car)   582b (carve)
- 583a (day)   583b (Dave)
- 584a (gave) 584b (gay)
- 585a (grow) 585b (grove)
- 586a (save) 586b (say)
- 587a (we)   587b (weave)

Test 5-18 (p.117)
- 591 (die) (dive)
- 592 (drive) (dry)
- 593 (gray) (grave)
- 594 (grow) (grove)
- 595 (hive) (high)
- 596 (way) (wave)

Test 5-19 (p.117)
- 601 (breath) (bread)
- 602 (grim) (grin)
- 603 (raise) (praise)

Test 5-20 (p.118)
- 611 (baked) (bait)
- 612 (kicked) (kit)
- 613 (light) (liked)
- 614 (picked) (pit)
- 615 (shopped) (shot)
- 616 (wiped) (white)
- 617 (aimed) (aid)
- 618 (bed) (begged)

Test 5-21 (p.119)
- 621 (robbed) (rod)
- 622 (rolled) (road)
- 623 (skipped) (skit)
- 624 (sliced) (slight)
- 625 (slipped) (slit)
- 626 (popped) (pot)
- 627 (risked) (wrist)
- 628 (sit) (sipped)

Test 5-22 (p.120)
- 631a (ace)   631b (ape)
- 631c (ate)
- 632a (break) 632b (brace)
- 632c (brain)
- 633a (comb)   633b (coat)
- 633c (code)
- 634a (dark)   634b (darn)
- 634c (dart)
- 635a (fate)   635b (faith)
- 635c (face)

Test 5-23 (p.120)
- 641a (grief) 641b (grieve)
- 641c (greed)
- 642a (hike)   642b (hide)

「聞き分けテスト」の正解

642c (**height**)
643a (**lake**)　643b (**late**)
643c (**lace**)
644a (**lease**)　644b (**lean**)
644c (**leash**)
645a (**loaf**)　645b (**load**)
645c (**loan**)

Test 5-24　(p.121)
651a (**mitt**)　651b (**miss**)
651c (**mill**)
652a (**mote**)　652b (**mode**)
652c (**mole**)
653a (**pace**)　653b (**pain**)
653c (**paid**)
654a (**parse**)　654b (**part**)
654c (**park**)
655a (**peck**)　655b (**pen**)
655c (**pet**)
656a (**peak**)　656b (**peep**)
656c (**peace**)
657a (**pike**)　657b (**pipe**)
657c (**pile**)

Test 5-25　(p.122)
661a (**seat**)　661b (**seek**)
661c (**seed**)
662a (**sheet**)　662b (**sheep**)
662c (**sheaf**)
663a (**side**)　663b (**site**)
663c (**size**)
664a (**sod**)　664b (**sob**)
664c (**sock**)
665a (**spite**)　665b (**spice**)
665c (**spike**)
666a (**week**)　666b (**weed**)
666c (**weep**)

Test 5-26　(p.123)
671 (**bat**) (**back**) (**bath**)
672 (**Pat**) (**pack**) (**path**)
673 (**ram**) (**rat**) (**ran**)
674 (**came**) (**cape**) (**cane**)
675 (**Face**) (**faith**) (**fate**)
676 (**Save**) (**safe**) (**sake**)
677 (**bet**) (**Ben**) (**bed**)
678 (**deaf**) (**death**) (**dead**)
679 (**Ten**) (**tell**) (**Ted**)
680 (**class**) (**clap**) (**clan**)

Test 5-27　(p.124)
681 (**Gran**) (**grab**) (**grass**)
682 (**plain**) (**place**) (**plate**)
683 (**steak**) (**state**) (**stale**)
684 (**dean**) (**deep**) (**deed**)
685 (**teen**) (**team**) (**teeth**)
686 (**clip**) (**cliff**) (**click**)
687 (**dine**) (**dime**) (**dice**)
688 (**dose**) (**dope**) (**dome**)

Test 5-28　(p.125)
691 (**robe**) (**rope**) (**rove**)
692 (**rub**) (**rut**) (**rush**)
693 (**puff**) (**pup**) (**pub**)
694 (**chart**) (**charm**) (**charge**)
695 (**stark**) (**start**) (**starve**)
696 (**breathe**) (**breeze**) (**breed**)
697 (**heed**) (**heat**) (**heap**)
698 (**need**) (**niece**) (**neat**)
699 (**rid**) (**rich**) (**ridge**)

Test 5-29　(p.126)
701 (**Mike**) (**might**) (**mime**)
702 (**wise**) (**wide**) (**white**)
703 (**wife**) (**wipe**) (**wine**)
704 (**Bob**) (**bomb**) (**boss**)
705 (**clock**) (**cloth**) (**clog**)
706 (**mock**) (**mop**) (**moss**)
707 (**Both**) (**bowl**) (**boat**)
708 (**rose**) (**road**) (**Rome**)

229

|709| (soak) (sole) (soap)
|710| (bun) (bus) (but)

Test 5-30 (p.127)
|711| (cup) (cut) (cuff)
|712| (Doug) (dub) (duck)
|713| (barb) (bark) (barn)
|714| (carp) (card) (cart)

|715| (harsh) (harp) (heart)
|716| (bore) (board) (born)
|717| (course) (cord) (court)
|718| (force) (form) (fourth)
|719| (pork) (port) (porch)
|720| (warn) (warm) (ward)

DAY 6

Test 6-01 (p.130)
|721a| (race) |721b| (brace)
|722a| (raw) |722b| (draw)
|723a| (read) |723b| (greed)
|724a| (prize) |724b| (rise)
|725a| (preach) |725b| (reach)
|726a| (rink) |726b| (shrink)

Test 6-02 (p.131)
|731| (rain) (brain)
|732| (rush) (crush)
|733| (drink) (rink)
|734| (great) (rate)
|735| (shrine) (Rhine)
|736| (row) (throw)
|737| (tray) (ray)

Test 6-03 (p.131)
|741a| (link) |741b| (blink)
|742a| (lick) |742b| (click)
|743a| (flake) |743b| (lake)
|744a| (glove) |744b| (love)
|745a| (lead) |745b| (plead)
|746a| (lot) |746b| (plot)
|747a| (leap) |747b| (sleep)
|748a| (slap) |748b| (lap)

Test 6-04 (p.132)
|751| (blame) (lame)

|752| (last) (blast)
|753| (light) (flight)
|754| (lad) (glad)
|755| (plate) (late)
|756| (skill) (kill)
|757| (lock) (clock)
|758| (led) (sled)

Test 6-05 (p.133)
|761a| (wick) |761b| (quick)
|762a| (smile) |762b| (mile)
|763a| (speak) |763b| (peak)
|764a| (park) |764b| (spark)

Test 6-06 (p.133)
|771| (scare) (care)
|772| (small) (mall)
|773| (snail) (nail)
|774| (pain) (Spain)
|775| (warm) (swarm)
|776| (twin) (win)

Test 6-07 (p.134)
|781| (treat) (street)
|782| (strain) (train)
|783| (strap) (trap)
|784| (truck) (struck)
|785| (scream) (cream)

「聞き分けテスト」の正解

|786| (Pray) (spray)
|787| (squire) (choir)
|788| (scrap) (crap)
|789| (scrape) (crape)

Test 6-08　(p.135)
|791a| (buss)　　|791b| (bust)
|792a| (cask)　　|792b| (cast)
|793a| (guest)　|793b| (guess)
|794a| (hunk)　　|794b| (hung)
|795a| (join)　　|795b| (joint)
|796a| (lease)　|796b| (least)
|797a| (loss)　　|797b| (lost)
|798a| (meant)　|798b| (mend)

Test 6-09　(p.135)
|801| (fast) (fact)
|802| (lent) (left)
|803| (sought) (soft)
|804| (wait) (waste)
|805| (grant) (grand)
|806| (tenth) (tent)
|807| (risk) (wrist)

Test 6-10　(p.136)
|811a| (bald)　　|811b| (ball)
|812a| (built)　|812b| (build)
|813a| (film)　　|813b| (filth)
|814a| (fell)　　|814b| (felt)
|815a| (silk)　　|815b| (silt)

Test 6-11　(p.136)
|821| (coat) (coast)
|822| (bell) (belt)
|823| (wide) (wild)
|824| (fifth) (filth)
|825| (coal) (cold)
|826| (feel) (field)

Test 6-12　(p.137)
|831a| (bend)　　|831b| (bent)

|832a| (bump)　　|832b| (bunf)
|833a| (dank)　　|833b| (dance)
|834a| (dent)　　|834b| (dense)
|835a| (funk)　　|835b| (fund)
|836a| (gasp)　　|836b| (gas)
|837a| (gram)　　|837b| (Gran)
|838a| (ham)　　|838b| (Han)

Test 6-13　(p.138)
|841| (depth) (death)
|842| (bang) (bank)
|843| (damp) (dam)
|844| (find) (fine)
|845| (lamp) (lamb)
|846| (ram) (ramp)
|847| (rank) (rang)
|848| (bunt) (bump)

Test 6-14　(p.139)
|851| (plank) (plant)
|852| (mask) (mast)
|853| (sense) (sent)
|854| (chess) (chest)
|855| (guild) (guilt)
|856| (milt) (milk)
|857| (kept) (Celts)
|858| (help) (health)
|859| (mile) (mild)

Test 6-15　(p.140)
|861| (bonze) (bond)
|862| (jump) (junk)
|863| (pinch) (pink)
|864| (sing) (sink)
|865| (change) (chain)
|866| (grasp) (grass)
|867| (ask) (ass)

231

DAY 7

Test 7-01　(p.147)
- 871　(common)　(come and)
- 872　(Do as)　(does)
- 873　(utter)　(at her)
- 874　(silly can)　(silicon)
- 875　(We have)　(weave)
- 876　(What shall)　(washer)
- 877　(city when)　(citizen)
- 878　(I am)　(eyeing)

Test 7-02　(p.148)
- 881　(will)　(well)
- 882　(He is)　(his)
- 883　(It is)　(its)
- 884　(There is)　(theirs)
- 885　(It was)　(towards)
- 886　(Tsar)　(it's art)
- 887　(was)　(with)

Test 7-03　(p.149)
- 891　(Sleep on)　(sleeping)
- 892　(copper)　(cup of)
- 893　(buy some)　(bison)
- 894　(handsome)　(have some)
- 895　(What does)　(waters)
- 896　(does he)　(dizzy)
- 897　(and the)　(under)
- 898　(and)　(on)
- 899　(is)　(as)

- 900　(When)　(one)

Test 7-04　(p.150)
- 901　(do you)　(due)
- 902　(are you)　(Aya)
- 903　(way that)　(weather)
- 904　(What did)　(wooden)
- 905　(juice)　(just)
- 906　(book)　(but)
- 907　(do you)　(dyer)

Test 7-05　(p.151)
- 911　(for)　(from)
- 912　(want a)　(one or)
- 913　(offer)　(all for)
- 914　(at our)　(utter)
- 915　(savior)　(save our)
- 916　(Where)　(were)
- 917　(Our)　(are)
- 918　(Where do)　(word)

Test 7-06　(p.152)
- 921　(err)　(or)
- 922　(We are)　(wear)
- 923　(for you)　(Who are you)
- 924　(did your)　(D Jar)
- 925　(you are)　(yore)
- 926　(they are)　(there)
- 927　(firm in)　(for me)
- 928　(are we)　(away)

DAY 8

Test 8-01　(p.155)
- 931　(cut it)　(cuddy)
- 932　(better)　(bed her)
- 933　(Betty buy)　(beddy-bye)
- 934　(buddy)　(But he)
- 935　(the dye)　(that I)

- 936　(The Ds)　(That is)
- 937　(butter)　(but her)

Test 8-02　(p.156)
- 941　(center)　(senna)
- 942　(Dennis)　(dentist)

|943| (enter G) (energy)
|944| (rental) (renal)
|945| (inner resting) (interesting)
|946| (inner net) (internet)
|947| (save knees) (seventies)
|948| (penny hose) (panty hose)
|949| (planning) (plenty)
|950| (cow knee) (county)

Test 8-03 (p.158)
|951| (see Al) (Seattle)
|952| (settle) (sell)
|953| (shall) (shuttle)
|954| (startling) (starling)
|955| (balls) (bottles)
|956| (title) (tile)
|957| (cattle) (Cal)
|958| (gentle) (Genoa)
|959| (Little Lee) (lily)
|960| (be-all) (beetle)

Test 8-04 (p.160)
|961| (frightening) (frying)
|962| (Bryan) (brighten)
|963| (fattens) (fans)
|964| (patent) (pan)
|965| (Ron) (rotten)
|966| (tying) (tighten)

Test 8-05 (p.161)
|971| (burden) (burn)
|972| (sudden) (son)
|973| (widen) (wine)
|974| (wooden) (wound)
|975| (gardener) (garner)
|976| (man) (madden)
|977| (Sweden) (sweeten)
|978| (pardon) (par and)

Test 8-06 (p.162)
|981| (opened) (owned)
|982| (happen) (ham)
|983| (deem) (deepen)

Test 8-07 (p.163)
|991| (I don't) (idle)
|992| (sit down) (sedan)
|993| (What do) (Water)
|994| (lame) (let him)
|995| (Lay me) (let me)
|996| (that was) (the wad)
|997| (What does) (Wadas)

Test 8-08 (p.164)
|1001| (send it) (senate)
|1002| (build it) (bill it)
|1003| (find me) (fine me)
|1004| (Spin it) (spend it)
|1005| (I could) (Ike)
|1006| (bad) (bat)

Test 8-09 (p.165)
|1011| (go in) (going)
|1012| (doing) (due in)
|1013| (nothing) (not thin)
|1014| (plain) (playing)
|1015| (kinder) (kind of)
|1016| (One of) (won a)
|1017| (add them) (Adam)
|1018| (Give me) (gimmick)

Test 8-10 (p.166)
|1021| (big 8) (big gate)
|1022| (Both thieves) (both eves)
|1023| (half wool) (half full)
|1024| (which air) (which chair)
|1025| (small ache) (small lake)
|1026| (last string) (last ring)
|1027| (first rain) (first train)
|1028| (fox in) (fox skin)
|1029| (best start) (best art)
|1030| (odd drug) (odd rug)

Test 8-11　(p.168)
1031　(Come on)　(come home)
1032　(Tom's ear)　(Tom's here)
1033　(Adam)　(at him)
1034　(know her)　(Noah)
1035　(Willy)　(will he)
1036　(woody)　(would he)
1037　(Is he)　(easy)
1038　(is her)　(either)
1039　(doing)　(do him)
1040　(Why is he)　(YZ)

Test 8-12　(p.169)
1041　(What have)　(water)
1042　(weave)　(We have)
1043　(He has)　(he is)
1044　(You had)　(you add)
1045　(wires)　(Why has)
1046　(Howard)　(How had)

Test 8-13　(p.171)
1051　(I will)　(aisle)
1052　(heal)　(he will)
1053　(We will)　(wheel)
1054　(ill)　(it will)
1055　(heed)　(he would)
1056　(We would)　(weed)

Test 8-14　(p.172)
1061　(going to)　(Ghana)
1062　(won a)　(want to)
1063　(got a)　(got to)
1064　(planner)　(plan to)
1065　(afraid to)　(a freighter)
1066　(had to)　(had her)
1067　(ought to)　(auto)

Test 8-15　(p.173)
1071　(By and)　(buying)
1072　(cause)　(because)
1073　(lessen)　(Less than)
1074　(As long)　(along)

Test 8-16　(p.173)
1081　(shooter)　(should have)
1082　(wood a)　(would have)
1083　(could have)　(cutter)
1084　(muster)　(must have)
1085　(must have)　(mustard)
1086　(wound her)
　　　(wouldn't have)

DAY 9

Test 9-01　(p.183)
1091　(isn't)
1092　(is)
1093　(are)
1094　(aren't)
1095　(wasn't)
1096　(was)
1097　(were)
1098　(weren't)
1099　(doesn't)
1100　(does)

Test 9-02　(p.184)
1101　(did)
1102　(didn't)
1103　(have)
1104　(haven't)
1105　(has)
1106　(hasn't)
1107　(hadn't)
1108　(hadn't)

「聞き分けテスト」の正解

Test 9-03　(p.185)
1111 (can)
1112 (can't)
1113 (could)
1114 (couldn't)
1115 (would)
1116 (wouldn't)
1117 (should)
1118 (shouldn't)

Test 9-04　(p.186)
1121 (boil)
1122 (call)
1123 (laughed)
1124 (asked)
1125 (cleans)
1126 (climbed)

Test 9-05　(p.187)
1131 (cooks)
1132 (dropped)
1133 (hoped)
1134 (looks)
1135 (parks)
1136 (walked)

Test 9-06　(p.190)
1141 (isn't)
1142 (is)
1143 (are)
1144 (aren't)
1145 (wasn't)
1146 (was)
1147 (weren't)
1148 (were)
1149 (have)
1150 (haven't)

Test 9-07　(p.191)
1151 (hasn't)
1152 (has)
1153 (can)
1154 (can't)
1155 (could)
1156 (couldn't)
1157 (had)
1158 (hadn't)

Test 9-08　(p.192)
1161 (would)
1162 (wouldn't)
1163 (shouldn't)
1164 (should)
1165 (must)
1166 (mustn't)
1167 (needn't)
1168 (need)

Test 9-09　(p.193)
1171 (ought)
1172 (oughtn't)
1173 (couldn't)
1174 (could)
1175 (wouldn't)
1176 (would)
1177 (should)
1178 (shouldn't)

Test 9-10　(p.194)
1181 (want to)
1182 (won't)
1183 (want to)
1184 (won't)
1185 (want to)
1186 (won't)

235

DAY 10　Test 10　「映画の英語が聞ける！」省エネ発音聞き分けテスト

Scene 1　(p.200)
- 1191 He **will** be out **for** hours.
- 1192 Send off **to the** ship **for** anchor-chain, Skipper.
- 1193 What **are** you **going to** do?
- 1194 Build a raft to float **him** out **to the** ship.
- 1195 The whole world **will** pay **to** see this!
- 1197 We **will** give **him** more **than** chains.
- 1198 He **has** always **been** king **of** the world.
- 1199 **But** we **will** teach **him** fear.
- 1200 We're millionaires. I **will** share **with** all of you.
- 1201 Listen, boys. In a few months **from** now **it will** be in lights on Broadway — Kong, the Eighth Wonder.

Scene 2　(p.203)
- 1211 **What is it**, anyhow?
- 1212 They say **it is** sort **of** a gorilla.
- 1213 Gee, **don't** we get enough **of them** in New York?
- 1214 I hear **it is** bigger **than** an elephant.
- 1215 Does **it do** tricks **or** what?
- 1216 I don't **like to** look at him, Jack.
- 1217 It makes me feel the way I did **that awful** day **on** the island.
- 1218 I wouldn't **have** brought **you**, **but** you know how Denham insisted.
- 1219 Of course we **had to** come when **he** said it would help the show.
- 1220 Do you suppose **we'll** really **make** a lot **of** money, Jack?
- 1221 Enough to pay **him** back **for these** clothes, anyway.
- 1223 Hello, **you are** just **on** time. You look great, Ann.
- 1224 Glad I dressed **you** up **for this** show.
- 1225 Hello, Jack. Ten thousand **dollars in the** box office.
- 1226 How **is that for** one night?
- 1228 Oh, we **are going to** do that every night.
- 1229 The newspaper boys **are coming in** now.

Scene 3　(p.207)
- 1232 It was Mr. Driscoll **who** rescued **you from** the ape, wasn't it?
- 1233 Yes. He was alone. All the sailors with **him had been** killed.
- 1234 Alone, eh? Whew! How **did you** tackle **that** baby?
- 1235 Aw, Denham **is the** one **that** got him.
- 1236 The rest **of us were** running like rabbits,

236

「聞き分けテスト」の正解

| 1237 | but Denham **had the** nerve **to** stand still and chuck gas-bombs at him.
| 1239 | If **it hadn't** been **for** her, we'd never have got near KONG.
| 1240 | He came back **to** the village **for her**.
| 1243 | KONG **could have stayed** safe where we'd never have got him,
| 1244 | **but he couldn't** stay away from Beauty.
| 1247 | How **about a few** pictures?
| 1248 | Wait. I want you to take flashlights **on** the stage **in** front **of** the audience.
| 1249 | **We'll** ring the **curtain up** now, and I'll make a speech.
| 1250 | Tell **them about** KONG **and** Miss Darrow and Driscoll.
| 1251 | Then when I call you, **you all** come on **and** take pictures.
| 1252 | Come on Ann. I want you **and** Jack **there when** the curtain goes up.
| 1254 | **It is** all right.
| 1255 | We've knocked **some of the** fight **out of him** since you saw him.

Scene 4 (p.211)

| 1261 | Ladies and gentlemen, I am **here** tonight **to** tell **you** a strange story.
| 1262 | So strange **a** story **that** no one **will** believe it.
| 1264 | I and my partners have brought back **the** living proof **of our** adventure,
| 1265 | an adventure **in** which twelve **of our** party met terrible deaths.
| 1266 | Holy smoke, **look at that**!
| 1267 | Hope **he is** tied up good **and** plenty.
| 1268 | Sure he is. Denham **is taking no** chances.
| 1270 | I'm **going to** show **you** the greatest sight your eyes ever beheld.
| 1271 | He was the king **and the** god **of** the world he knew,
| 1272 | **but** now **he** comes **to** civilization, merely a captive.
| 1273 | Ladies **and** gentlemen, **look at** KONG, the Eighth Wonder of the World.
| 1274 | I **want to** introduce Miss Ann Darrow.
| 1275 | The pluckiest girl **I have ever** known.
| 1277 | She has lived through an experience that no other **woman ever** dreamed **of**.
| 1278 | And she **was** rescued **from the** very grasp of KONG by her future husband.
| 1279 | I **want you to** meet a very brave gentleman, Mr. John Driscoll.

Scene 5 (p.215)

| 1281 | Now, before I tell you the **full** story **of our** voyage,
| 1282 | I'm **going to** ask **the** gentlemen of the press to come forward,
| 1283 | so that the audience **may have the** privilege of seeing them
| 1284 | and take **the first** photographs **of** KONG and his captors.

237

1285	Miss Darrow first, alone. **Stand in** front **of** KONG, Ann.
1286	**That is it**. — That's near enough.
1287	Ready. **Hold it**. Smile, please.
1288	**Don't be alarmed**, ladies and gentlemen.
1289	Those chains **are made of** chrome steel. He can't move.
1292	They **are going to** be married tomorrow.
1293	Put **your** arm **around her**, Driscoll.
1294	Wait. Hold on. He thinks **you are** attacking **the** girl.

■著者紹介

木下和好 （きのした・かずよし）

1946年静岡県静岡市清水区生まれ。

東京キリスト教大学卒業後、Gordon-Conwell 大学院［MA］ならびに California Graduate School 修了。Litterarum Doctor（文学博士）取得。小学6年～中学1年のときに、独学で英会話をマスター。中学3年のときに通訳の訓練を受け、高校1年から通訳開始。高校2年のとき、全国英語弁論大会で優勝。大学1年のとき、ベルリンで開かれたキリスト教国際会議に通訳として招かれる。大学3年のとき、米国映画"Who cares ?"の主役に抜擢される。米国大学院を卒業後、Beatrice Food に3年間勤務。米国永住権取得後に帰国する。1991年1月「米国大統領朝食会」に招待される。

同時通訳セミナー講師。NHKラジオ・TV『Dr. Kinoshita のおもしろ英語塾』教授。民放各局のテレビ番組にゲスト出演し、「Dr. Kinoshita の究極英語習得法」を担当する。ReaL Stick（英語の発音矯正具）を発明・特許取得。
■著書：『思ったことが瞬時に言える　英会話トレーニング』（日興企画）、『英語の耳トレ』（中経出版）、『こどもをバイリンガルに育てる方法』（ダイヤモンド社）ほか多数。ウェブ上で展開する YouCanSpeak 講座を開発・特許申請中。

■執筆協力

木下真美 （きのした・まび）

木下和好の長男として1971年に生まれる。

幼少期から日本とアメリカで生活する。両親から徹底したバイリンガル教育を受ける。米国トレド大学の映像学部を卒業後、ビデオ制作会社、ラジオ番組ディレクターとして海外とのライセンス契約担当、外資系 CS テレビ局のポストプロダクション・マネジャー、CS 放送局の映画調達などを経て2008年に映像のオンライン見本市『AUK メディア』を設立する。

字幕なしで映画がわかる英語耳の筋トレ
最短10日間・聞き分けテスト880問

2009年2月2日 … 初版印刷	＊発行者 … 竹尾和臣
2009年2月16日 … 初版発行	＊制作者 … 小菅淳吉（株式会社交学社）
2011年3月15日 … 再版発行	＊発行所 … 株式会社日興企画

〒104-0045 東京都中央区築地2-2-7 日興企画ビル
[TEL]03-3543-1050　[FAX]03-3543-1288
[E-mail]book@nikko-kikaku.co.jp
[URL]http://www.nikko-kikaku.com
郵便振替＝00110-6-39370

＊著者 … 木下和好

＊装幀 … 株式会社クリエイティブ・コンセプト
＊印刷所 … シナノ印刷株式会社
＊定価 … カバーに表示してあります

ISBN978-4-88877-656-1 C2082　　©Kazuyoshi KINOSHITA 2009, Printed in Japan